SECONDS REGARDS

Manuel de lecture et de conversation

SECONDS REGARDS

Manuel de lecture et de conversation

Michel Parmentier
Bishop's University
Jacqueline d'Amboise

Avec la collaboration de Loretta Hyrat (Université York)
pour les « Pré-lectures » et « Exercices »

Holt, Rinehart and Winston of Canada
a division of
Harcourt Brace & Company, Canada
Toronto   Montreal   Fort Worth   New York   Orlando
Philadelphia   San Diego   London   Sydney   Tokyo

Canadian Cataloguing in Publication Data

Main entry under title:

Seconds regards

For English-speaking students of French as a second
language, at the intermediate level.
Includes bibliographical references.
ISBN 0-03-922707-3

1. French language — Readers (Secondary).*
2. French language — Textbooks for second language
learners — English speakers.* I. Parmentier,
Michel Alfred, 1950- . II. D'Amboise,
Jacqueline, 1948- .

PC2117.S42 1991   448.6′421   C90-094777-2

Responsable de projet : Heather McWhinney
Éditrice : Jocelyne Pomet
Responsable de la publication : Liz Radojkovic
Responsable de la production : Sue-Ann Becker
Coordinatrice de la publication : Sandy Walker
Préparatrice et marqueuse de copie : Joyce Funamoto
Graphiste : Jack Steiner Graphic Design
Responsable de la photocomposition : Bookman Typesetting Co.

∞ This book was printed in Canada on acid-free paper.

2 3 4 5 95 94

Préface

Conçu comme outil pédagogique pour des cours de français langue seconde de niveau intermédiaire, *Seconds regards* propose un ensemble de textes qui se prêtent à améliorer les aptitudes à la lecture ainsi qu'à encourager l'expression orale. Le présent ouvrage se situe dans le prolongement d'un manuel analogue qui avait bénéficié de la faveur de bon nombre d'enseignants, à telle enseigne qu'ils ont su persuader nos éditeurs de reprendre ici-même six des textes de ce recueil antérieur.

Le choix des textes recueillis dans *Seconds regards* continue d'être guidé par une attention à des thèmes qui sont à la fois actuels et durables. En sélectionnant des articles tirés, à proportion sensiblement égale, de publications françaises et québécoises, nous avons voulu présenter des préoccupations qui sont intensément présentes dans l'opinion publique tant européenne que nord-américaine. Ces préoccupations s'appuient sur des phénomènes qui ne manqueront pas de perdurer au cours de cette dernière décennie. C'est dire que notre souci aura été de présenter des textes pertinents sur des sujets susceptibles d'éveiller le désir d'expression chez tous les étudiants qui participent au cours, condition première d'activités de conversation en classe.

Les vingt-quatre articles sont répartis en huit chapitres qui correspondent à autant de thèmes de réflexion. Les deux premiers sont éternels mais se fondent ici sur les réalités actuelles. Le troisième chapitre traite de préoccupations sociales très présentes. Le quatrième donne la parole à des personnes qui exercent des professions médicales ou para-médicales et se trouvent quotidiennement confrontées à de grands problèmes humains. « Le français en Amérique » accorde une place aux préoccupations linguistiques qui existent en Louisiane et au Canada, tandis que le sixième chapitre évoque des comportements et des attitudes qui, sans être particuliers au Québec, y trouvent au point d'ancrage. Le chapitre sur l'esprit et la science regroupe quelques questions qui continuent d'alimenter des débats et de susciter les passions. Enfin, le dernier chapitre porte sur un questionnement qui n'est pas ou qui n'est plus seulement de mode et qui naît de la conscience désormais omniprésente de la fragilité de l'avenir planétaire.

Chaque article est accompagné de notes dans lesquelles nous avons apporté des explications aux éléments du texte qui pourraient être sources de difficulté de compréhension : d'une part des allusions culturelles, d'autre part des particularités lexicales difficilement accessibles dans les dictionnaires. Les notes sont généralement rédigées en français mais il a parfois semblé plus utile et plus économique de donner un équivalent contextuel anglais. L'indication (Q.) signale un régionalisme en usage au Québec.

L'exercice de pré-lecture ainsi que les exercices de vocabulaire sont dus à la collaboration du professeur Loretta Hyrat. Ces exercices visent d'une part à introduire le thème de l'article et d'autre part à faciliter l'assimilation du vocabulaire de sorte à rendre celui-ce plus aisément disponible au cours des activités d'expression et de communication.

Un premier questionnaire sert à vérifier la bonne compréhension du texte au fil de la lecture. On encouragera les étudiants à préparer les réponses à ces questions préalablement à la discussion à laquelle elles donneront lieu en classe: ils pourront ainsi s'assurer par eux-mêmes de leur degré de compréhension et soulever au besoin des questions nouvelles sur des passages qui leur seraient demeurés obscurs.

Le second questionnaire tend à saisir la perspective d'ensemble exprimée dans le texte et à susciter une réaction personnelle globale chez les lecteurs. Les étudiants pourront ainsi évaluer l'information fournie dans l'article, discuter les arguments présentés et faire valoir leurs propres opinions sur les questions traitées.

Les sujets de conversations et de débats cherchent à élargir les questions abordées dans l'article. Ces sujets sont de nature à inciter les étudiants à exprimer et à défendre leurs opinions dans le cadre de conversations en groupes restreints ou dans des discussions générales en classe. Certains de ces sujets se prêtent également à la présentation d'exposés. Enfin, des sujets de composition pourront inspirer des travaux écrits sur les questions de fond évoquées dans les articles.

Nous souhaitons remercier toute l'équipe de production de la maison Holt, Rinehart and Winston of Canada pour le soin apporté à la préparation de cet ouvrage, ainsi que par ailleurs les professeurs Gisèle Losier (Université d'Ottawa), Carmeta Abbott (Collège St. Jerome), Paul Socken (Université de Waterloo), Walter Skakoon (Université de Windsor), Ed Gesner (Université de Dalhousie) pour leurs suggestions qui ont contribué à la forme définitive du manuscrit.

Michel A. Parmentier
Jacqueline R. d'Amboise

Note de l'éditeur aux enseignants et aux étudiants

Ce manuel est un élément essentiel de votre cours. Si vous êtes enseignant(e), vous aurez sans doute examiné attentivement un certain nombre de manuels avant d'arrêter votre choix sur celui qui vous aura paru le meilleur. Les auteurs et l'éditeur du présent ouvrage n'ont ménagé ni temps ni argent pour en garantir la qualité : ils vous savent gré de l'avoir retenu.

Si vous êtes étudiant(e), nous sommes convaincus que ce manuel vous permettra d'atteindre les objectifs fixés pour le cours. Une fois celui-ci terminé, vous trouverez que l'ouvrage n'a rien perdu de son utilité, et qu'il a donc sa place dans votre bibliothèque; gardez-le précieusement.

En outre, il faut se souvenir que lorsqu'on photocopie un ouvrage protégé par le droit d'auteur, on prive son auteur des revenus qui lui sont dus. Et cela risque de le faire renoncer à une nouvelle édition de son ouvrage, voire à la publication d'autres ouvrages. Dans cette éventualité, nous sommes tous perdants—étudiants, enseignants, auteurs et éditeurs.

Nous serions très heureux d'avoir votre avis sur ce manuel. Ayez donc l'amabilité de nous renvoyer la carte-réponse qui se trouve à la fin du volume. Cela nous aidera à poursuivre la publication d'ouvrages pédagogiques de qualité.

Table des matières

1

GÉNÉRATIONS

Bruno Bettelheim : des enfants privés d'enfance

maternelle établissement d'enseignement primaire pour les enfants âgés de deux à six ans

Le Point : Docteur Bettelheim, vous semblez croire que les parents modernes sont quelque peu désemparés quant à la façon d'éduquer leurs enfants...

Bruno Bettelheim : Je crois en effet que la famille actuelle est plongée dans l'insécurité. Les changements ont été si nombreux et si imprévus! Prenez, par exemple, le travail de la mère à l'extérieur. On ne sait pas vraiment quoi faire avec l'enfant. En France, vous avez les maternelles°, mais ça ne remplace pas le foyer. De plus, on vit avec l'idée qu'à l'intérieur de la famille les choses devraient se passer en douceur. Eh bien, c'est faux!

Le Point : Voulez-vous dire qu'en fait la famille est le lieu privilégié des conflits?

Bruno Bettelheim : Je vous répondrai par un vieux proverbe chinois que j'aime bien : « Aucune famille ne peut afficher : ici pas de problèmes. »

Le Point : Cela expliquerait que les parents consultent si souvent des « psy° »?

« psy » psychanalystes, psychiatres, psychologues

Bruno Bettelheim : Oui, ils se sentent impuissants. Mais consulter des spécialistes n'est ni la première ni la meilleure solution. Lorsque j'étais petit, j'étais très malade. Chaque année, je passais deux ou trois mois à la maison, où ma mère s'occupait de moi. J'ai donc développé des liens très, très forts avec elle, et avec mon père aussi, qui était très présent lorsque la maladie devenait aiguë. Mes parents m'apportaient beaucoup de sécurité. Je savais que je pouvais compter sur eux. Cela m'a été très bénéfique tout au long de ma vie.

Le Point : C'est plus difficile d'être un enfant de nos jours?

Bruno Bettelheim : Oh oui! Aux États-Unis, ce thème de la disparition de l'enfance, des enfants sans enfance, est abordé dans des ouvrages récents, et cela se comprend. D'abord, les parents divorcés désirent que leurs enfants comprennent leur geste, donc leur expliquent la situation.

Le Point :　Autrefois on laissait les enfants à l'écart des problèmes des adultes...

Bruno Bettelheim :　Exactement. Puis, à travers la télévision, l'enfant connaît tous les drames de l'univers avant même d'avoir la permission de traverser la rue. Et il y a d'autres changements. L'enfant s'adresse différemment à l'adulte qu'il ne le faisait autrefois, et l'adulte, lui, s'exprime davantage comme l'enfant. Il s'habille comme lui—le jean était d'abord un vêtement d'enfant dans ce pays—et il a souvent les mêmes jeux que lui. Regardez les personnes âgées. Elles ont une allure plus jeune qu'auparavant. Tout le monde, au fond, veut être jeune, alors qu'on exige des enfants qu'ils se comportent comme des grands°.

des grands　des adultes

Le Point :　Qu'est-ce qui complique encore la vie des enfants?

Bruno Bettelheim :　C'est que la réciprocité entre parents et enfants n'existe plus. Je m'explique. Avant l'avènement de la sécurité sociale et des fonds de retraite°, la seule sécurité des parents devant la vieillesse était leurs enfants. Ces derniers acceptaient donc que leurs parents aient fait tant de sacrifices lorsqu'ils étaient petits, sachant qu'un jour ils rendraient la pareille°. Tout cela a disparu, et nombre d'enfants se sentent vraiment coupables de tant recevoir sans contrepartie°. J'ai connu des cas d'enfants qui en voulaient° terriblement à leurs parents et les traitaient très mal à cause de cela.

fonds de retraite　*retirement pension plan*

rendre la pareille　agir de la même façon envers leurs parents que ces derniers ont agi envers eux
sans contrepartie　sans pouvoir redonner en échange
en vouloir à　garder du ressentiment contre

Le Point :　Les enfants n'ont-ils pas tendance à reproduire, une fois devenus parents, les situations qu'ils ont eux-mêmes vécues?

Bruno Bettelheim :　Oui, car, aussi étrange que cela puisse paraître, les parents oublient leur propre enfance. Ce qui est dommage, car ils y puiseraient des enseignements précieux qui les aideraient à mieux éduquer leurs propres enfants.

Le Point :　Qu'est-ce qui vous préoccupe le plus dans les relations parents-enfants de nos jours?

Bruno Bettelheim :　C'est l'absence de respect pour les parents. L'enfant moderne doute de tout et s'interroge sur ses parents comme sur lui-même. Par exemple, les parents américains accordent beaucoup d'importance à la réussite scolaire, et en même temps eux-mêmes et leurs enfants sont exposés aux critiques virulentes que font les médias du système scolaire. Comment dans ces conditions l'enfant peut-il respecter ses enseignants et son école?

Le Point :　Vous considérez-vous comme un homme d'une autre époque?

Bruno Bettelheim (souriant) : Certainement. Et je vous dirai que cela m'a été très utile pour soigner les enfants. Ce pays est jeune. L'éducation des enfants ne s'appuie sur aucune tradition. Venant d'Europe, il est certain que ma sensibilité est fort différente. J'ai un bagage de valeurs qui me tiennent à cœur°, et que j'ai essayé de transmettre dans mon enseignement. Vous savez, on ne peut pas éduquer les enfants avec des valeurs relatives. Je crois que la notion de foyer est terriblement importante. C'est l'atmosphère du foyer qui forme l'enfant, et lorsque les parents sont

qui me tiennent à cœur　qui me sont chères

incertains des valeurs qui sont les leurs, les enfants ne savent plus à quoi s'identifier, et cela est très mauvais pour eux. Je ne répéterai jamais assez que les parents font une erreur grossière de croire que les problèmes à l'intérieur de la famille ne devraient pas exister. Au contraire, les problèmes entre parents et enfants sont un très beau défi et permettent aux enfants de faire l'apprentissage de tous les autres problèmes qu'ils devront affronter au cours de leur vie d'adulte.

Le Point : Ne croyez-vous pas que la difficulté qu'ont les parents à accepter les problèmes vient du fait qu'ils n'ont qu'un ou deux enfants?

Bruno Bettelheim : Il est certain qu'on apprend beaucoup du premier enfant. Lorsqu'on n'en a qu'un, on le désire parfait et l'on a beaucoup de peine à admettre qu'il ne le soit pas.

Le Point : On veut qu'il soit normal à tous égards?

Bruno Bettelheim : C'est cela. Mais étrangement il n'y a pas de parents qui veuillent un enfant seulement normal. Tous le veulent supérieur. (rire) C'est une charmante idée, mais il faut avouer que ça ne fonctionne pas toujours.

Le Point : Vous écrivez dans un chapitre de votre livre que l'adolescence est une période beaucoup trop prolongée de nos jours…

Bruno Bettelheim : Oui. Le drame des adolescents, c'est qu'ils ont une maturité sexuelle et que la société ne les considère pas comme des adultes. On a plutôt tendance à allonger de plus en plus cette période de la vie entre l'enfance et l'âge adulte, et l'on ne sait pas vraiment quoi faire avec les adolescents. Au fond, ils nous font peur, avec leurs désirs et leurs pulsions. Ils sentent très bien le désarroi et l'anxiété des parents à leur égard, tout en ne comprenant pas pourquoi ils suscitent tant d'inquiétude. Nombre d'entre eux vivent cette situation comme un rejet et ils en souffrent énormément. Énormément.

Il n'y a pas tellement longtemps, un jeune pouvait trouver sa place dans la société au début de la vingtaine. De nos jours, c'est vers sa trentième année qu'il commence à se « caser° », comme l'on dit. C'est tard, beaucoup trop tard, il me semble.

se caser s'établir dans une situation sociale

Le Point : Est-ce à dire qu'il y aurait plus de jeunes malades mentalement?

Bruno Bettelheim : C'est plutôt la capacité de résoudre les conflits qui est moins grande. Prenez l'école, par exemple. Pourquoi oblige-t-on tous les enfants du même âge à se retrouver dans la même classe indépendamment de leurs différences? C'est une très grande erreur d'organiser l'école par âge chronologique plutôt que par âge mental.

Le Point : Diriez-vous qu'il y a un gaspillage de talent à organiser ainsi le système scolaire?

Bruno Bettelheim : D'un côté, nous développons le talent, car nous admettons davantage d'individualité; d'autre part, nous l'empêchons par des structures rigides. L'enfant se retrouve au centre de cette contradiction.

Le Point : Qu'est-ce que cela produit chez lui?

Bruno Bettelheim : Eh bien, il est protégé si à la maison ses parents lui communiquent des valeurs qu'ils appliquent dans leur vie personnelle : et peu importe que ces valeurs soient progressistes ou conservatrices. Dans ce contexte seulement, il accède à la sécurité intérieure et respecte ses parents.

Le Point : Comment vous-même étiez préparé à vivre la terrible expérience de l'Holocauste?

Bruno Bettelheim : Étant né avant la Première Guerre mondiale, j'ai connu des années de grande sécurité. J'avais onze ans lorsque la guerre a éclaté. Ces onze premières années m'ont été d'un grand secours lorsque j'ai dû affronter l'horreur du nazisme.

Le Point : Diriez-vous que les enfants d'aujourd'hui sont peu préparés à vivre de grands malheurs?

Bruno Bettelheim : Certainement. Le sens de la survie s'acquiert auprès des parents. Or, l'insécurité de ces derniers face à eux-mêmes, face à ce qu'ils croient, ne permet absolument pas à l'enfant de développer des moyens de se battre contre l'adversité.

Si tant de jeunes aux États-Unis plongent dangereusement dans la drogue, c'est qu'elle est une solution facile à la résolution des conflits. Je crois que la pire chose dans l'éducation moderne, c'est de laisser croire que les difficultés sont facilement contournables. C'est une image totalement fausse de la réalité.

Le Point : Qu'est-ce que la technologie moderne enlève de plus précieux à l'enfant?

Bruno Bettelheim : Le contact personnel avec l'adulte. C'est pourquoi j'ai tant insisté sur l'importance de raconter des histoires à l'enfant. Jamais la télévision ne remplacera la maman ou le grand-papa qui raconte durant des heures des histoires au petit assis sur ses genoux. Il faut neuf mois pour faire l'enfant. Or, une fois qu'il est né, on voudrait qu'il vive sa croissance à un rythme accéléré. C'est impossible. Il faut prendre le temps d'écouter l'enfant et de lui parler. Les mots peuvent blesser, mais aussi guérir. On ne peut pas aimer, et surtout se sentir aimé, si l'on tient un compte à rebours°.

compte à rebours *count-down*

Interview de Denise Bombardier—*Le Point*, 5 juin 1988

PRÉ-LECTURE

Analysez le titre et répondez aux questions suivantes. Vous pourrez vérifier ensuite dans le texte si vos « impressions » étaient justes.

1. Croyez-vous que Bruno Bettelheim est :
   a) le nom d'une institution;

b) le nom d'un médecin;
c) un jeune privé d'enfance;
d) quelqu'un qui a un doctorat?

2. Le texte que vous allez lire est écrit sous forme d'entrevue. Trouvez-vous paradoxal d'avoir une interview à l'écrit?

3. Comment des enfants peuvent-ils être privés d'enfance? Est-ce un problème moderne?

COMPRÉHENSION

1. Dans quelle situation se trouve la famille actuelle, selon Bettelheim? Quel exemple cite-t-il d'un changement intervenu dans la famille et quelle est la conséquence de ce changement?

2. Quelle est l'idée que Bettelheim estime fausse?

3. Pourquoi les parents consultent-ils des « psy »? Qu'en pense Bettelheim? Quel était le comportement de ses propres parents et qu'en a-t-il retiré personnellement?

4. Quels sont certains des facteurs qui privent les enfants de leur enfance? Comment le comportement des adultes contribue-t-il à ce phénomène?

5. Qu'est-ce qui explique la disparition de la réciprocité entre parents et enfants? Quels sentiments est-ce que cela entraîne chez les enfants?

6. Comment se fait-il que les parents recréent les mêmes situations qu'ils ont vécues eux-mêmes lorsqu'ils étaient enfants?

7. Qu'est-ce que Bettelheim trouve de plus inquiétant dans les rapports parents-enfants? Quel exemple donne-t-il d'une contradiction à laquelle les enfants sont confrontés?

8. Pourquoi Bettelheim se considère-t-il comme un homme d'une autre époque? Qu'est-ce que sa propre formation d'Européen lui a apporté? Qu'est-ce qu'il juge indispensable à l'éducation des enfants?

9. Pourquoi le foyer est-il si important?

10. En quoi les problèmes entre parents et enfants peuvent-ils être positifs?

11. Quelle est l'attitude des parents qui n'ont qu'un seul enfant?

12. À quels facteurs Bettelheim attribue-t-il le drame de l'adolescence de nos jours?

13. Que reproche-t-il à la façon dont le système scolaire est organisé? Devant quelle contradiction l'enfant se retrouve-t-il?

14. Qu'est-ce qui est nécessaire pour procurer à l'enfant une sécurité intérieure?

15. Qu'est-ce qui a préparé Bettelheim à affronter la tragédie de l'Holocauste?

16. Comment explique-t-il le manque de préparation aux difficultés de l'existence chez les enfants actuels?

17. De quoi l'enfant a-t-il surtout besoin selon Bettelheim et comment peut-on combler ce besoin?

APPROFONDISSEMENT

1. Identifiez les principales difficultés auxquelles les enfants font face de nos jours, selon Bettelheim.

2. Parmi les causes de ces difficultés, identifiez celles qui sont dues :
   a) aux attitudes et aux comportements des parents;
   b) aux conditions de vie actuelles;
   c) aux contradictions de la société.

3. Dégagez les conseils que Bettelheim donne aux parents, directement ou indirectement. Quels sont ceux qui vous semblent valables et réalistes? Y en a-t-il avec lesquels vous êtes en désaccord ou que vous jugez inapplicables?

EXERCICES

I. *Illustrez la différence entre les expressions suivantes en les employant dans de courtes phrases.*

désemparé	et	*impuissant*
anxiété, inquiétude	et	*désarroi*
éduquer	et	*instruire*
allonger	et	*prolonger*

II. *Trouvez le substantif qui correspond à l'adjectif.*

Modèle : doux → *douceur*

rigide	mûr
capable	anxieux
sûr	

III. *Trouvez le substantif qui correspond au verbe. Ajoutez l'article qui convient.*

Modèle : disparaître → *la disparition*

acquérir	gaspiller
croître	contredire
survivre	retirer
résoudre	affronter

IV. *Trouvez dans la liste suivante le mot ou l'expression qui correspond à la définition donnée.*

à l'écart, rejet, foyer, imprévu, bénéfique, aigu, allure

1. *que l'on n'attendait pas*
2. *qui fait du bien*
3. *qui est pointu, coupant*
4. *qui ne participe pas ou qui est loin*
5. *le fait de ne pas accepter qqch. ou qqn*
6. *le lieu où habite sa famille*
7. *l'apparence*

V. *Refaites les phrases suivantes en remplaçant l'expression en italique par une expression synonyme.*

tenir à coeur, s'adresser à, en vouloir à, rendre la pareille, avoir de la peine à, se comporter comme.

1. Les parents s'occupent bien de leurs enfants tout en espérant que, dans leur vieillesse, ceux-ci *s'occuperont d'eux à leur tour.*
2. Tout ce qui touche les enfants *est important pour nous.*
3. Souvent les parents *ont de la difficulté à* communiquer avec leurs adolescents qui, eux-mêmes, *éprouvent une certaine hostilité envers* leurs parents pendant cette période de leur vie.
4. On voudrait que les jeunes *agissent comme* des adultes.
5. Faudrait-il *parler à* des « psy », à des éducateurs ou à d'autres parents quand on se trouve désemparé quant à l'éducation de son enfant?

CONVERSATIONS ET DÉBATS

1. « Des enfants privés d'enfance. » Donnez-en des exemples.
2. Les adultes ont-ils tort de vouloir rester jeunes et de demander aux enfants de se comporter davantage comme des adultes?
3. L'analyse du drame des adolescents que donne Bettelheim vous semble-t-elle convaincante?
4. Est-il vrai qu'en général les jeunes de nos jours ne commencent à se caser et à être pleinement autonome que vers leur trentième année? Estimez-vous comme Bettelheim que ce soit trop tard? À quoi attribuez-vous ce phénomène? Est-il possible d'y remédier?
5. Devrait-on organiser l'école par âge mental plutôt que chronologique? Quels seraient les avantages et les inconvénients d'un tel système?

1. Qu'est-ce qui devrait être indispensable, selon vous, dans l'éducation que les parents donnent à leurs enfants pour que ceux-ci se développent sainement?

2. Les erreurs des parents : que faut-il éviter absolument?

Les jeunes et l'énergie

Tchernobyl? Three Mile Island? Fusion? Fission? Eau lourde? François 1
Ménard, quinze ans, coton ouaté° trop grand et espadrilles trop neuves,
avait réponse à tout ce matin-là. Fallait bien. Un des juges d'Expo-Sciences°
était garé°, depuis quelques minutes déjà, non loin de son kiosque
thématique°, à l'affût de la moindre faille dans sa tentative de
« démystification de l'énergie nucléaire ».

Mais rien n'a cloché°. François a impressionné. Parler d'énergie 2
nucléaire à neuf heures le samedi matin, rien de plus évident pour ce
jeune Sherbrookois°.

Ce qui l'est moins, c'est de parler de la nouvelle signification qu'aura 3
le mot énergie… au-delà de l'an 2000. C'est alors que les idées, décousues,
se bousculent. On a bien une opinion, mais on préfère ne pas trop la
développer de peur de s'égarer dans un scénario de science fiction… ou
d'horreur.

« J'imagine bien une société plus orientée vers le partage des ressources 4
où les grandes sociétés ne possèdent plus la balance du pouvoir en matière
d'énergie et respectent l'environnement. » Et puis, c'est l'amer constat :
« Bof°! Dans le fond, je suis peut-être trop optimiste… »

À quelques tables de là, Marco Miller, un grand gaillard de dix-sept 5
ans, venu à Rivière-du-Loup° vendre les mérites de l'énergie solaire, n'hésite
pas, lui, à en faire « sa petite guerre ». « En matière d'énergie, ça a toujours
été la loi du moindre effort, dit-il. Le monde, de façon générale, se tourne
vers ce qu'il y a de plus facile. Mais un jour, on devra payer la note et,
à ce moment-là, plus personne ne voudra faire de sacrifices. »

Dans quel monde allons-nous grandir?

Ses solutions? « Il faudra cesser de penser au nucléaire et plutôt se tourner 6
vers des sources d'énergie propre et renouvelable comme l'énergie solaire
ou marémotrice°. Il faudra aussi que les compagnies paient pour leurs
erreurs passées. Mais surtout, il faudra changer carrément nos habitudes
de vie. » Vision un peu naïve, non? « Peut-être, répond son copain Justin
Hudon, mais il ne faut pas oublier que c'est nous qui allons grandir là-
dedans. Aussi bien commencer à y penser sérieusement. »

Partagés entre la « situation privilégiée du Québec », la protection de 7
l'environnement et une croissance soutenue des besoins énergétiques d'ici

et du reste du monde, les jeunes Québécois sont inquiets. L'héritage énergétique que s'apprêtent à leur laisser les plus vieux (ces baby boomers plus enclins à sauver leur job qu'à sauver la planète) laisse un goût amer.

8   « C'est bien simple, tout le monde a peur. Moi, quand j'y pense, j'en deviens presque paranoïaque », dit Marie Gendron, une rouquine de 25 ans aux yeux pétillants, aux idées bien arrêtées et qui travaille depuis un an dans une agence de relations publiques de Montréal. « Sauf que notre génération a aussi le souci de s'inquiéter pour ceux qui suivent, et c'est là la différence. »

9   Marie occupe aussi ses temps libres à présider la Commission jeunesse au Parti libéral du Québec. Mais peu importe. Là comme ailleurs, son discours ne change pas d'un iota. « Ce n'est plus le point de vue d'un seul parti politique, dit-elle. C'est celui d'une génération entière. Nous avons réussi à dépolitiser le débat. Comme toile de fond°, nous croyons que la consommation d'énergie doit être étroitement et inévitablement liée à la qualité de la vie. Ces deux notions ont pendant trop longtemps été séparées. Sauf qu'on part de bien loin. »

comme toile de fond à la base de notre argumentation

10   Aperçu sur le mur de son bureau, un slogan : « Les jeunes ne peuvent pas faire bouger le monde parce que les vieux sont assis dessus. »

Faudrait que ce soit amusant de recycler

« Si les jeunes ont une vision énergétique quelconque à adopter, ce sera 11 davantage à la lumière des enjeux environnementaux globaux », confirme de son côté Louis Boivin, 26 ans. Sauf qu'après une petite heure de discussion, notre jeune ingénieur montréalais doit bien se rendre à l'évidence : « Responsabilités environnementales et besoins énergétiques ne seront compatibles que dans la mesure où ce sera économiquement rentable pour tous. Il faudra faire en sorte que les mécanismes économiques en arrivent à militer par intérêt en faveur de l'environnement. »

Comment le dit François Ménard, « la simple sensibilisation, ça ne sert 12 à rien s'il n'y a pas autre chose au bout de l'hameçon. Faudrait que ça devienne amusant et payant de recycler. Aujourd'hui, c'est encore trop compliqué. »

Le problème, c'est que les écologistes et les économistes n'ont jusqu'à 13 présent jamais fait bon ménage et ont plutôt limité leur débat à un « dialogue de sourds par citoyens interposés » (l'expression est de Louis Boivin).

Mais pour ces jeunes, à mi-chemin entre la crise énergétique de la fin 14 des années soixante-dix et l'an 2000, le bilan environnemental actuel en matière énergétique ne leur dit rien qui vaille°. « On oublie bien vite, soupire Marie Gendron. La preuve? On a recommencé de plus belle à acheter de grosses automobiles. Sauf que pendant ce temps-là, tout pète° en Alaska et ça tue des poissons ». « Il n'y a pas eu de véritable crise de l'énergie », croit, quant à lui, François Ménard. « Sinon, on n'agirait pas comme on le fait aujourd'hui. »

Que se passera-t-il quand nous aurons fini d'aménager nos rivières?

Dans la course aux substituts énergétiques qui s'amorce, Louis Boivin 15 déplore grandement l'attitude du Québec qui, du haut de ses barrages° et de sa position privilégiée actuelle, néglige de développer de nouvelles sources d'énergie. « À l'heure actuelle, dit-il, nous possédons peut-être un avantage concurrentiel incontestable, mais qu'en sera-t-il lorsqu'on connaîtra mieux les conséquences environnementales de ces aménagements hydro-électriques? Que se passera-t-il dans dix ou quinze ans quand nous aurons fini d'aménager les rivières qui sont économiquement rentables? »

Son opinion semble faire l'unanimité auprès des autres. « Pourtant, 16 tout le monde sait que c'est très mauvais de mettre tous ses œufs dans le même panier », ajoute Marco Miller.

De son côté, Marie Gendron a, de toute évidence, une dent contre la 17 génération qui la précède. « Ils ont développé le Québec à tout prix sans penser aux conséquences, en croyant que notre énergie était éternelle et en imposant des structures décisionnelles lourdes et blindées° contre tout changement. Nous ne voulons pas faire les mêmes erreurs. En matière d'énergie, nous voulons avoir le choix d'en profiter, mais aussi d'en laisser aux autres derrière nous. Globalement, les pays les plus riches devront

---

ne leur dit rien qui vaille ne leur inspire aucune confiance
tout pète la situation est catastrophique (allusion au désastre du pétrolier *Valdiz*)

du haut de ses barrages le Québec possède les plus grands complexes hydro-électriques au monde, ce qui lui donne une position privilégiée du point de vue des ressources énergétiques

blindées réfractaires, qui résistent

s'orienter vers des technologies non polluantes pour en faire bénéficier les pays plus pauvres. C'est simple. »

18   D'autant plus que la demande énergétique, à défaut de se stabiliser, risque fort de s'accroître, s'il faut en croire Louis Boivin : « C'est complètement illusoire de croire qu'on s'en va vers une réduction de la consommation. À l'échelle planétaire, au contraire, c'est l'explosion pure et simple de la demande. »

Les pays devront offrir d'autres sources d'énergie

19   Le débat déborde vite les frontières de la province. Pour des « raisons écologiques évidentes », Brigitte Gauvreau, 25 ans, est convaincue que la vision des jeunes sur leur avenir énergétique doit être planétaire. Son opinion n'est pas désabusée. Brigitte est responsable du débat-jeunesse qui se tient parallèlement au XIVᵉ congrès de la Conférence mondiale de l'énergie à Montréal. « Regardez ce qui se passe dans les pays en voie de développement et vous verrez que leurs problèmes sont particulièrement criants. » Et qu'ils nous touchent de près.

20   « Écoutez, ma couche d'ozone à moi est aussi affectée par ce qui se passe en Amazonie, et mes érablières° sont également touchées par les pluies acides. Sauf que lorsqu'on demande aux Brésiliens de ne plus couper d'arbres, on oublie peut-être qu'ils en sont au même stade de sensibilisation à la protection de l'environnement que nous, il y a vingt ans. On ne parle pas encore le même langage. Voilà la réalité avec laquelle nous devrons composer. »

érablières les exploitations d'érables (*maple trees*) ont une valeur économique importante au Québec

21   Louis Boivin se demande davantage dans quelle mesure la menace écologique peut autoriser les pays riches à intervenir dans le développement énergétique des pays pauvres. « Si c'est ça la question, on erre! dit-il. Les pays industrialisés devront plutôt avoir comme principale responsabilité d'offrir d'autres sources d'énergie, mais cette fois, économiquement rentables pour tous. »

22   Mais tous ces jeunes ont aussi une idée bien précise derrière la tête. Après avoir vécu la crise de l'énergie de la fin des années soixante-dix assis sur la banquette arrière de l'automobile de leurs parents, il se sentent aujourd'hui de plus en plus près du poste de commande. Et prêts à donner un grand coup de barre° si la situation se détériore. Taxez-les d'idéalisme, ils vous répondront alors sèchement qu'ils ne peuvent quand même pas faire pire… que leurs parents!

donner un grand coup de barre changer complètement de direction

Yvan Lamontagne—*Forces*, Été 1989

Lisez la première ligne du texte.

1. De quelle sorte d'énergie s'agit-il?

2. Pourquoi associe-t-on les jeunes à cette énergie dans le titre? Quel est le rapport qui sera développé selon vous?

3. Les problèmes d'énergie concernent-ils plus particulièrement les jeunes? Pourquoi?

COMPRÉHENSION

1. Quel était le thème de la présentation de François Ménard?

2. Pourquoi fallait-il qu'il ait réponse à tout?

3. À l'affût de quoi le juge était-il? Comment François s'est-il comporté?

4. De quoi est-il difficile de parler et pour quelle raison?

5. Quel avenir François envisage-t-il? Croit-il vraiment aux possibilités qu'il évoque?

6. Quel thème Marco Miller a-t-il choisi?

7. Que reproche-t-il à la façon dont on a abordé jusqu'à présent la question de l'énergie?

8. Quelles sont les trois solutions préconisées par Marco Miller?

9. Que pense Justin Hudon des idées proposées par son copain?

10. Pourquoi les jeunes Québécois sont-ils inquiets?

11. Quelle est, selon Marie Gendron, la différence entre sa génération et celle de ses aînés?

12. Est-ce que les idées de Marie reflètent son orientation politique?

13. À quelle préoccupation la consommation d'énergie doit-elle être associée selon Marie?

14. De quelle attitude de la part des jeunes le slogan accroché à son mur est-il représentatif?

15. Qu'est-ce que les jeunes vont prendre davantage en considération en abordant le problème de l'énergie, selon Louis Boivin?

16. Qu'est-ce qui va être indispensable, d'après Louis, pour concilier le respect de l'environnement et les besoins énergétiques?

17. Comment peut-on motiver les gens à recycler, selon François?

18. Qu'est-ce qui caractérise les rapports entre les écologistes et les économistes?

19. Qu'est-ce que les gens oublient vite? Quel exemple Marie Gendron donne-t-elle de cet oubli?

20. Pourquoi François pense-t-il que la crise énergétique de la fin des années soixante-dix n'a pas été une véritable crise?

21. Qu'est-ce que Louis reproche à l'attitude du Québec? Quels dangers potentiels comporte la construction des barrages hydro-électriques?

22. Comment Marco Miller caractérise-t-il la démarche du Québec en matière d'énergie?

23. Quels sont les erreurs de la génération antérieure que dénonce Marie Gendron?

24. Quelle doit être la responsabilité des pays riches?

25. La consommation d'énergie va-t-elle diminuer?

26. Pourquoi Brigitte Gauvreau croit-elle à la nécessité d'une vision planétaire?

27. Quels exemples donne-t-elle des problèmes écologiques qui débordent les frontières des pays?

28. Pourquoi dit-elle qu'on « ne parle pas encore le même langage » que les Brésiliens?

29. Quel doit être le comportement des pays riches envers les pays pauvres et qu'est-ce que les pays riches n'ont pas le droit de faire?

30. À quoi les jeunes sont-ils prêts? Que répondent-ils à l'accusation d'idéalisme?

APPROFONDISSEMENT

1. Quels sont les reproches que les jeunes cités dans l'article adressent à la société où ils vivent?

2. Quels changements préconisent-ils?

3. Pensez-vous que leurs critiques soient justes et que leurs espoirs soient réalistes?

EXERCICES

I. *Complétez les phrases suivantes à l'aide du mot qui convient.*

1. La _____ d'ozone empêche la pénétration de rayonnements nocifs émis par le soleil.

2. L'énergie nucléaire ne peut être considérée comme la solution pour répondre à tous nos besoins _____.

3. Il faudra se tourner vers d'autres sources d'énergie plus propres, non _____.

4. Au Québec, on veut construire de nouveaux _____ hydro-électriques.

5. En matière d'environnement, notre vision doit être _____ (englober toute la planète) et non seulement nationale.

6. Dans notre société de _____, on nous a habitués à tout jeter. Ce n'est que dernièrement que nous avons été sensibilisés à notre environnement et que nous pensons à _____ ce qui pourrait être réutilisé.

II. *Remplacez le verbe en italique par un synonyme choisi dans la liste suivante :*

s'apprêter, s'amorcer, s'accroître, s'orienter, bénéficier, cesser

1. Les jeunes *se préparent* à changer de mode de vie pour lutter plus efficacement contre la pollution.
2. Vous devez *vous tourner* vers des sources énergétiques plus propres et moins dangereuses que l'énergie nucléaire.
3. Un changement dans les mentalités *commence* lentement et permettra un jour d'*arrêter* le gaspillage de l'énergie.
4. Ce sont nos petits-enfants qui *profiteront* de toutes ces mesures.
5. Les problèmes reliés aux pluies acides *sont de plus en plus nombreux.*

III. *Complétez les expressions suivantes en vous aidant des équivalents donnés.*

1. faire face à toutes les situations : avoir réponse _____
2. sans rien changer : sans changer un _____
3. s'entendre bien avec son conjoint, avec son entourage : faire bon _____
4. avoir une intention cachée : avoir une idée derrière _____
5. mettre tout ce que l'on a dans une même entreprise au risque de tout perdre : mettre tous ses _____ dans le même _____
6. ça ne leur dit rien de bon : ça ne leur dit rien qui _____

IV. *Dites d'une autre façon :*

1. qui rapporte des profits
2. qui possède des industries
3. qui pollue
4. qui peut être renouvelé
5. personne spécialiste de l'environnement
6. absolument

CONVERSATIONS ET DÉBATS

1. Pour ou contre l'exploitation de l'énergie nucléaire.
2. Quels moyens peut-on mettre en œuvre pour concilier la rentabilité économique et la protection de l'environnement?
3. « Globalement, les pays les plus riches devront s'orienter vers des technologies non polluantes pour en faire bénéficier les pays plus pauvres. C'est simple. » Discutez cette opinion émise dans l'article : si la solution proposée est si simple, pourquoi n'est-elle pas appliquée?

COMPOSITIONS

1. « Les jeunes ne peuvent pas faire bouger le monde parce que les vieux sont assis dessus. » Commentez.

2. Quels vous semblent être les défis les plus importants auxquels fait face la jeunesse actuelle?

Les femmes cadres dans les entreprises

femme cadre *female executive*

percée *breakthrough*
gestion *management*

brosser *to outline*

(être aux) leviers de commande *to be at the controls*
par le biais de *en se servant de*

scolarisé *educated*

entrer en ligne de compte *devoir être pris en considération*

Qui sont les femmes cadres° des grandes entreprises québécoises du secteur privé? Jeunes, instruites, ambitieuses, elles sont de plus en plus nombreuses à faire carrière dans un domaine traditionnellement réservé aux hommes. Et, de toute évidence, cette percée° des femmes ira en s'accentuant puisqu'à l'heure actuelle 40 p. 100 des étudiants québécois en gestion° sont des femmes. Mais il faut bien admettre que les femmes cadres sont concentrées dans les plus bas niveaux de gestion. 1

Dans une thèse de doctorat en administration, Francine Harel-Glasson, professeure à l'École des hautes études commerciales (affiliée à l'Université de Montréal) brosse° le profil socio-économique de ces femmes et cerne les facteurs qui expliquent pourquoi très peu d'entre elles accèdent aux véritables leviers de commande°. 2

La recherche porte sur 25 entreprises de plus de 1000 employés. Les données ont été recueillies par le biais° d'un questionnaire envoyé à 687 femmes cadres. Trois cent quarante-six questionnaires complétés ont été retenus. Pour résumer brièvement les caractéristiques de ces femmes, on pourrait dire qu'elles sont jeunes, ambitieuses, instruites, remarquablement stables et qu'elles ont, malgré leur jeune âge (32,6 ans en moyenne) une longue expérience de travail. Cependant, il faut le répéter, elles se situent dans les niveaux hiérarchiques les plus bas et elles touchent des salaires peu élevés. 3

On peut toujours avoir recours à une explication peu compromettante et alléguer que les femmes cadres sont bien jeunes et que celles qui sont plus âgées ne sont pas assez scolarisées° pour occuper des postes de direction, souligne Francine Harel-Glasson. Mais, selon elle, d'autres raisons beaucoup plus profondes entrent en ligne de compte°. Elles sont d'abord culturelles : « Le stéréotype féminin est bien loin du stéréotype gestionnaire. » Elles sont aussi structurelles : « Les femmes sont concentrées dans certaines fonctions qui ne sont pas sur une voie hiérarchique. L'exemple classique est celui des secrétaires. » Si les femmes cadres ont échappé à l'impasse des métiers traditionnellement féminins, elles occupent le plus souvent une fonction « conseil » ou un poste d'analyste. 4

« Ce sont des fonctions qui n'impliquent pas de décision et qui peuvent difficilement mener à la direction d'une entreprise. Par exemple, un directeur de publicité ne devient pas président, tandis qu'un directeur de la production a beaucoup plus de chance d'accéder à ce poste », explique-t-elle.

5 Les femmes interrogées ont été invitées à préciser leur conception du jeu des promotions dans l'entreprise. « Dans l'ensemble, elles valorisent énormément les facteurs de compétence dans la tâche et beaucoup moins les facteurs sociaux et politiques comme, par exemple, être vue en compagnie de gens influents, être membre de clubs sociaux, se mettre en évidence lors des réunions, etc. Bref, savoir tirer des ficelles. Or, la compétence ne suffit pas, soutient Francine Harel-Glasson, et toute personne qui monte doit nécessairement avoir des contacts. »

6 « Les femmes cadres en sont bien conscientes, explique-t-elle, mais elles sont très réticentes à jouer le jeu social et politique. Elles craignent d'être mal jugées, d'être taxées de séductrices si elles tentent d'obtenir l'appui d'une personne influente qui, dans la très grande majorité des cas, est un homme. Les femmes se retrouvent ainsi dans un cercle vicieux. »

7 Francine Harel-Glasson ajoute que ces facteurs sociaux et politiques contredisent le modèle féminin typique. « Ce modèle en est un de dévouement au service de la carrière des autres. On accepte mal qu'une femme se mette au service de sa propre carrière. Il n'existe pas de véritables relations

d'affaires hommes-femmes. Nous en sommes encore à l'homme supérieur et à la femme subordonnée. »

Autre raison importante qui explique pourquoi peu de femmes 8 parviennent à franchir les échelons qui mènent à la direction des entreprises : le double rôle social. Les femmes doivent concilier leur vie familiale et leur travail. Il leur reste alors bien peu de temps pour jouer le jeu social et politique.

Pour Francine Harel-Glasson, il est intéressant que les femmes cadres 9 ne valorisent pas que la compétence mais qu'elles accordent aussi beaucoup d'importance aux habiletés de direction, à la capacité de motiver des subordonnés. « On est loin du stéréotype féminin qui veut que les femmes ne valorisent que l'accomplissement méticuleux d'un travail. Si on ne leur confie que des tâches routinières, on en arrivera à la conclusion qu'elles sont très efficaces dans ce genre de travail. Mais si on leur donne un travail de gestion de personnel, on verra qu'elles valorisent aussi cette fonction. » Les deux tiers des femmes interrogées pour son étude font de la gestion de personnel.

On peut se demander ce qu'il adviendra, au cours de la prochaine 10 décennie, de la cohorte de ces femmes qui occupent présentement les niveaux inférieurs de la gestion. Selon Francine Harel-Glasson, la réponse appartient aux entreprises dont le défi consistera à mettre en place les mécanismes nécessaires pour profiter de cette ressource. La réponse est aussi du côté légal. Les États-Unis sont beaucoup plus avancés sur ce point, note-t-elle. Une loi qui remonte aux années soixante oblige les entreprises à embaucher un nombre minimum de femmes à tous les niveaux de leurs opérations. Cette loi a contribué à rétablir un certain équilibre et à modifier sensiblement les règles d'un jeu où le patron est un homme et l'exécutant une femme. Au Québec, nous en sommes encore aux mesures incitatives et aux vœux pieux.

Jacqueline Blouin—*La Gazette des femmes*, oct. 1981

PRÉ-LECTURE

1. Qu'est-ce que le titre suggère quant au type de texte que vous allez lire? Croyez-vous qu'il s'agit :
   a) d'un article de journal;
   b) d'un sondage;
   c) d'un texte de fiction;
   d) d'un article de revue;
   e) du rapport d'un directeur d'entreprise;
   f) autre.

2. Quelle image vous faites-vous d'une femme cadre?

3. En quoi est-elle différente d'un homme cadre?

COMPRÉHENSION

1. Vers quelle carrière se dirigent beaucoup de femmes?

2. À quel niveau restent-elles? À quoi ne parviennent-elles que difficilement?

3. Comment Francine Harel-Glasson a-t-elle procédé à son étude?

4. Quelles sont les caractéristiques des femmes cadres?

5. Quelle explication facile donne-t-on de cette concentration des femmes aux niveaux inférieurs de la hiérarchie?

6. Quelles autres causes de ce phénomène faut-il envisager?

7. Pourquoi les fonctions qu'occupent généralement les femmes cadres ne sont-elles pas propices à leur ascension hiérarchique?

8. Qu'est-ce qui est plus important pour ces femmes et pourquoi cela ne les aide-t-il pas dans leur carrière?

9. En quoi consiste le cercle vicieux auquel ces femmes font face?

10. Avec quoi le modèle féminin typique entre-t-il en conflit?

11. Quel est l'autre handicap des femmes?

12. À part la compétence, à quoi les femmes cadres attachent-elles de la valeur?

13. Quel sera le défi des entreprises à l'avenir?

14. Que prescrit la loi aux États-Unis?

APPROFONDISSEMENT

1. Selon Francine Harel-Glasson, « les femmes sont concentrées dans certaines fonctions qui ne sont pas sur une voie hiérarchique. » Quelles seraient d'après vous les causes de cette situation?

2. Relevez les divers facteurs qui empêchent les femmes cadres de s'élever dans la hiérarchie. Quel est celui qui vous semble le plus important? En voyez-vous d'autres que ceux qui sont énumérés dans le texte?

EXERCICES

I. *Dites d'une autre façon :*

1. Pour s'élever dans l'échelle hiérarchique, il faut obtenir l'appui de gens *qui ont du pouvoir.*

2. Il faut *se conformer aux règles du jeu.*

3. Ces employés ne sont chargés que de tâches *monotones et répétitives*.
4. Sa fonction est celle de *quelqu'un qui accomplit les tâches qu'on lui ordonne de faire*.
5. Elle reçoit *une rémunération sur une base régulière* pour son travail.

II. *Trouvez les substantifs qui correspondent aux adjectifs suivants* :

efficace, méticuleux, profond, stable, pieux

III. *Faites de courtes phrases pour illustrer la différence entre les mots suivants* :

directrice	et	*présidente*
cadre	et	*employé*
dévotion	et	*dévouement*
sensiblement	et	*raisonnablement*
fonction	et	*tâche*

IV. *Complétez les locutions suivantes en vous aidant des équivalents donnés.*

1. c'est parfaitement clair   *de toute* _____
2. maintenant   *à l'heure* _____
3. d'un point de vue global   *dans l'* _____
4. accompagné de   *en* _____ *de*

V. *Complétez les phrases suivantes à l'aide d'un verbe choisi dans la liste ci-dessous.*

accéder à, recueillir, arriver à, accorder, confier, rétablir, tirer, occuper

1. Ne _____ pas trop d'importance à ce genre d'erreurs.
2. L'équilibre a été rompu et il faut le _____ .
3. Vous devez apprendre à _____ les ficelles.
4. L'auteur n'a pas _____ suffisamment de données.
5. Elle est insatisfaite de la fonction qu'elle _____ .
6. Il tente depuis longtemps de _____ un poste de direction.
7. Le patron _____ des tâches à ses subordonnés.
8. Comment avez-vous pu _____ cette conclusion.

CONVERSATIONS, DÉBATS, ANALYSES

1. Quels sont les avantages et les inconvénients d'une loi comme celle à laquelle il est fait allusion à la fin de l'article?

2. La compétence devrait-elle être le seul critère de la promotion? Comment expliquez-vous l'importance accordée au « jeu politique et social » ?

3. « Nous en sommes encore à l'homme supérieur et à la femme subordonnée. » Êtes-vous d'accord avec cette affirmation? Y a-t-il des professions auxquelles elle s'appliquerait davantage qu'à d'autres?

4. Croyez-vous qu'une femme puisse concilier une vie de famille et une carrière de façon harmonieuse? Faudrait-il introduire des changements pour faciliter cette conciliation?

COMPOSITIONS

1. Que pensez-vous d'une carrière dans un domaine fortement hiérarchisé? Sauriez-vous vous contenter d'un poste subalterne ou essayeriez-vous de gravir tous les échelons?

2. Si vous meniez une enquête auprès de femmes cadres, quelles questions leur poseriez-vous?

Interview d'une octogénaire

Le témoignage qui est ici présenté permet de mesurer l'écart entre la condition de la femme au début du siècle et ce qu'elle est devenue.

Le Foyer Jean-de-La-Lande est une résidence pour personnes âgées. C'est 1
au 14ᵉ étage que Germaine Desjardins, 84 ans, m'avait donné rendezvous.
Par la fenêtre de sa chambre, on voit la rue Papineau qui s'étend sur
des milles de longueur. En ce vendredi soir, les autos s'y suivent tête
contre cul.

« Comme ça, c'est vous le journaliste qui veut me faire parler du passé? 2
Ben prenez la berceuse et bercez-vous pendant que je vais vous raconter
des histoires. »

Pour les besoins de la cause, Germaine redevient soudain petite fille. 3
Elle revoit la petite robe noire qu'elle portait pour aller en classe, chez
les sœurs de la Congrégation. « Maintenant les enfants peuvent aller à
l'école en jeans. Mais dans mon temps, il fallait être impeccables, sinon
on nous renvoyait à la maison. Après la classe, on changeait de robe, puis
on allait jouer dehors. Oh ! il n'y avait pas de jouets comme aujourd'hui.
L'hiver on s'amusait à glisser dans la cour. L'été je m'habillais en sœur
et je jouais à l'école avec mes petites compagnes ! Il n'y avait pas de chaleur
assez forte pour m'empêcher de jouer à la sœur...

« Quand mon père, qui était menuisier, arrivait du travail, nous soupions. 4
Ensuite, c'était les devoirs, parce que dans ce temps-là les devoirs et les
leçons, ça existait ! Ensuite, on disait le chapelet. Tous les soirs ! Parfois
je demandais à ma mère si je pouvais aller faire mes devoirs avec mes
petites compagnes. « Vas-y, me disait ma mère. Mais à neuf heures il faut
que tu sois ici. »

« Vous savez, dans ce temps-là, c'était plus sévère qu'aujourd'hui. Il 5
y avait de l'autorité. C'est les parents qui avaient le dernier mot. Il fallait
leur obéir, comme on obéissait à l'Église, à l'autorité civile. J'ai été élevée
dans l'obéissance, je ne trouvais pas ça dur. Ça allait de soi ! Puis dans
notre temps, les jeunes filles ne sortaient jamais sans chaperon. Les garçons,
eux, étaient plus libres. Moi j'ai eu de la chance. Ma sœur était souvent

malade, elle avait une santé fragile, donc je pouvais sortir seule avec mon ami... quand j'avais une invitation ! Nous allions au cinéma. Au début, c'étaient les vues animées°, vers 1908, mais moi ce dont je vous parle, c'était plus tard, avec l'arrivée du cinéma parlant. Nous allions voir de belles vues françaises. Pas les vues américaines, car dans les vues américaines, il n'y avait pas d'histoire. Les gens arrivent, s'assoient sur un chesterfield, prennent une consommation, puis ils se lèvent quelques minutes plus tard et s'en vont ailleurs recommencer la même chose.

6 « Non ! nous n'allions pas dans les salles de danse. C'était mal vu°. Les jeunes filles qui y allaient, c'étaient des jeunes filles plutôt communes, si on peut dire. Ma mère disait : « Vous ne ferez pas de petites gamines° ! »

vues animées *Q.* films muets

mal vu mal considéré
faire de petites gamines *Q.* devenir des jeunes filles mal élevées

« D'autres fois, nous allions dans des soirées de famille, chez des parents,   7
des voisins. C'était la mode des soirées dans ce temps-là. Nous sortions
le gramophone et nous faisions jouer de belles chansons françaises. Il y
en a une en particulier que j'aimais beaucoup : *Je sais que vous êtes jolie.*
Vous savez, c'étaient de beaux mots. On avait un peu plus d'imagination
qu'aujourd'hui où amour rime avec toujours ! Les parents, eux, restaient
dans la cuisine, préparaient le lunch et venaient faire leur tour de temps
en temps voir si tout était correct.

« Quand j'allais au cinéma, je racontais toujours l'histoire à mon père   8
après. Il s'intéressait à tout. Ma mère, elle, pas du tout. C'était, si on
peut dire, une excellente femme d'intérieur. Je ne me suis jamais intéressée
à la politique et au sport. Peut-être que je tiens ça d'elle? Elle travaillait
tout le temps. Le lundi, c'était le lavage, le mardi le repassage, et ainsi
de suite. Le vendredi matin elle allait faire son grand marché au marché
Bonsecours. Puis dans l'après-midi, elle commençait son ménage qu'elle
finissait le samedi matin. Le samedi après-midi, c'était la pâtisserie.

agrément *Q.* plaisir

« Son agrément°, c'était de faire son ouvrage. Elle n'aimait pas avoir   9
de la visite la semaine. Elle disait que ça la dérangeait dans son programme.
Elle aimait la visite le dimanche après-midi seulement. Elle mettait sa

le monde *Q.* les gens

robe noire et son tablier blanc et attendait que le monde° arrive. S'il n'en
venait pas, elle était déçue ! C'était ça la vie, dans ce temps-là. Vous savez,
il n'était pas question de libération de la femme, ni de séparatisme puis
de référendum. Tout ça, c'est des mots nouveaux. C'était entendu qu'une

tenir son foyer s'occuper
du ménage, des tâches
domestiques

femme, en se mariant, tenait son foyer° et vivait la vie de famille avec
son mari et ses enfants. Nous n'avions pas grand choix de carrières comme
aujourd'hui. Dans mon temps, ç'aurait été un déshonneur qu'une femme

sans cœur *Q.* paresseux,
lâche

mariée travaille. Cela aurait voulu dire que son mari était sans cœur°
ou qu'il ne gagnait pas assez cher pour faire vivre sa femme. Dans l'temps,
les femmes étaient plus soumises à leur mari.

foyer établissement où
sont logées des personnes
âgées

« C'est parce que les femmes travaillent qu'ils sont obligés de construire   10
des foyers° comme ici. Dans mon temps, ce genre de maison n'existait
pas. Ma grand-mère est morte chez nous. Aujourd'hui les maisons sont
vides toute la journée. Il n'y a plus personne pour s'occuper des vieux !

ami de garçon *Q.* *boy-
friend*

« Vous savez, ça n'a pas toujours été facile. La guerre de 14-18, par   11
exemple. J'avais un ami de garçon° qui est parti à la guerre. Nous voulions
nous fiancer avant son départ mais mes parents n'ont pas voulu. Alors
nous nous sommes fait nos adieux. Nous avons pleuré toutes les larmes
de notre corps et il s'est embarqué pour l'Angleterre… Puis il y a eu

la Crise *the Great Depres-
sion*
ticket ticket de rationne-
ment

la Crise°. Les gens étaient sans emploi. Ça se jetait en bas des maisons
par désespoir. Puis il y a eu l'autre guerre avec les tickets° pour aller
chercher la nourriture. Mais malgré tout je suis contente d'avoir connu
cette époque. Nous n'avions pas de poêle au charbon ou au bois, pas de

fer fer à repasser

fer° ni de bouilloire électrique, mais la vie était calme. Est-ce que les gens
aujourd'hui, avec tous ces chambardements-là, sont plus heureux?
Aujourd'hui il faut se ruiner pour faire des cadeaux. Au temps des Fêtes,

tout le monde emprunte. Nous, on achetait quand on avait de l'argent dans nos poches et à Noël nous pendions notre bas°. On avait une pomme, des noix de Grenoble, des bonbons clairs°, une orange. Vous savez que dans mon temps une orange, c'était un luxe? Je ne sais pas si c'est une idée que je me fais, mais il me semble que les oranges étaient bien meilleures qu'aujourd'hui ! »

bas *Q.*   chaussette
bonbon clair   *hard candy*

Interview par Jean-Louis Gauthier — *Châtelaine*, janv. 1980

PRÉ-LECTURE

1. En entendant le mot « octogénaire », quelle est la première image qui vous vient à l'esprit?
   Pensez-vous :
   a) à vos grands-parents;
   b) à des gens vivant une heureuse retraite;
   c) à des vieux malades à l'hôpital;
   d) à des personnes sages remplies d'expérience;
   e) à des résidences pour personnes âgées;
   f) autre?

2. Dans l'interview, Mme G. Desjardins raconte sa vie et celle des femmes à son époque. Selon vous, la vie d'une femme aujourd'hui est-elle plus ou moins facile qu'au début du siècle? Pourquoi?

COMPRÉHENSION

1. Où habite Germaine Desjardins? Qu'est-ce qui symbolise le contraste entre le passé et le présent en ce début du texte?

2. Comment était vêtue la petite fille?

3. À quoi jouait-elle? En quoi ces jeux reflétaient-ils le mode de vie de son milieu?

4. Que faisait-elle le soir?

5. De quelle façon ses parents exerçaient-ils leur autorité? Donnez-en des exemples.

6. Qu'est-ce qui semblait naturel à la jeune fille?

7. En quoi consistaient ses sorties?

8. Que reprochait-elle aux films américains?

9. Pourquoi ne sortait-elle pas danser?

10. Que faisait-on dans les soirées de famille? Quel y était le comportement des parents?

11. Quelle différence y avait-il entre le père et la mère?

12. Qu'est-ce qui caractérisait l'existence de la mère? Est-ce qu'elle a influencé sa fille?

13. Quel était le rôle de la femme mariée? Pourquoi ne travaillait-elle pas à l'extérieur?

14. Quelle est pour Germaine la conséquence du travail des femmes? Trouvez-vous sa critique justifiée?

15. Quels événements ont eu des répercussions pénibles sur la vie de Germaine?

16. Est-ce qu'elle trouve le mode de vie actuel préférable?

17. Pourquoi pense-t-elle que les oranges avaient meilleur goût autrefois?

APPROFONDISSEMENT

1. Caractérisez l'attitude de Germaine Desjardins envers son passé.

2. Qu'est-ce qu'elle reproche à l'époque actuelle?

3. Comment se comportaient les parents envers leurs enfants, et particulièrement envers leurs filles, dans sa jeunesse?

4. Quels étaient les rôles respectifs des hommes et des femmes?

5. Quel était le milieu social de Germaine? Quels aspects de sa vie et de son système de valeurs reflètent ce milieu? Pensez-vous que ses expériences auraient été très différentes si elle avait appartenu à un autre milieu?

EXERCICES

I. *Complétez les locutions suivantes en vous aidant des équivalents donnés.*

1. faire ses prières   _____ *son* _____
2. faire les courses   *faire son* _____
3. pleurer abondamment   *pleurer toutes* _____ *de son* _____
4. c'est tout naturel   *ça* _____ *de* _____
5. se dire au revoir pour très longtemps   *se faire ses* _____

II. *Remplacez l'expression en italique par un mot choisi dans le texte.*

1. C'est une femme *qui aime s'occuper de son chez-soi.*
2. Elle a pris *une boisson.*
3. Ma grand-mère demeure dans *un local d'habitation pour personnes âgées.*
4. Nous *prenons le bateau* pour Halifax demain.
5. Il préfère *un siège dans lequel on peut se balancer.*

III. *Trouvez le verbe qui correspond au substantif.*

déshonneur, désespoir, séparatisme, déception, nourriture

IV. *Remplacez l'expression qui ne convient pas par une expression choisie dans le texte.*

1. Elle tombe toujours malade parce qu'elle est en bonne santé.
2. Elles sont allées danser dans une salle de cinéma.
3. On fait bouillir l'eau dans un fer électrique.
4. Autrefois, les enfants devaient s'habiller de façon négligée pour aller à l'école.
5. Les femmes mariées devaient vivre la vie de foyer et tenir leur famille.

CONVERSATIONS, DÉBATS, ANALYSES

1. Dites ce que vous ont raconté des personnes qui ont vécu des expériences similaires à celles de Germaine Desjardins.
2. Les parents devraient-ils revenir à la discipline d'autrefois? Quels étaient les avantages et les inconvénients de celle-ci? Les enfants d'aujourd'hui ont-ils trop de liberté?
3. L'abondance, l'acquisition de biens matériels rendent-elles les gens plus heureux?
4. Quels étaient les aspects positifs et négatifs de l'existence que menaient les femmes à l'époque dont parle Germaine Desjardins?

COMPOSITIONS

1. Comparez la façon dont vos parents vous ont élevé(e) avec l'éducation qu'a reçue Germaine Desjardins.
2. Les personnes âgées devraient-elles vivre chez leurs enfants ou dans des foyers?
3. Les enfants devraient-ils avoir des jouets (et si oui, de quel genre et en quelle quantité) ou inventer leurs propres jeux?

2

LA SOLITUDE, L'AMOUR, LE COUPLE

Vivre seul

François, on se demande pourquoi, vient de s'inscrire dans une agence 1
matrimoniale. Étant donné son âge, son physique et ses succès féminins°,
il y a, en effet, quelque chose de saugrenu dans son initiative: 31 ans,
directeur des ventes d'une entreprise agro-alimentaire, 1,80 mètre, un visage
rieur, de multiples aventures°.

Cette décision surprenante a suivi un dîner chez des amis. « Un 2
magazine, raconte-t-il, traînait sur une table. Il contenait des petites
annonces matrimoniales. Un copain s'est mis à les déclamer. L'une d'elles
m'a enlevé le goût de rire. » L'auteur de l'annonce avait le même niveau
professionnel, le même profil et trois années de plus que lui. François s'est
senti « menacé » par la solitude de cet inconnu auquel il risquait, bientôt,
de ressembler.

La peur de la solitude se propage comme le feu. Elle a gagné les garçons 3
et les filles dont l'âge se situe entre 25 et 35 ans, entre jeunesse et maturité.
L'époque ne les aide pas à effectuer ce passage dans les meilleures conditions.
Le cap de vingt divorces pour cent mariages était atteint lorsqu'ils ont
quitté l'adolescence. Le nombre des chômeurs avoisinait deux millions
quand ils ont terminé leurs études. Les « nouveaux pauvres », les célibataires

succès féminins con-
quêtes

aventure aventure
amoureuse

et les femmes divorcées, sans homme auprès d'elles, incarnent, à leurs yeux, l'idée de précarité dans laquelle ils ont grandi. Une multitude, supposent-ils.

4   À l'évidence, la solitude a augmenté. Mais peut-être exagérons-nous son étendue. Prenons le cas des femmes seules qui ont des enfants à charge°. Sont-elles, actuellement, beaucoup plus nombreuses qu'hier? Les démographes en doutent. D'après eux, le poids de cette population n'a guère varié depuis les années cinquante. Ce qui a changé c'est sa composition. Autrefois, des mères abandonnées et des veuves. À présent, dans une proportion quasi équivalente, des épouses divorcées et des concubines° séparées.

5   Quant aux Français qualifiés de « seuls » par l'Insee°, on aurait tort de les imaginer tous tragiquement « isolés ». L'Institut national d'études démographiques a publié, à leur sujet, une enquête éloquente. Ses responsables, Henri Leridon et Catherine Gokalp, avaient voulu savoir si certains d'entre eux ne pratiquaient pas, entre 21 et 44 ans, une forme originale d'union, chacun conservant sa propre résidence. Leur hypothèse s'est révélée exacte. Parmi les hommes qu'ils ont interrogés, un quart se sont déclarés « engagés dans une relation amoureuse stable »; chez les femmes, un tiers. Convient-il d'incorporer ces « semi-cohabitants » dans la cohorte des 5 244 000 « solitaires » qui figurent sur les registres°, avec les vieillards?

6   La situation réelle ne justifie donc pas cette « angoisse ». L'inquiétude des jeunes n'en est pas moins fondée sur une réalité, mais cette réalité échappe aux statistiques. Elle résulte de la constatation qu'il ne suffit plus d'appartenir à une collectivité pour écarter la menace. Le mécanisme de la société s'est détraqué. Au lieu de chaleur, elle produit du froid. De là, une tendance générale à attribuer à la société une terrible omniprésence.

7   « Les gens ne se parlent plus », regrette André. Selon lui, la faute en incombe° à cette croyance. « On se neutralise », soutient-il. Stagiaire, à Paris, dans une agence de publicité, André demeure en banlieue. Il prend le train, matin et soir. À ses côtés, sur la banquette, un voyageur d'une trentaine d'années. Il engagerait volontiers une conversation avec lui, mais une méfiance le paralyse. « J'ai toujours peur, dit-il, de tomber sur un crampon°, un type qui a besoin de se confier. » Car, pour ce garçon de 25 ans, les occupants silencieux du compartiment sont forcément des personnes en mal° d'affection.

8   La douillette bienveillance des parents et la brutalité, parfois, de leur séparation ont rendu cette génération plus frileuse. Aussi les moins résistants cherchent-ils à rester près du radiateur de leur adolescence. Ils y parviennent, mais sans deviner que leurs subterfuges, en diminuant leurs chances de former un couple, renforcent les probabilités d'une solitude ultérieure. Une de ces ruses consiste à prolonger le séjour sous le toit familial.

à charge *dependent*

concubin(e) *common-law spouse*
Insee Institut national de statistiques (France)

figurer sur les registres *to be listed*

la faute en incombe à c'est la faute de

crampon personne ennuyeuse et tenace

(être) en mal de souffrir du manque de

En 1986, a-t-on appris, trois jeunes sur dix habitaient encore chez leurs 9
parents à l'âge de 24 ans. Soit par manque d'argent, soit par inclination.
Quelques-uns y sont toujours. Jérôme appartient à la seconde catégorie.
Employé dans une société de Bourse, sa rémunération s'élève à 16 000
francs par mois. Ce qui le retient de louer un studio, c'est, dit-il, pour
avoir assisté à la désintégration de ses deux familles successives, « l'angoisse
de la solitude ».

Le père et la mère de Jérôme ont rompu lorsqu'il avait cinq ans. Puis 10
son père et sa belle-mère quand il en avait seize. Réfugié maintenant auprès
de sa belle-mère et de sa sœur, il hésite à s'éloigner de ce foyer créé sur

sur le tard tard dans la vie

le tard°, qui, certes, le protège, mais en le soustrayant aux aléas de l'amour.
« Je ne suis pas disponible », confesse-t-il.

Serait-il décidé, que le départ de la maison n'arrêterait pas 11
nécessairement les manœuvres dilatoires. Il existe, en effet, diverses façons
de suppléer l'absence de la cellule familiale. La « bande » représente l'un
de ces substituts. Cinq garçons et deux filles composent celle de Bertrand,
un ancien élève de Dauphine-gestion°. Il les a connus à l'université. Quand

Dauphine-gestion *a school of management*
au chaud à l'abri, en sécurité

il ne les voit pas, il leur téléphone. « Avec eux, dit-il, je me sens au chaud°. »
Il est convaincu que cette chaleur l'épanouit. Il se refuse à admettre qu'au
contraire elle l'engourdit, dans la mesure où il n'ose pas aimer ailleurs.
« Je ne voudrais pas, déclare-t-il, briser la cohésion du groupe. »

liaisons de camarades *sexual relationships between friends*
l'ultime solution de rechange la dernière solution de remplacement

Les liaisons de camarades° offrent l'ultime solution de rechange°. Si 12
elles comportent les mêmes dangers, elles procurent le même confort.
Bertrand prétend que plusieurs garçons de son entourage recourent à cette
formule. « Il y a, a-t-il remarqué, de moins en moins de couples par amour. »
Il cite l'exemple d'un ami et de sa copine qui « se mettent ensemble juste
pour les week-ends et les vacances. » Il les dit « semblables à des frères
et sœurs. » Leur association dure, paraît-il, depuis sept ans.

Ces différents stratagèmes aboutissent, en somme, à reculer l'heure 13
de l'engagement amoureux. La plupart le déplorent. Mais s'ils n'ont pas
voulu cet ajournement, leur inconscient l'avait programmé. Car, souvent,
la crainte d'être seul se double d'une secrète réticence à s'engager. Non
qu'il leur déplaise de sacrifier leur liberté. Tous les sondages les montrent,
à l'inverse, impatients d'avoir des enfants. Cette attitude de retrait tient
à une appréhension d'un autre ordre.

Ce qui les freine, c'est la perspective d'un échec. Ce qui les effraie, 14
c'est la rupture. Ce qui les épouvante, c'est le chagrin d'amour. Analyse
lucide d'Olivia : « J'ai intégré° le modèle du couple éphémère parce qu'il

intégrer *to internalize*

correspond à ma peur de ne pas être aimée. Je redoute le chagrin d'amour.
Et comme je le redoute, je ferais tout pour le provoquer, si je devais
m'attacher. » Moyennant quoi°, cette Parisienne de 27 ans, préparatrice

moyennant quoi *in return for which*

en pharmacie, accumule les aventures sans avenir.

Mais les garçons et les filles de cet âge ne s'empresseraient pas de 15
croire à la fatalité de la rupture s'il leur était moins difficile de s'accorder.
Plus ils s'élèvent socialement, plus le désaccord se creuse. « Ça n'accroche°

ça n'accroche pas *it doesn't "click"*

pas », soupire une jeune femme, en reprochant aux hommes de ne pas être « à la hauteur° ». À la hauteur de quoi? À la hauteur de celles qui, pour avoir entrepris les mêmes carrières, ont des exigences plus grandes.

16   Déçus, cabossés, nombre d'entre eux franchiront le seuil des 35 ans seuls. Seuls, mais avec un passé déjà tumultueux. Catherine, par exemple, qui est physicienne, totalise, à 33 ans, quatre expériences de couple— « chacune, précise-t-elle, longue de deux ans. » Elle est allée jusqu'à se marier pour imiter ses camarades de l'École normale supérieure°. Ainsi, dans leur courte histoire, se trouve résumée une existence entière, avec des cohabitations° successives, voire un mariage, autant de séparations, et la solitude, dans les intervalles, amplifiée par le chagrin d'amour qu'ils s'étaient efforcés d'éviter. Une blessure dont Christian se remet péniblement. « Ça m'a tué », dit-il.

17   Christian gère un restaurant dans les Yvelines. Il a 25 ans. Sa fiancée l'a abandonné au bout de huit mois. « Elle fréquentait, explique-t-il, des gens qui faisaient des grandes écoles. Il paraît que je la bloquais. » Le trois-pièces qu'il avait loué pour abriter leur couple est resté nu : « Je refuse de m'installer. Cet appartement attend quelqu'un. » Un ameublement réduit au strict nécessaire, trois chemises sur une table de repassage, et une grosse télé pour occuper ses soirées. « Pendant un an, confie-t-il, je n'ai connu personne. » Et, dans l'épreuve, nulle épaule amicale sur laquelle pleurer.

18   Les filles sont mieux armées pour surmonter cette douleur meurtrière. À la différence des garçons, elles bénéficient de la solidarité toute féminine de leurs amies. Et elles ont maintenant la ressource de s'engloutir dans le travail. « Faites-moi voyager », a lancé Véronique à son patron. Le lendemain, cette diplômée d'HEC°, responsable, à 26 ans, des projets de développement d'une société d'informatique, recevait l'ordre de boucler sa valise. Elle passera une année complète en déplacements. Son remède l'a guérie, mais il l'a sauvée en l'abîmant. « J'ai l'impression d'être une enfant vieille, dit-elle. Une enfant, parce que je ne sais toujours pas comment on s'y prend pour rester avec un homme. Vieille, parce que je me suis trop dépensée. »

19   Sa fuite dans le travail a détruit la vie personnelle de Véronique, désormais confondue avec celle de l'entreprise. Elle lui a imposé le destin de Carole, prisonnière, elle aussi, d'un milieu professionnel qui ne lui laisse pas grand espoir d'une rencontre. Carole s'était exilée dans un CHU° de province après avoir échoué à l'internat de Paris. Ses quatre années d'absence ont ruiné son réseau d'amis. L'hôpital? Une impasse, juge-t-elle : « Un homme chef de clinique peut se lier avec une étudiante. Pas moi avec un étudiant. Vers qui me tourner? Un autre chef de clinique? Un patron°? Aucun d'eux n'est libre. »

20   Coincée dans son cul-de-sac, Carole s'est résolue à changer de voie. « J'approche de 30 ans, dit-elle. Je dois choisir. » Elle a choisi, « non sans angoisse » de renoncer à l'agrégation° pour ouvrir un cabinet de quartier :

ne pas être à la hauteur *not to be equal to (someone, a task, a situation)*

École normale supérieure une des « Grandes Écoles » (établissements d'enseignement supérieur spécialisé); on y forme de futurs professeurs
cohabitation le fait de vivre ensemble sans être mariés

HEC une autre Grande École, celle des Hautes Études Commerciales

CHU Centre Hospitalier Universitaire

patron nom par lequel les internes désignent leur professeur dans un hôpital

agrégation concours qui

permet d'obtenir un diplôme menant généralement à l'enseignement

« Si je rate, j'aurai raté à la fois ma vie privée et ma vie professionnelle. » Un risque que, pour des raisons similaires, Véronique envisage également de courir. Pas plus tard que la semaine dernière, une direction importante lui a été proposée. Elle se tâte. « Je crois qui je préfère avoir des loisirs. J'en profiterai pour connaître de nouvelles têtes. »

Mais où rencontrer des gens si le but est de rencontrer parmi eux 21 l'amour durable? Les revendications de ceux et de celles qui se sont fixé cet objectif ne facilitent pas leurs recherches. « Une fille sérieuse », stipule l'un. « Un garçon qui ne lâchera pas à la première difficulté », insiste une autre. Autant dire qu'ils éliminent les lieux de hasard. Car ni la rue, ni les cafés, ni les discothèques ne leur offriront de telles garanties. Il leur faudra, donc, se rabattre° sur leurs amis.

se rabattre sur   *to fall back on, to make do with*

Malheureusement, à l'instant où leurs services sont réclamés, voilà 22 que les amis se dérobent. Ou bien ils rechignent à remplir leur fonction, ou bien le temps les a raréfiés. « On commence à les perdre lorsqu'ils se marient, vers l'âge de 27 ans, remarque Xavier, un ingénieur de 35 ans. Ensuite, ils se replient sur leur petite famille. » Lui-même a vu disparaître la majorité de ses amis, en raison de leur mariage et de ses propres obligations professionnelles. « Coup sur coup, raconte-t-il, mon entreprise m'a envoyé en Grande-Bretagne et dans le golfe Persique. Je suis rentré pour découvrir le vide autour de moi. » Aujourd'hui, le cercle de Xavier se limite à quatre couples et à un célibataire. « J'essaie de l'agrandir. Mais c'est compliqué. »

par le jeu de   grâce à, par l'intermédiaire de

Autrefois, la société assurait la permanence des relations, par le jeu° 23 des familles élargies aux cousins. Si quelqu'un s'absentait, il lui suffisait, au retour, de contacter l'un pour renouer avec tous les autres. Les fêtes succédaient aux visites de convenance, les baptêmes aux mariages. Cette société communautaire qui distribuait rituels, codes et valeurs s'est effacée.

Les jeunes célibataires sont obligés de se débrouiller avec sa remplaçante. Celle-ci ne leur est d'aucun secours. Atomisée, individualiste, assignant aux individus un devoir d'autonomie, elle leur abandonne le soin d'inventer les occasions de rencontres. Qu'ils s'arrangent!

24   L'exercice courant de l'autonomie requiert une extraordinaire volonté. Plus encore dans leur cas. Organiser, comme le fait Solange, publicitaire de 34 ans, des dîners de « cinquante convives qui ne donneront pas suite° », cela exige la ténacité de Sisyphe°. Et transformer, sans support social, une brève rencontre en relation suivie, une immense énergie. « Si je ne suscite pas chez elle l'envie de me revoir, explique Xavier, la fille s'évanouira dans la nature. Plus moyen de la rattraper. Il ne s'agit donc pas de la séduire. La séduction demande du temps. Il s'agit de la convaincre. Je dois me vendre au sens marketing du terme. » Tout le monde n'a pas son influx nerveux.

ne pas donner suite *not to follow up*
Sisyphe personnage mythologique condamné à pousser un rocher jusqu'au sommet d'une colline et à recommencer chaque fois que le rocher est redescendu en bas

25   Astreinte aux mêmes efforts, Monique a senti le découragement s'emparer d'elle. Jusque-là, ce professeur de lycée avait bataillé avec rage, secouant « l'inertie ambiante », tenant table ouverte, toujours disponible. Son ressort a faibli le jour de ses 33 ans. C'était à cet âge, elle s'en est brusquement souvenu, que sa mère l'avait eue. Exténuée, sa tension au plus bas, elle a appelé une agence matrimoniale à la rescousse. « J'étais au bout du rouleau°, avoue-t-elle. J'étais contente qu'on s'occupe de moi. » C'est ainsi que les agences matrimoniales commencent à se peupler de garçons et de filles dont rien ne semble légitimer la démarche. Rien, sinon l'angoisse de la solitude. « Ils viennent plus naturellement que leurs aînés, a observé Jean-Pierre Saal, créateur, à Marseille, de Relations 2000. Notre publicité ne les surprend pas. Ils sont nés avec ce système. »

être au bout du rouleau être à bout de forces, ne plus avoir d'énergie

26   Le contrat que Monique a conclu avec son agence prévoyait douze rencontres dans l'année. Elle s'est arrêtée à la deuxième qui lui a apporté l'homme de sa vie : un industriel, à peine plus vieux qu'elle. Cet homme lui aurait été présenté de toute manière. Elle l'a appris lors d'une soirée à laquelle il avait accepté de l'accompagner. Il entre, un invité le hèle : il reconnaît un de ses amis, qui était aussi un familier de Monique. Cette relation commune les destinait donc à se croiser. Mais voilà : livrés à eux-mêmes, ils se seraient peut-être méfiés. Ou alors, présume Monique, « ça n'aurait pas marché. »

Claude Bonjean—*Le Point*, 6 nov. 1988

PRÉ-LECTURE

1. D'après son titre, le texte va probablement traiter du problème de la solitude chez :
   a) les personnes du troisième âge;

   b) les jeunes;
   c) les femmes;
   d) les hommes.

2. Aimez-vous la solitude? Quels en sont les avantages et les inconvénients?

3. Selon vous, vivre seul est-ce un choix que l'on fait? Lisez la première ligne. Était-ce le choix de François?

COMPRÉHENSION

1. Pourquoi la décision de François est-elle surprenante? Quel est l'incident qui l'a poussé à prendre cette décision?

2. Quels sont les facteurs qui expliquent la peur de la solitude?

3. Est-ce que la proportion des femmes seules a réellement augmenté?

4. Les gens qualifiés de « seuls » sont-ils nécessairement isolés? Qu'est-ce que l'enquête a révélé sur la situation d'un certain nombre d'entre eux?

5. Si la crainte de la solitude n'est pas justifiée par les statistiques, comment peut-elle s'expliquer?

6. Pourquoi André se méfie-t-il des gens qu'il côtoie dans le train? Quel est le résultat de cette attitude?

7. Pourquoi la nouvelle génération est-elle plus « frileuse »? À quel subterfuge les moins résistants ont-ils recours et quels en sont les dangers?

8. Avec qui Jérôme habite-t-il? Est-ce par nécessité? Comment se justifie-t-il? Quelle est la conséquence de ce mode de vie?

9. Que représente pour Bertrand la « bande » à laquelle il appartient? Que lui apportent ses amis? Quel est le côté négatif de ce comportement?

10. Qu'est-ce qui caractérise les « liaisons de camarades »?

11. Quel est le point commun des divers stratagèmes évoqués?

12. Qu'est-ce qui entraîne certaines personnes à différer l'engagement amoureux, même s'ils sont impatients d'avoir des enfants?

13. Expliquez le paradoxe du comportement d'Olivia.

14. Quel est l'un des facteurs de désaccord entre hommes et femmes?

15. En quoi le passé de Catherine est-il tumultueux? Comment s'explique-t-il?

16. Pourquoi la fiancée de Christian l'a-t-elle quitté? Dans quelle situation se retrouve-t-il?

17. De quel avantage les filles bénéficient-elles pour surmonter le chagrin d'amour?

18. À quel remède Véronique a-t-elle recours? Pourquoi ce remède l'a-t-il abîmée?

19. Pourquoi Carole se sentait-elle prisonnière? Qu'a-t-elle décidé de faire pour s'en sortir?

20. Quel est le risque que Carole et Véronique ont choisi de courir dans leur vie professionnelle et dans quel espoir?

21. Qu'est-ce qui rend difficile la recherche de l'amour durable? Qu'est-ce que ceux et celles qui ont cet objectif attendent de leurs amis?

22. Pour quelle raison les amis font-ils défaut?

23. Comment l'ancienne société facilitait-elle les relations et les rencontres? Que se passe-t-il dans la société actuelle?

24. À quels efforts sont astreints les célibataires qui cherchent à rencontrer un(e) partenaire et à nouer une relation suivie?

25. Pourquoi Monique s'est-elle adressée à une agence matrimoniale? Quel a été le résultat de cette démarche? Ce résultat aurait-il été le même sans l'intermédiaire de l'agence?

APPROFONDISSEMENT

1. Dégagez les divers facteurs qui créent et alimentent la peur de rester seul, de ne pas pouvoir former un couple.

2. À la peur de la solitude s'associe paradoxalement la peur de s'engager dans une relation : quelles sont les causes de cette seconde crainte et quels comportements engendre-t-elle?

3. À quelles difficultés se heurtent ceux et celles qui recherchent un conjoint?

4. Quelle impression retirez-vous de l'ensemble des cas individuels présentés dans l'article? Vous semblent-ils représentatifs de la situation générale dans laquelle se trouvent les célibataires?

EXERCICES

I. *Complétez les phrases suivantes en choisissant dans la liste ci-dessous le mot ou l'expression qui convient.*

agence matrimoniale, privé, cohabitation, liaison, union, professionnel, enfants à charge, concubin(e), célibataire, rupture, petite annonce, séduction

1. Répondre à une _____ dans un magazine ne pose pas de problème aux jeunes.

2. On appelle un(e) _____ la personne avec qui l'on vit sans être marié.

3. Quand on ne s'entend plus avec notre amoureux(se), c'est la
   _____ .
4. Aujourd'hui, par peur de s'engager, les jeunes préfèrent avoir
   des _____ .
5. Les femmes veulent réussir à la fois leur vie _____ et leur
   vie _____ . C'est plus difficile pour elles de refaire leur vie
   surtout si elles sont mères avec plusieurs _____ .
6. Autrefois, les familles élargies favorisaient les rencontres alors
   qu'aujourd'hui de plus en plus de gens se voient forcés de recourir
   à des _____ pour trouver l'âme sœur.

II. *Expliquez la différence entre les expressions suivantes ou employez-les dans
    de courtes phrases.*

entourage, collectivité, multitude	et	*société*
seul, solitaire	et	*isolé*

III. *Classez les verbes suivants selon un ordre logique. Il s'agit de retrouver
     les différentes étapes d'une histoire sentimentale orageuse qui finit bien.*

regretter	_____
s'attacher à	_____
menacer	_____
se fréquenter	_____
reprocher	_____
renouer avec	_____
séduire	_____
se manquer	_____
s'éloigner de	_____
quitter	_____

IV. *Une fois rétabli l'ordre des verbes de l'exercice III, racontez cette histoire
    d'amour en composant des phrases complètes et en utilisant au moins
    quatre (4) des expressions suivantes :*

au début, puis, au bout de, à présent, en raison de, en somme, depuis,
guère

CONVERSATIONS ET DÉBATS

1. Pourquoi se marier?
2. Est-ce que la solitude et l'isolement sont des réalités inévitables de
   la société actuelle?
3. Agences matrimoniales, agences de rencontres, petites annonces dans
   les périodiques : dans quelles conditions imaginez-vous y recourir pour
   rencontrer « l'âme sœur »?

4. Que pensez-vous de la réflexion de Xavier, selon laquelle il ne s'agit plus de séduire, mais de convaincre, de « se vendre au sens marketing du terme »?

5. Carrière ou vie de couple? À quoi accordez-vous la priorité?

COMPOSITIONS

1. Vous vous adressez à une agence matrimoniale. On vous demande de rédiger un auto-portrait et d'énumérer les caractéristiques que vous recherchez chez un conjoint éventuel.

2. Célibat, mariage, union de fait ou autre : quel choix envisagez-vous à long terme? Existe-t-il un écart entre ce que vous souhaitez vivre et ce que vous jugez réaliste?

Notre ordinateur intérieur oriente nos stratégies d'amour

On voit le coup de foudre, cette expérience sublime qui nous transporte 1 irrésistiblement au septième ciel, comme un phénomème inexplicable, mystérieux, délicieusement incontrôlable. On s'y est fait prendre à quinze ans et on a sérieusement cru que « c'était pour la vie ». Avec le temps et l'expérience, on a tous plus ou moins compris que l'intensité du coup de foudre° était souvent inversement proportionnelle à la durée de la relation amoureuse. Mais ça ne nous empêche pas d'y succomber.

Les biosociologues, neuropsychiatres et sociopsychologues ont examiné 2 le phénomène au microscope de leurs disciplines respectives : on comprend aujourd'hui de mieux en mieux le processus qui nous fait « cliquer° » ou non avec une amoureuse ou un amoureux potentiels. Question de gènes, de biologie, de psychologie, on a tous un logiciel° intérieur qui définit très précisément celui ou celle dont on rêve.

La magie démasquée

Si l'on en croit les chercheurs, c'est presque dès la naissance qu'on 3 commence à élaborer le modèle de nos futurs amoureux. À l'âge adulte, on a une idée très nette, quoique souvent inconsciente, de ce à quoi devrait correspondre son partenaire amoureux, de l'allure qu'il devrait avoir, de la manière dont il devrait se comporter… et même du parfum qu'il ou elle devrait dégager. C'est ni plus ni moins l'idéal auquel on compare inconsciemment toute personne avant d'en tomber amoureux.

Certains biopsychiatres croient que les relations amoureuses qu'on vit 4 à l'âge adulte correspondent en fait à des modèles gravés dans nos neurones depuis l'enfance (des réseaux de cellules nerveuses qui se seraient développés en réponse à des stimuli émotifs et affectifs).

Les premiers apprentissages de l'amour, de l'intimité et de l'affection 5 se font avec les parents et il est tout à fait normal que ces expériences soient marquantes. Si notre mère éprouvait un malaise dans l'expression de sa tendresse, il est évident qu'on aura soi-même à refaire l'apprentissage de la tendresse.

6   À la suite d'une enquête menée par le journal *Rocky Mountain News*, Shaver et Hazan ont établi des corrélations entre les patterns amoureux de 620 répondants et l'histoire des relations qu'ils avaient développées avec leurs parents. Il en est ressorti trois types de personnalités façonnées par les expériences émotives de l'enfance.

• *Les confiants*

7   Il s'agit d'hommes et de femmes dont les parents étaient émotivement disponibles, francs, respectueux et aimants. Devenus adultes, les « confiants » décrivent leurs relations amoureuses comme heureuses et détendues, basées sur l'amitié et la confiance.

• *Les fugitifs*

8   Ce sont des adultes dont l'enfance a été marquée par des parents froids, inaccessibles, exigeants, prompts à porter des jugements. Résultat? Ils craignent l'intimité, sont particulièrement jaloux et émotivement instables. Les « fugitifs » vont parfois même jusqu'à dire que l'amour n'existe tout simplement pas pour eux. Ils arrivent difficilement à faire confiance à l'autre, à s'abandonner à l'amour.

• *Les inquiets/ambivalents*

9   Ils ont grandi avec des parents aimants un jour, distants le lendemain... et dont les relations conjugales étaient chaotiques. Ils s'en souviennent comme de parents casse-pieds et injustes. Aujourd'hui, les « inquiets/ ambivalents » perçoivent l'histoire de leurs aventures amoureuses comme un circuit de montagnes russes° : ils peuvent ressentir une vive attirance sexuelle pour leurs partenaires, mais sont souvent en proie à une jalousie maladive. Ils sont généralement obnubilés par la peur de perdre leur amour.

montagnes russes *roller coaster*

Le programme initial n'est pas infaillible

Comme on le voit, le programme initial peut être fautif et jouer contre 10 soi. Souvent, en recherchant un certain type d'amour, on ne vise qu'à compenser un manque affectif ayant marqué notre petite enfance.

Normalement, notre modèle personnel—qui se nourrit également des 11 modèles proposés par la société à travers les médias, la publicité et le cinéma—se modifie et évolue à mesure qu'on mûrit. Mais certains passent toute leur vie avec leur logiciel initial. Qu'on pense, par exemple, aux hommes qui cherchent une jeune maîtresse quand leur compagne se met à vieillir. Leur logiciel amoureux s'est fixé à l'adolescence; il a cessé de mûrir.

Freud a été le premier à reconnaître l'existence des patterns de répétition 12 compulsive. C'est le phénomène qui fait que certaines personnes cherchent systématiquement à revivre des amours malheureuses. Plus récemment, la thérapeute conjugale Robin Norwood a apporté une contribution fort intéressante à ce chapitre.

Le problème : identifier les constantes de son logiciel

Un exemple typique du phénomène de répétition compulsive : les enfants 13 de parents alcooliques qui, devenus adultes, choisissent presque systématiquement un conjoint alcoolique, recréant un scénario profondément inscrit dans leur inconscient. Il ne s'agit pas nécessairement d'un réflexe masochiste ou morbide. Au contraire, c'est souvent une tentative de réparation des traumatismes de l'enfance.

En se replaçant dans une situation analogue à celle dont on a souffert, 14 on s'accorde une chance de changer le scénario initial, de dépasser l'impasse, de « grandir », dans le jargon des psychologues. Cela ne marche pas toujours. Évidemment. Car on reproduit trop souvent ces patterns de façon intégrale, sans s'en rendre compte. Et on les revit exactement de la même manière, dans la douleur et la déception. En faisant l'effort d'identifier ce qui nous attire chez les amoureux qui nous font tourner la tête à tous coups, on apprend à s'éloigner de ceux et celles qui sont plus toxiques que nourriciers.

Il est donc possible de se libérer d'un programme erroné et d'éviter 15 de passer sa vie à chercher un partenaire inadéquat. À la condition de faire l'effort d'examiner son logiciel, de découvrir les sources de ses modèles; mieux on comprend comment se font nos choix et plus on a de chances de jouer gagnant en amour.

Il peut aussi arriver que notre modèle soit tout à fait adéquat mais 16 qu'on soit dupé par un partenaire qui ne lui correspond que par certains aspects. Par exemple, une femme qui est attirée par des hommes indépendants, dynamiques et créateurs peut tomber systématiquement amoureuse du type rebelle et délinquant—indépendant et dynamique certes, mais également incapable de garder un emploi ni d'établir des relations amoureuses durables.

La théorie de Sternberg

17 Le psychologue Sternberg de l'Université de Yale a élaboré une théorie « triangulaire » de l'amour. Ses trois composantes sont les suivantes : la passion, l'intimité et l'engagement. Chacune se développe à son propre rythme, mais des amours heureuses requièrent le concours des trois éléments. La passion est faite de romantisme, d'attirance physique et conduit aux transports amoureux. Elle joue un rôle prépondérant dans les relations amoureuses à court terme. L'intimité, c'est le sentiment d'être proche; elle se développe plus lentement. L'engagement, qui naît de la joie vécue à travers la passion et l'intimité, se développe plus lentement encore.

18 Curieusement, le meilleur indice du degré de satisfaction dans une relation amoureuse n'est pas le sentiment qu'on éprouve pour son conjoint mais bien la différence entre ce qu'on aimerait qu'il ressente envers nous et ce qu'il ressent effectivement. Selon Sternberg, la vraie clé du succès réside dans la « symétrie ». Si vous avez l'impression que votre amoureux ou votre amoureuse est plus engagé dans la relation que vous-même, ou moins, c'est peut-être le début de la fin.

19 Inconsciemment guidés par un logiciel programmé par leurs gènes et leur apprentissage de l'amour, les amoureux ont besoin de bien autre chose que de connaissances pour réussir à vivre des amours gagnantes. En fait, il leur faut une conscience, une attention de chaque instant. Symétrique, débridé ou tragique, l'amour continuera toujours de mener le monde et d'alimenter rêves et conversations...

Louise Saint-Pierre—*Santé*, sept. 1988

D'après le texte que vous lirez, notre ordinateur intérieur nous orienterait dans notre vie amoureuse.

1. De quel ordinateur s'agit-il à votre avis?
2. Croyez-vous être « programmé » pour aimer un certain type de personne?
3. Selon le titre, il s'agit :
   a) d'un texte scientifique;
   b) d'une enquête;
   c) d'un texte humoristique;
   d) d'une histoire d'amour;
   e) d'un compte-rendu.

COMPRÉHENSION

1. Comment perçoit-on communément le coup de foudre?

2. Qu'est-ce que l'on croit lorsque l'on a quinze ans? Que découvre-t-on par la suite?

3. Qu'est-ce que les chercheurs de diverses disciplines ont étudié et qu'est-ce qu'ils ont découvert?

4. Quand l'idéal amoureux commence-t-il à s'élaborer? Que se passe-t-il à l'âge adulte?

5. Quelle est la théorie avancée par divers biopsychiatres?

6. Comment se fait l'apprentissage de l'amour et quelles en sont les conséquences?

7. Comment a procédé l'enquête menée par le *Rocky Mountain News*? Qu'est-ce que cette enquête a révélé?

8. Caractérisez le comportement amoureux des trois types de personnalités. Qu'est-ce qui explique ces divers comportements?

9. Quelle peut être la conséquence négative du programme initial?

10. Que se passe-t-il normalement dans l'évolution de l'individu? Quel est l'exemple typique d'un arrêt de cette évolution?

11. Qu'est-ce que la répétition compulsive? Qui a été le premier à reconnaître ce phénomène?

12. Donnez un exemple de répétition compulsive.

13. Est-ce qu'on peut expliquer le comportement de répétition par le masochisme?

14. Pourquoi ne parvient-on pas à changer le scénario initial?

15. Que faut-il s'efforcer de faire pour éviter les relations amoureuses nocives?

16. Quel autre danger peut-il y avoir, même lorsque le modèle de l'amoureux idéal est adéquat?

17. Quelles sont les composantes de la théorie triangulaire de Sternberg? Qu'est-ce qui différencie principalement ces trois composantes les unes des autres?

18. Quel est le meilleur indice du degré de satisfaction dans une relation amoureuse? Pourquoi est-ce « curieux »?

19. Quelle est la clé de la réussite de la relation amoureuse?

20. Qu'est-ce qui est nécessaire pour réussir sa vie amoureuse?

APPROFONDISSEMENT

1. Quels sont d'après l'article les divers facteurs qui entrent dans la « programmation » du comportement amoureux? Existe-t-il à votre avis

d'autres facteurs de conditionnement dont l'article ne fait pas mention?

2. Indentifiez les divers types de comportement dans lesquels l'individu reste la victime de son logiciel intérieur.

3. Quelles sont les conditions de la réussite en amour d'après Sternberg? Sur quelle conception de l'amour cette notion de réussite repose-t-elle?

EXERCICES

I. *Trouvez l'adverbe formé à partir des adjectifs suivants :*

Modèle : jaloux → *jalousement*

irrésistible	émotif
inconscient	franc
profond	indépendant

II. *Remplacez le mot en italique par son contraire choisi dans la liste ci-dessous :*

confiant, détendu, inadéquat, prépondérant, analogue, durable, disponible

1. Elle recherche une relation amoureuse qui lui apportera un bonheur *éphémère*.
2. Vous me rapportez là un cas *différent* de celui que je viens de vous exposer.
3. Nos gènes joueraient un rôle *peu important* dans la façon dont nous créons des liens affectifs.
4. Son conjoint est toujours *occupé* quand elle a besoin de lui.
5. Changer le type de partenaire qui nous attire semble être une solution *appropriée* dans ce cas-ci.
6. Vous avez l'air *nerveux* depuis quelque temps. Votre attitude *peureuse* face à la vie peut vous jouer un vilain tour.

III. *Trouvez les substantifs qui correspondent aux verbes suivants :*

Modèle : attirer → *attirance*

examiner	percevoir
découvrir	choisir
requérir	tenter

IV. *Complétez les phrases suivantes :*

1. Quand elle a vu Sébastien, elle a eu le coup de _____ pour lui et elle est encore amoureuse de lui comme au premier jour.
2. Pour faire fonctionner un ordinateur, on doit y insérer un programme qu'on appelle un _____.

3. Certains hommes cherchent une jeune _____ avec qui ils trompent leur femme qui commence à vieillir.
4. Pourquoi est-ce que les garçons de ce genre lui font tourner la _____ à chaque fois?
5. La passion amoureuse conduit à des relations amoureuses à _____ terme.

CONVERSATIONS ET DÉBATS

1. Le fait de tomber amoureux de telle ou telle personne est-il déterminé par des facteurs inconscients et lesquels?
2. « L'intensité du coup de foudre est inversement proportionnelle à la durée de la relation amoureuse. » Êtes-vous d'accord?
3. Est-ce que la passion peut survivre dans une relation à long terme?
4. Quels sont d'après vous les ingrédients nécessaires à une relation heureuse et durable?

COMPOSITIONS

1. Quels sont les facteurs qui vous semblent déterminer le plus fortement le comportement amoureux d'un individu?
2. Faites le portrait physique et moral de votre idéal amoureux.

Jalousie : êtes-vous féroce?

1   La jalousie n'est plus honteuse. On en reparle, on l'assume, on s'en vante, même. Et pas seulement les Siciliens d'opérette, les rouleurs de mécaniques°, les Othello furieux, prêts à sortir le poignard pour un clin d'œil, un sourire en coin, un mot doux.

2   Les jeunes s'y mettent°. Ils ont vingt ans, ne se lâchent pas d'une semelle° et jouent les teignes° : « On s'approche de toi, je cogne! » Belle preuve d'amour!

3   La jalousie est à la hausse dans le discours amoureux. C'est l'ère de la fidélité, le retour aux bonnes vieilles valeurs : passion béton°, propriété privée, sens interdits°. Un mélange subtil de machisme et de romantisme.

4   La rengaine de la révolution conservatrice? Pas si vite : les jaloux ne sont pas plus nombreux en 1988 qu'en 1968. Le vrai changement est dans le discours : hier taboue, la jalousie, désormais, s'affiche : « À l'époque, commente Tony Lainé—un psychiatre pourtant peu conservateur— l'amour était affaire de militantisme° : la liberté du couple était un combat, le plaisir un dogme, la jalousie un sentiment primaire et petit-bourgeois. On appartenait à tout le monde. Donc, à personne. Ou plutôt on devait : car, une fois rentrés au bercail, les idéologues redevenaient des hommes. » Et des jaloux..

5   Dans son essai « Le Nouveau Désordre amoureux », Alain Finkielkraut stigmatise ce comportement : « La naïveté du discours de libération, c'était de vouloir transférer à tous les domaines de la vie un schéma politique. On s'imaginait que les jaloux se conduisaient en propriétaires de l'autre. Puis venaient se greffer des idées d'exploitation et d'oppression. Et on finissait par avoir, à l'intérieur du couple et de la vie amoureuse, un schéma de lutte des classes. » Avant de s'interroger, décontenancé : « Pourquoi vouloir nettoyer l'amour de tout ce qu'il y a en lui de nuisible, de dangereux ou d'équivoque? Les avant-gardistes vous regardent avec mépris si vous cédez parfois à la souffrance, voire à la violence de l'exclusivité... Terrorisme stupide! »

6   Avant-gardistes, peut-être, mais pas vraiment modernes. Aujourd'hui, plus de 60% des Français estiment qu'il est parfaitement sain et normal

rouleur de mécaniques homme qui roule des épaules pour impressionner par son machisme
s'y mettent adoptent, eux aussi, ce comportement
ne pas se lâcher d'une semelle être toujours ensemble (en couple)
jouer les teignes avoir l'attitude d'une personne agressive, hargneuse
passion béton passion solide et lourde comme du béton
sens interdit *one-way (street)*
militantisme du mot « militant » *(activist)*

d'être jaloux. Et les concubins ne dérogent pas à la règle : 63% approuvent le principe de la fidélité absolue, et 53% revendiquent « un engagement de très longue durée ». Conclusion, sans appel, du dernier rapport de l'Ined (Institut national d'études démographiques) : « L'union libre n'est plus synonyme d'amour libre. » Crise, sida, crainte de la solitude : « Sans toi, je suis foutu°. » Alors, partout, on guette le rival, ou son fantôme.

On l'a compris. Les soixante-huitards°, en dénonçant le sentiment de jalousie, et la génération actuelle, en le revendiquant, ne font que s'en protéger. « C'est le type même de sujet où le contraste entre le discours et la réalité est flagrant », note Tony Lainé.

La réalité, c'est cette jalousie éternelle, celle qui fait pleurer et donne envie de tuer. Invariablement. Cet été comme chaque année, près de 20% des couples avouent leur intention de s'offrir une aventure extra-conjugale. Chez ceux-là, il va y avoir de la crise dans l'air! Mais pas seulement chez eux. La jalousie, ce n'est pas que le trio classique du vaudeville° « femme-mari-amant »... et son cocu magnifique. C'est plus compliqué : le rival n'est pas toujours nécessaire pour faire craquer les couples. Étymologiquement, jalousie vient du grec « zêlos », et du bas latin « zelosus », « qui a à cœur ». De l'attachement zélé qui exprime ce besoin vital d'être possédé ou de posséder en exclusivité : de fusionner avec l'être aimé. Un désir passionné, avide, et donc insatiable. Un désir dont l'intensité « monstrueuse » peut friser la pathologie mentale; un désir toujours dominé par la peur : « Si elle ne m'aime pas autant que je l'aime, c'est qu'elle

je suis foutu je suis perdu, je ne suis plus rien
soixante-huitards la génération de ceux qui ont participé à la crise de 1968, l'équivalent de « *the Sixties generation* »

vaudeville comédie légère dont l'intrigue est basée sur le triangle amoureux

m'échappe. » Une seule solution, alors : suivre l'être aimé à la trace°, le coller au corps°, soi-même ou par procuration°.

9 Pourquoi tant d'acharnement? On s'en doute, ils sont nombreux— psychologues ou psychanalystes—à dire que tout ça, c'est de naissance; ou, plutôt, de ce huitième mois de la vie où l'enfant vivrait intensément l'« angoisse de l'étranger » : le mari, le frère, l'amie qui, à tout moment, peut détourner l'amour maternel. S'ensuivraient alors des failles, dont l'ombre réapparaîtrait, intacte, sur la scène de l'amour adulte et du plaisir : absence de confiance en soi, besoin délirant d'affection, de protection. Le tout sans même évoquer le complexe d'Œdipe, cher à Freud.

10 La jalousie s'entretient, se nourrit : on en joue, croyant grandir son amour. Jeu pervers : on aime, parfois, se faire souffrir. Il n'y a pas une seule manière d'être jaloux : le style « paire de baffes° », primaire, gratuit, coexiste avec cette recherche désespérée, presque esthétique, d'un amour absolu. Partout présente, de Proust aux polars° américains, de W.C. Fields à François Truffaut. « Ludique, la jalousie est une source inépuisable d'excitations. Elle est parfois même érotique, sourit Tony Lainé. Mais c'est toujours un équilibre instable : elle peut déboucher sur une revendication passionnelle qui récupère et stérilise l'émotion. »

11 Peut-il y avoir de l'amour sans jalousie? « Impossible, répond la psychanalyste Béatrice Cleirens. Ou, alors, c'est le signe d'une indifférence affective totale. » Plus subtil, le Dr Daniel Lagache, auteur de « La Jalousie amoureuse » (1947), et autorité en la matière. Tout ça, écrit-il, dépend des conceptions que l'on a de l'amour. Il distingue deux types d'« amour jaloux » : les « captateurs » et les « oblatifs ». Captateur : vous n'avez qu'un désir, « capter » l'être aimé, le posséder à 100%. Une seule chose vous intéresse : « être aimé ». Il vous faut sans cesse des preuves : vous n'êtes jamais comblé. L'oblatif, lui, est aux antipodes. Mais sa jalousie, aussi à fleur de peau : il se livre, corps et âme, à l'autre, voudrait se perdre en lui, à jamais. Soumis, sans intégrité, il est contraint de laisser à l'être aimé, une entière liberté. Et donc de subir, impuissant, toutes ses infidélités...

12 Pour être amoureux, il faut être deux. Mais, dans la jalousie amoureuse, on est souvent seul. La solution? « L'amour communion », dirait le Dr Lagache : le seul qui soit fondé sur le simple désir d'« être ensemble ». Désir de l'autre. Non « besoin » de l'autre. Beau, mais un peu idéaliste : « Dans la jalousie, il y a plus d'amour-propre que d'amour », c'est La Rochefoucauld° qui le disait : toutes ces blessures narcissiques—et pas seulement celles de l'enfance—où la haine et l'amour de soi se déchirent. Et qui torturent autant le jaloux que le jalousé.

13 « Ça passe au niveau de la peau. Ça me tord, ça me tortille, ça me fait mal, mais mal! avoue Régine Deforges. Que la personne que j'aime fasse des choses avec quelqu'un d'autre que moi me donne des idées de meurtre. J'ai envie de détruire, d'abîmer, de salir. Pourquoi pense-t-on toujours à tuer, dans ces cas-là? » Très simple, répond Tony Lainé : « Parce

suivre à la trace *to track, follow closely*
coller au corps *to stick close to him/her* (de l'expression « vêtement qui colle au corps »)
par procuration *by proxy (i.e. have him/her followed by a private detective)*

le style « paire de baffes » le style de l'homme qui menace de donner des gifles
polar roman policier

La Rochefoucauld moraliste du XVIIe siècle, auteur des *Maximes*

qu'on se sent amputé, complètement décharné. Tuer, c'est recouvrer son intégrité : ou, du moins, le croire. »

Tuer, 18 juillet : à Genouilly (Cher), un ouvrier agricole de 42 ans abat 14 le concubin d'une jeune fille de 23 ans, Sylvie Arvaux. Le meurtrier, Claude Chauveau, n'avait partagé avec elle qu'une quinzaine de jours. Pour Sylvie Arvaux, ce n'était qu'une belle aventure : elle a préféré retrouver son premier amour, Alain Nicolaze, 20 ans. Ce jour-là Claude Chauveau les surprend, tranquillement attablés. Vision insupportable : il file chercher sa carabine, court vers sa victime et l'atteint mortellement. Aux gendarmes, il dira ces simples mots : « Je n'ai agi que par jalousie. » Une semaine auparavant, une jeune femme, en Haute-Savoie, tuait sa rivale et tentait de se suicider en se jetant dans un torrent.

fait divers *small news item*

Faits divers° banals, presque quotidiens. Des crimes passionnels qui 15 ne suscitent plus de passion. Il y a encore vingt ans, les procès de jaloux meurtriers remplissaient les cours d'assises. Celui de Simone Chevallier est resté dans les mémoires : le 14 août 1951, Pierre Chevallier, secrétaire d'État à l'Enseignement technique, est assassiné de cinq balles de revolver par son épouse, qu'il délaissait. Drame de la jalousie « maladive », commentaient alors les chroniqueurs judiciaires. Verdict : acquittée. À la

faire la une *to make the headlines*

même époque, une affaire semblable faisait la une° des journaux britanniques : Ruth Ellis, 28 ans, avait expédié ad patres son mari, qui la trompait. À la différence de Simone Chevallier, elle finit mal : pendue haut et court.

assises cour d'assises— qui juge les affaires criminelles

En France, l'amour justifierait-il le crime? Les jurys populaires 16 considèrent, généralement, que la passion est une « circonstance atténuante ». Comme si, dans ce pays, on comprenait mieux qu'ailleurs les ressorts profonds de la jalousie. En 1984, n'a-t-on pas vu, aux assises° de Paris, les parents d'une jeune fille assassinée implorer le pardon pour le meurtrier de leur enfant : « Il l'a tuée par trop d'amour. Soyez indulgents. C'est notre fils, maintenant. »

Renaud Leblond—*L'Express*, 14 avr. 1989

PRÉ-LECTURE

1. Que pensez-vous du cliché selon lequel : quand on n'est pas jaloux, c'est qu'on n'aime pas vraiment.

2. La jalousie est :
   a) un problème d'origine physique;
   b) un problème psychologique;
   c) un trait héréditaire;
   d) un trait culturel.

3. Dans le texte, on va:
   a) expliquer le phénomène médicalement;
   b) apporter des témoignages de personnes jalouses;
   c) donner des statistiques;
   d) donner des moyens d'éviter la jalousie;
   e) faire une comparaison entre différents pays?

COMPRÉHENSION

1. Comment se manifeste la jalousie et chez qui?

2. Quelle est la nature du changement intervenu entre 1968 et 1988?

3. Comment envisageait-on l'amour en 1968?

4. Qu'y avait-il de naïf dans le discours de libération de cette époque?

5. Quelle attitude Finkielkraut condamne-t-il en l'appelant « terrorisme stupide »?

6. Quelle est l'opinion de la majorité des Français en ce qui concerne la jalousie?

7. Pourquoi peut-on conclure que « l'union libre n'est plus synonyme d'amour libre? »

8. Qu'est-ce que le discours de la génération de 68 et celui de la génération actuelle ont en commun?

9. Quelle est la réalité dont on veut se protéger?

10. Est-ce que la présence d'un rival est nécessaire pour faire naître la jalousie?

11. De quoi la personne jalouse a-t-elle peur? À quelle solution a-t-elle recours?
12. À quoi les psychologues attribuent-ils l'origine de la jalousie chez l'individu?
13. Pourquoi la jalousie peut-elle être qualifiée de « jeu »?
14. Quelles sont les deux manières d'être jaloux qui sont évoquées?
15. Où se retrouve la jalousie, en littérature et au cinéma?
16. Quelle est l'opinion de Béatrice Cleirens sur l'amour sans jalousie?
17. Quels sont les deux comportements de l'amour jaloux selon Daniel Lagache?
18. Quelle est la solution à la jalousie amoureuse, selon Lagache? Pourquoi est-ce « un peu idéaliste »?
19. Quelles idées Régine Deforges avoue-t-elle avoir lorsqu'elle est jalouse?
20. Qu'est-ce qui motive ces idées, selon Tony Lainé?
21. Qu'est-ce qui illustre la différence d'attitude entre le crime passionnel en France et en Angleterre?
22. Que demandaient en 1984 les parents de la jeune fille assasinée par jalousie? Comment s'explique leur attitude?

APPROFONDISSEMENT

1. La jalousie est-elle une composante normale de l'amour? Est-elle plutôt liée à un type particulier de personnalité? Est-ce qu'elle est conditionnée par les attitudes dominantes qui existent dans une société à un moment donné? Quelles réponses l'article apporte-t-il à ces questions?
2. Quelles sont les diverses façons dont se manifeste la jalousie?

EXERCICES

I. *Dans la liste ci-dessous, trouvez un synonyme et un antonyme des mots donnés :*

fidélité	salir	indifférent	vanter
mépriser	avant-gardiste	passion	honteux
combat	maladif	conservateur	nettoyer
haine	insatiable	entente	sain
libérer	infidélité	fier	contraindre

MOT	SYNONYME	ANTONYME
amour	_____	_____
normal	_____	_____
moderne	_____	_____

estimer	_____	_____
lutte	_____	_____
obliger	_____	_____
avide	_____	_____
loyauté	_____	_____
indigne	_____	_____
purifier	_____	_____

II. *Complétez les phrases suivantes en utilisant le mot ou l'expression qui convient* :

être aux antipodes, une autorité, s'y mettre, à fleur de peau, ne pas se lâcher d'une semelle, faire la une

1. Claude est vraiment _____ dans ce domaine.
2. Les crimes passionnels _____ des journaux.
3. Un jaloux, quand il _____, rend la vie insupportable à tout son entourage et pas seulement à l'être aimé.
4. La jalousie _____ de l'amour, c'est sa négation.
5. Il est d'une sensibilité _____, tout le touche.
6. Ces deux nouveaux mariés en pleine lune de miel, _____!

III. *Complétez les phrases suivantes en utilisant le verbe correspondant au substantif entre parenthèses. Conjuguez-le au temps qui convient.*

1. (oppression) Pour obtenir le pouvoir, le plus fort cherche toujours à _____ les plus faibles.
2. (possession) La personne jalouse veut _____ son partenaire comme un objet.
3. (émotion) Tes pleurs et tes regrets ne m' _____ plus.
4. (approbation) Un jour, votre famille vous _____.
5. (vision) Les femmes ne _____ pas le monde de la même façon que les hommes, n'est-ce pas?

CONVERSATIONS ET DÉBATS

1. Est-il sain et normal d'être jaloux? Qu'est-ce qui pourrait distinguer la jalousie « normale » de la jalousie « maladive »?
2. Peut-il y avoir de l'amour sans jalousie?
3. « Dans la jalousie, il y a plus d'amour-propre que d'amour. » Êtes-vous d'accord?
4. L'amour peut-il justifier le crime? La passion est-elle une circonstance atténuante?

COMPOSITIONS

1. L'expression de la jalousie est-elle une preuve d'amour ou une atteinte à la liberté de l'autre?

2. Discutez la façon dont la jalousie est traitée dans un roman ou un film connu.

J'me marie,
j'me marie pas

1 Tour à tour, en l'espace de deux semaines, elles se sont assises devant moi en déclarant tout de go° « Je veux un mari »...

tout de go directement

2 D'étonnement, j'en suis restée bouche bée°. Comment ces trois jolies jeunes femmes, âgées de 25 à 35 ans, qui possèdent le double avantage d'avoir un emploi chouette° et une horloge biologique pas encore sur le point de sonner, pouvaient-elles émettre un souhait aussi... passéiste?

bée ouverte (de surprise)

chouette intéressant, enviable

3 Je les ai convoquées pour en savoir davantage. Confrontées à leur déclaration, toutes se sont faites plus nuancées, plus coulantes. Vouloir un mari, c'était une façon de parler. Ce qu'elles cherchaient plutôt, c'était un compagnon stable, gentil et attentionné. Et disponible. Très disponible. Plus question d'emprunter le mari de quelqu'un d'autre justement. Ou de vivre une relation compliquée avec un monsieur difficile à convaincre des vertus de l'engagement amoureux.

4 Elles m'ont fait comprendre que c'était ça qu'elles voulaient dire quand elles ont poussé le cri du cœur. De là à passer devant monsieur le curé ou monsieur le juge, c'était une autre histoire. Et puis, à bien y penser, non, le mariage ne leur disait rien qui vaille°. À bien y réfléchir d'ailleurs, le véritable engagement amoureux à long terme leur semblait impossible. Nina, journaliste, le milieu de la trentaine, me l'a fait comprendre quand j'ai tenté de l'interviewer sur la question. « Je ne me cherche plus de mari, je me suis trouvé un chum°!

ne dire rien qui vaille ne pas inspirer confiance

un chum *Q.* un ami, un compagnon

—Et c'est incompatible?, lui ai-je demandé, un peu surprise par l'argument.
—Ouais. De toute façon, il est déjà marié et il a un enfant.
   Mais il vient de se séparer.
—Mais la semaine dernière, tu voulais te marier et faire des enfants?
—Je disais ça comme ça.° »

dire ça comme ça sans y penser, pour parler

5 Elles disent toutes ça comme ça, finalement. Entre deux chums, trois amants et cinq peines d'amour, elles commencent à sentir le poids de la solitude. Et à ressentir les effets d'une certaine lassitude. Dans ces périodes de petites morts amoureuses, elles rêvent d'avoir un monsieur bien à elles, qui les aimerait comme elles sont et qui les attendrait le soir en lisant

bavette *Q.* tablette sous la porte d'un poêle à bois

être pris en fourchette *to be caught in-between*

mener de front mener à bien plusieurs activités à la fois

sida oblige à cause du sida (cf. « noblesse oblige »)

donner à quelqu'un le bon Dieu sans confession lui faire entièrement confiance, le croire honnête et innocent

le pactole la richesse; le terme est employé ici dans le sens de « paradis, idéal »

le journal, les deux pieds sur la bavette° du poêle. Mais ce n'est qu'un fantasme, bien sûr. Car elles ont bien trop peur de s'engager affectivement pour tenter l'expérience.

« Les jeunes femmes sont prises en fourchette° entre les vieilles 6 féministes et les jeunes filles, explique Francine Décarrie, sociologue de l'UQAM. Les premières ont rejeté en bloc toutes les valeurs masculines tandis que les secondes croient qu'elles pourront mener de front° mariage, enfants et carrière. »

Il y a quinze ans à peine, l'humeur sociale était aux rencontres sexuelles 7 impromptues qui promettaient d'ouvrir la porte de la connaissance de soi et de mettre fin aux guerres dans le monde. On claironnait que la femme devait se réaliser sur d'autres plans que celui de la famille. Et se réaliser, c'était se libérer sexuellement. « Pour les femmes, dit la sociologue, cela a signifié qu'à la possiblité de dire oui a succédé l'impossibilité de dire non. » Aujourd'hui, sida oblige°, plus personne ne s'aventure à professer les vertus de l'amour libre. Mais le balancier de l'histoire, dans son mouvement, n'a pas laissé de solutions de rechange. Alors, on ressort du placard les anciens modèles. Mais sans y croire vraiment.

Vingt ans de féminisme ont quand même laissé des traces. Les jeunes 8 femmes ne sont plus prêtes à tout abandonner pour suivre un homme. Elles aiment leur indépendance financière et jouissent d'exercer une profession enrichissante. Quand elles étaient petites, elles ont vu leur mère réclamer le droit au travail libérateur et redécouvrir les plaisirs de la liberté. Elles ne sont donc pas prêtes à donner à un homme le bon Dieu sans confession°...

Paradoxalement, c'est précisément de l'exemple de leurs mères, 9 féministes turbulentes, qu'elles tirent une grande leçon. Louise Poissant, professeur de philosophie et auteur de *La Peur du grand amour* l'explique. « Les jeunes sont sensibles à la détresse des femmes de 40 ans qui ont beaucoup misé sur la carrière et négligé certains projets. Elles ne veulent pas se retrouver dans le même cul-de-sac. Comme elles ne sont pas les premières à entrer sur le marché du travail, le défi est moins grand. Il est le même que pour les hommes. »

Non seulement le monde du travail n'a pas livré ses promesses de 10 libération, mais il a condamné les femmes à une double tâche harassante. « On a légué à nos filles la fatigue, l'épuisement, la monoparentalité et l'appauvrissement, explique la sociologue Francine Décarrie. On s'est rendu compte que cette société masculiniste dans laquelle on voulait entrer, ce n'est pas le pactole°. La tentation est forte de se dire : « Au fond, nos grands-mères n'étaient pas si malheureuses que ça. »

Déçues par ce monde d'hommes, les 25-34 ans repartent à la conquête 11 de la vie privée. Plus que les autres femmes, selon un sondage réalisé le printemps dernier par la firme de recherche Créatec +, elles accordent une très grande importance à leur vie de couple : 88% contre 68%. Et pour 89% d'entre elles, donner et recevoir de l'affection est très important, comparativement à 71% pour les autres femmes. Cet accent mis sur la vie de couple semble d'ailleurs rapporter : elles se révèlent très satisfaites à 60%. En comparaison, les autres (dont la majorité est plus âgée) ne se déclarent très satisfaites qu'à 43%. La satisfaction décroît avec l'usage...

12   Si elles veulent être heureuses en amour, elles s'imaginent difficilement engagées à long terme. Se marier n'est très important que pour 50% d'entre elles, alors que pour les autres femmes le pourcentage grimpe à 63%. Aux États-Unis, une étude récente démontre que le nombre de jeunes femmes qui ne se sont jamais mariées a doublé depuis 1970.

13   Les 25-34 ans veulent donc un conjoint, mais elles ne sont pas prêtes à s'embarquer pour la vie. Elles veulent un compagnon de route stable, gentil et affectueux, mais se refusent à conjuguer l'amour toujours°. Le cœur dit peut-être oui, mais la tête, irrémédiablement non.

conjuguer l'amour toujours croire à l'amour éternel

14   Lise, 28 ans, est professeur de sociologie à l'université. Depuis six ans, elle vit une relation amoureuse agréable qui la satisfait pleinement. Une existence heureuse et sans problème? Oh! que non! Depuis quelques mois, elle connaît un drame épouvantable : son amoureux souhaite l'épouser! « Le mariage aurait des effets désastreux sur moi, je me sentirais limitée par cette institution, explique-t-elle. Tant qu'il n'y aura pas de réforme de la structure, le mariage continuera de véhiculer des valeurs et des attitudes avec lesquelles je ne peux pas vivre. Et je ne veux pas devenir une martyre! »

15   Ce qu'elle reproche au mariage, c'est de faire reposer toute la charge émotive sur la femme, qui en devient l'unique responsable. Elle en réprouve également le caractère archaïque dans une société qui fonctionne désormais avec des contrats limités. Dans ce contexte, elle se demande à quoi ça pourrait bien servir. À lui assurer la sécurité matérielle? « Je n'en ai pas besoin, je gagne 40 000 $ par année! » À lui procurer la stabilité affective? « Le mariage ne garantit pas la constance des sentiments. » À renforcer un engagement? « Ce n'est pas une bonne raison! » On le voit, la jeune personne refuse obstinément d'envisager la chose.

16   Il en est d'autres qui, par peur de s'engager véritablement, ont mis à la porte leur fiancé en se disant qu'elles avaient bien le temps. Et qui, aujourd'hui, la mi-trentaine arrivée, s'en mordent les doigts. Lise ne craint-elle pas que son fiancé cherche une autre femme avec qui fonder un foyer? « S'il se tourne vers quelqu'un d'autre, je n'en mépriserai que davantage les mecs°. » Mais la vague de fond° de détresse des collègues dans la guarantaine divorcées, séparées ou célibataires ne la laisse pas insensible. « On me dit que si je ne me marie pas, je vais manquer le bateau. Mais c'est le bateau traditionnel! Il est possible que j'arrive à 40 ans complètement frustrée. Mais ce n'est pas parce que je ne veux pas vivre d'engagement profond que je n'aurai pas connu de relations amoureuses vraies. »

mec homme
vague de fond vague très puissante

17   Bien sûr, on peut imaginer que les jeunes femmes considèrent le mariage comme une institution désuète et inutile. « Parce qu'elles exercent un certain contrôle sur leur vie, explique Mme Décarrie, les jeunes professionnelles

ont tendance à rejeter l'idée du couple à long terme. Mais ce rejet est plus vrai dans les mots que dans les faits. Dès que l'enfant paraît, elles se retrouvent dans une situation classique. Et les valeurs conjugales reviennent au galop. »

Pas nécessairement pour longtemps cependant. Certaines qui ont déjà 18 vécu les hauts et les bas de la vie conjugale, dans le mariage ou le concubinage, n'ont pas hésité à répudier ce mari-type. L'herbe semblait tellement plus verte dans la cour de la voisine...

Vanessa, 28 ans, est avocate. Grande, blonde, jolie, elle vit séparée de 19 son mari depuis trois ans et élève à mi-temps son fils de cinq ans. Quand elle s'est mariée, à vingt ans, c'était par amour, bien sûr, mais pour avoir des enfants surtout. Ses copines lui ont souhaité beaucoup de bonheur... du bout des lèvres°. Le mariage, à l'époque, n'avait pas bonne presse° auprès des professionnelles en herbe°. Pourquoi se lier à un âge aussi tendre alors que la vie est encore porteuse de promesses d'un emploi épanouissant et de l'ivresse des amours à venir?

Après quelques années d'un mariage plus routinier qu'excitant, Vanessa 20 a rencontré la passion. Qu'elle s'est empressée de suivre, bien entendu. Elle vit depuis une douloureuse errance affective. Son mariage n'est plus qu'un souvenir, sa passion s'est mariée (!) avec une autre et son excitant boulot s'est mué en un gouffre d'énergie et de temps. La violà qui, lasse de se contenter des oasis rencontrées dans la traversée de son désert amoureux—dont elle dit parfois en dérision qu'ils sont plutôt des mirages—, songe à reprendre du service° dans la voie conjugale. Hélas, les Princes Charmants ne courent pas les rues... ni les tribunaux.

Aujourd'hui, elle rêve d'un homme disponible. Mais—chatte échaudée° 21 craint l'homme froid—elle n'ose plus réclamer le droit ni à l'amour exclusif, ni à la conjugalité partagée. « Je veux, dit-elle, qu'il soit assez libre pour venir au restaurant avec moi et passer des vacances en Grèce. » Un point, c'est tout°. Pourtant, quand elle se laisse aller, elle, évoque avec envie

du bout des lèvres sans croire vraiment ce que l'on dit
presse réputation
en herbe jeune, qui débute

reprendre du service *to reenlist*
échaudée qui s'est brûlée (de l'expression « chat échaudé craint l'eau froide » = *once bitten twice shy*)
un point c'est tout ça s'arrête là

son père qui, après 35 ans de mariage, fait encore rire sa mère et s'est même initié au maniement de l'aspirateur. Avec sa copine Sylvie, elle fréquente assidûment le cinéma le samedi soir, et ensemble elles évoquent avec nostalgie le fantasme du mari présent, disponible et ouvert. Mais elles referment bien vite cette boîte de Pandore, porteuse des germes d'un modèle auquel leur cœur adhère mais que leurs têtes, gavées d'indépendance et d'autonomie depuis l'enfance, refusent obstinément.

22   Les jeunes femmes élevées au biberon du féminisme doutent beaucoup des vertus de l'engagement à long terme. Évidemment, quand la solitude devient trop lourde, elles caressent avec volupté l'idée d'avoir un monsieur bien à elles. Mais quand vient le moment de partir à la chasse à l'homme ou de signer un contrat d'union véritable, l'hécatombe des divorces et des hommes mariés infidèles les ramène rapidement sur terre.

23   Outre la prolifération du sida, la remontée de popularité du couple est due au retour en force de la maternité. Considérée par le féminisme comme un esclavage, la voilà qui devient source de plénitude. « La maternité fait partie de l'identité des femmes, explique la sociologue Francine Décarrie, et c'est un lieu d'exercice de pouvoir. Les jeunes femmes veulent des enfants, mais elles refusent autant le rôle traditionnel que les analyses féministes renient leur particularité. Elles ont la volonté de se penser égales, mais autres. »

24   Coincées entre les joies du bon vieux temps, dont semblent friandes les adolescentes, et le musée des horreurs masculines qu'ont amassées les féministes, les jeunes femmes tâtonnent dans la nuit. Tiraillées, torturées, elles ne savent plus très bien à quel homme se vouer. Le mari? L'ami? L'amant? Le papa? Trouver un monsieur qui fait de la bonne graine de mari° n'est pas une mince affaire°. Et quand se pointe le délicieux projet des enfants, l'équation devient encore plus difficile à résoudre.

25   Suzanne a 34 ans. Attachante et dynamique, elle élève seule son fils de douze ans, fruit d'une première liaison qui a duré dix ans. Rédactrice à la pige°, elle avoue sans fausse pudeur qu'elle se cherche un mari. Mais elle est la première à pointer du doigt la contradiction qui existe entre vouloir un mari et... se marier. Souhaiter un mari, c'est un acte passif qui se concocte entre le passage de deux amants romantiques. Se marier implique au contraire la volonté. « Dès que l'idée de m'engager se présente, dit-elle, je me sens traumatisée à l'idée de finir mes jours avec la même personne. J'ai très peur de l'engagement. »

26   Et pourtant, elle déploie beaucoup d'énergie à raconter le mari de ses rêves. Affectueux, intelligent, amical et tendre, son candidat doit être capable de se remettre en question et d'évoluer. Suzanne souhaite s'installer dans un bonheur paisible avec « un monsieur qui m'attend le soir, bien dans ses pantoufles, et qui ne changera pas d'avis toutes les semaines. » Outre le désir de partager sa vie avec quelqu'un en toute complicité, c'est l'espoir d'avoir un deuxième enfant que le mari imaginaire de Suzanne sert à entretenir.

faire de la bonne graine de mari être potentiellement un bon mari
ne pas être une mince affaire ne pas être facile
rédactrice à la pige *freelance copywriter*

Mais ce mari reste un fantasme qui correspond à des besoins, pas à 27
une réalité. Et elle connaît la difficulté d'incarner le modèle dans la vie
quotidienne. Surtout qu'elle a, collée au cœur, une bien grande crainte.
Au hit-parade des inquiétudes qui retiennent la jeune femme sur les berges
du lac mariage, on retrouve la peur de l'ennui. Les jeunes femmes voient
souvent le mariage comme une geôle sans joie et sans dynamisme. « Et
pourtant, affirme Suzanne, j'ai plein de copines qui ont découvert les joies
de l'engagement amoureux et qui me disent : « J'étais bien niaiseuse° avant
de penser que les histoires qui marchaient bien étaient ennuyantes. »

niaiseux *Q.* naïf

Nina, Lise, Vanessa (et Sylvie avec qui elle va au cinéma tous les samedis) 28
et Suzanne confient chacune avoir chassé du paradis amoureux un
prototype-mari qui souhaitait y rester. La raison? La crainte de périr d'ennui.
En attendant, elles vivent d'angoisse et d'eau fraîche° en effeuillant une
marguerite° imaginaire « Je me marie, je ne me marie pas… »

vivre… fraîche de l'expression « vivre d'amour et d'eau fraîche »
effeuiller la marguerite
to play "he loves me, he loves me not" with a daisy

Suzanne doute qu'elle se mariera un jour. « Les couples mariés et 29
heureux sont des gens équilibrés, dit-elle. Et je ne suis pas sûre de l'être. »

Pas facile, décidément, d'être la première génération de femmes de 30
l'après-féminisme. »

Mireille Simard—*Châtelaine*, févr. 1988

PRÉ-LECTURE

1. Ce titre vous fait penser;
   a) à une chanson;
   b) à quelqu'un qui effeuille une marguerite;
   c) à Hamlet;
   d) à quelqu'un qui est né sous le signe de la Balance?

2. Dans le texte, la journaliste qui interviewe des jeunes femmes à la recherche d'un mari s'étonne de ce fait. Est-ce que mariage et féminisme sont incompatibles selon vous?

COMPRÉHENSION

1. Qu'est-ce qui a étonné la journaliste et pourquoi?

2. Que veulent les trois jeunes femmes et qu'est-ce qu'elles ne veulent plus faire?

3. Précisez la contradiction entre ce que les jeunes femmes expriment et leur attitude réelle.

4. À quel moment se mettent-elles à rêver à un mari? Pourquoi est-ce seulement un fantasme?

5. Quelle est la situation des jeunes femmes par rapport aux autres générations?

6. Quelle était l'attitude envers les femmes quinze ans auparavant et à quel comportement celles-ci étaient-elles amenées? Qu'est-ce qui a modifié les attitudes envers l'amour libre? Quelle est la situation maintenant?

7. Quel héritage le féminisme a-t-il laissé aux jeunes femmes?

8. Quelle leçon les jeunes femmes tirent-elles de l'exemple de leurs mères féministes?

9. Comment le monde du travail a-t-il déçu la génération des féministes?

10. À quoi les jeunes femmes attachent-elles aujourd'hui plus d'importance que la génération précédente?

11. Est-ce le mariage qu'elles recherchent?

12. Quel est le drame de Lise? Pourquoi l'institution du mariage lui fait-elle peur? Qu'est-ce qu'elle reproche au mariage exactement?

13. Pourquoi Lise pense-t-elle que le mariage est inutile?

14. Qu'ont fait certaines jeunes femmes par peur de s'engager et pourquoi est-ce qu'elles « s'en mordent les doigts » par la suite? Comment Lise envisage-t-elle la possibilité de se retrouver dans la même situation que ces femmes?

15. Selon Mme Décarrie, à quel moment les jeunes professionnelles changent-elles d'attitude envers le mariage?

16. Qu'est-ce qui pousse certaines femmes mariées et mères de famille à se séparer de leur mari? Comment cela s'est-il passé dans le cas de Vanessa?

17. Dans quelle situation Vanessa se trouve-t-elle maintenant? De quoi est-elle lasse?

18. De quel genre d'homme Vanessa rêve-t-elle? Pourquoi refuse-t-elle simultanément l'idée du mariage?

19. En quoi consiste l'ambivalence des jeunes femmes face au mariage?

20. Qu'est-ce qui explique le renouveau d'intérêt pour la vie en couple?

21. Quelle est l'attitude des adolescentes? Celle des féministes? Pourquoi les jeunes femmes, elles, sont-elles désorientées?

22. Quelle contradiction Suzanne fait-elle apparaître? Comment se représente-t-elle le mari idéal?

23. Quelle est la plus grande crainte des jeunes femmes lorsqu'elles pensent au mariage?

24. Dans quelle situation se retrouvent finalement toutes ces jeunes femmes?

APPROFONDISSEMENT

1. Précisez les contradictions auxquelles les jeunes femmes font face, tant dans la réalité sociale qu'en elles-mêmes.

2. Quels sont les acquis du féminisme dont les jeunes femmes profitent aujourd'hui? Quels sont les aspects du féminisme qu'elles rejettent?

3. Quel modèle de l'homme idéal les jeunes femmes interrogées imaginent-elles? Pensez-vous que ce genre d'homme existe?

EXERCICES

I. *Indiquez si les mots en italique sont d'un niveau de langue familier (F.) ou littéraire (L.). Aidez-vous d'un dictionnaire. Puis, donnez l'équivalent de niveau courant.*

Modèle : la maternité devient source de *plénitude*
plénitude = niveau littéraire
équivalent au niveau courant = épanouissement

1. avoir un emploi *chouette*
2. je me suis trouvé un *chum*
3. *périr* d'ennui
4. son excitant boulot *s'est mué en* un gouffre d'énergie et de temps
5. elles voient le mariage comme une *geôle* sans joie
6. *ouais*
7. j'étais bien *niaiseuse* avant
8. je n'en mépriserai que davantage les *mecs*

II. *Associez les verbes de la 1ère colonne aux mots de la 2e colonne pour retrouver des expressions courantes utilisées dans le texte :*

1. déclarer	les doigts
2. rejeter	tout de go
3. mener	les rues
4. s'en mordre	un foyer
5. fonder	les hauts et les bas
6. manquer	au galop
7. revenir	le bateau
8. vivre	une leçon
9. courir	de front
10. tirer	en bloc

III. *Remplacez les mots en italique par une des expressions courantes que vous avez retrouvées à l'exercice précédent.*

1. Maryse lui a tout avoué et elle *l'a regretté*.

2. Le modèle qu'il s'est acheté n'*est* pas *très commun*.
3. Ils ont finalement décidé de *se marier*.
4. J'aurais pu devenir riche mais j'*ai raté l'occasion*.
5. Mon petit neveu m'*a dit sans faire de détour* qu'il n'aimait pas mon nez.
6. Les acteurs ont de la difficulté *à faire marcher ensemble* leur vie professionnelle et leur vie privée.

CONVERSATIONS ET DÉBATS

1. Pensez-vous que les hommes du même âge ont des attentes analogues à celles des jeunes femmes qui s'expriment dans l'article? Font-ils face aux mêmes contradictions?

2. Entre le mariage traditionnel et l'amour libre, « l'histoire, dans son mouvement, n'a pas laissé de solutions de rechange. » Êtes-vous d'accord? Quels sont les modèles que l'on pourrait inventer?

3. Qu'est-ce qui serait nécessaire pour qu'il soit plus facile aux femmes de concilier la maternité et la poursuite de leur carrière?

4. La peur de l'ennui est-elle justifiée lorsqu'on envisage le mariage? L'ennui dans le mariage peut-il être évité ou faut-il qu'on s'y résigne?

COMPOSITIONS

1. Les hauts et les bas de la vie conjugale : qu'est-ce que le mariage peut comporter de meilleur et de pire selon vous?

2. L'après-féminisme : réalisations et déceptions. Où en est la femme d'aujourd'hui?

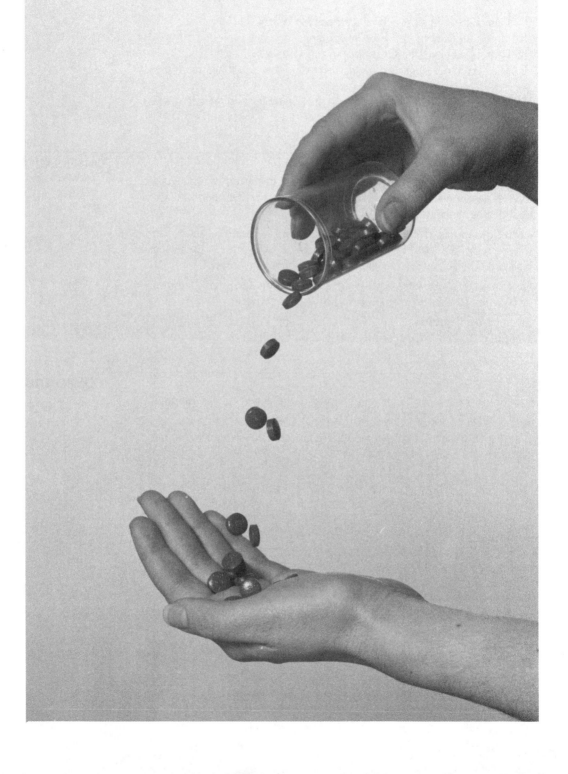

3

DROGUES ET MÉDICAMENTS

Faut-il légaliser la drogue?

Agir. Mais comment agir? Comment soulager Anna, l'héroïnomane qui 1
sur une couverture récente du magazine allemand Stern crie « Aidez-moi »?
Comment prévenir la jeunesse italienne, embrasée par le fléau de la poudre
blanche? Comment casser le marché de la drogue, qui rafle la première
place à celui de l'armement et représenterait un chiffre d'affaires mondial
de 300 à 500 milliards de dollars?

Questions écrasantes. Dix-huit mois de négociations délicates auront 2
été nécessaires pour parvenir ces jours-ci à l'adoption, à Vienne, d'une
nouvelle convention internationale des Nations unies contre le trafic illicite
des stupéfiants et des substances psychotropes. Une partie du débat portait
sur le comportement à adopter envers les consommateurs et les petits
dealers. Une discussion virulente s'est aussi engagée récemment en Espagne
et en Italie autour de projets de loi envisageant de repénaliser l'usage de
la drogue, jusque-là toléré. Bref, l'heure internationale est aux points
d'interrogation°. Car jamais, au même moment, un courant de pensée n'a
soutenu aussi sérieusement l'idée que pour lutter contre la drogue il n'y
a pas aujourd'hui de meilleure solution que d'en libéraliser la vente.

**l'heure… interroga-
tion** c'est actuellement
une période où, dans tous
les pays, on se pose des
questions

shootés *to shoot up drugs*
(anglicisme)

Cette thèse est évidemment critiquée par ceux qui estiment que l'idée 3
sacrilège ne peut qu'être le rêve vain de quelques responsables shootés°
d'illusions. Ou de quelques nostalgiques des années *Peace and Love* qui
avaient fleuri avec l'éclosion des communautés hippies. Mais aux États-
Unis, le débat est lancé. Il agite l'Establishment, fait la couverture des
journaux, trouve des prosélytes parmi les politiciens conservateurs et des
personnalités aussi respectables que les maires de Washington,
Philadelphie, Baltimore, ou le prix Nobel d'économie Milton Friedman.

un constat un fait établi
de par dans

Tous se basent sur un constat° : la politique de répression du commerce 4
de la drogue est un fiasco. Il n'y a jamais eu autant de drogués de par°
le monde, 40 millions, peut-être. Cet échec, de surcroît, coûte très cher
au contribuable : seize milliards aux États-Unis, par exemple, durant
l'administration Reagan. Les rondes des gardes-côtes, le travail acharné
de la DEA (la Drug Enforcement Agency a arrêté 22 000 trafiquants en
1987) n'ont pas empêché la croissance massive des importations de cocaïne.

« Jamais elle n'a été aussi abondante, son prix aussi bas, sa qualité aussi pure », estime le professor Lloyd Johnson, de l'université du Michigan. Aux États-Unis comme en Europe, les saisies douanières° ne toucheraient que 3 à 10% des flux de drogues importées. « La vente libre des drogues permettrait d'économiser chez nous environ dix millions de dollars par an. Cette politique est bien sûr risquée, mais ses avantages sont éclatants », déclare au *Point* le professeur Ethon Nadelmann, de Princeton, figure de proue° américaine des tenants de la libéralisation.

saisie douanière *seizure of contraband by Customs authorities*

figure de proue person-nalité à la tête d'un mouve-ment

5   Premier de ces avantages : casser les prix, et par là même écraser les profits fabuleux des gros dealers, leur seul point sensible°. C'est la théorie libérale du marché du prix Nobel Milton Friedman. Tant qu'il existe une demande, il y aura une offre, dit-il; alors, pourquoi la laisser aux mains du marché noir, qui, de la mafia sicilienne aux cartels° colombiens en passant par la triade chinoise, assure un maximum de profit?

point sensible partie vulnérable

cartel *combine*

6   Les tenants de la libéralisation établissent un parallèle entre l'alcoolisme et la toxicomanie. Même désespoir, même combat. L'alcool, disent-ils, tue 30, 50, 100 fois plus que l'overdose. Sans compter les accidents de la route mortels qu'engendre l'abus de boisson. Alors, pourquoi interdire l'un quand on a légalisé l'autre? interroge la bible des hebdomadaires britanniques, *The Economist*, partisan déclaré de la libéralisation. L'expérience de la prohibition de l'alcool dans les années trente aux États-Unis prouverait le caractère négatif d'une politique de répression totale : à l'époque des Incorruptibles, jamais la Mafia n'avait été plus prospère, le crime organisé plus répandu… et l'alcool plus convoité.

7   Autres mérites de la légalisation : éviter la criminalisation des drogués, qui propagent, plutôt qu'ils ne guérissent, leur mal° derrière les barreaux; permettre, en cassant les prix des stupéfiants, d'éliminer les vols commis par les toxicos en quête désespérée d'argent. Ce qui voudrait dire moins

mal maladie

de monde dans les prisons déjà surpeuplées. Plus d'argent économisé pour la prévention anti-drogue et l'assistance aux désespérés. Ce n'est pas par laxisme que Kurt Schmoke, maire de Baltimore, se range derrière ces idées. Mais par expérience : procureur pendant sept ans, il a lui-même sanctionné des milliers de crimes relatifs à la drogue. « Peine perdue, nous explique-t-il en substance, la prison gêne les dealers, mais elle fait partie des risques du métier. Elle ne les dissuade pas de continuer : le gain possible est trop énorme. En dépit des moyens répressifs, je n'ai assisté à aucune amélioration de la situation. » Autant de raisons de passer à autre chose. La lutte contre la propagation du sida plaiderait aussi en faveur d'une forme de dépénalisation de l'usage des médecines artificielles : « Les drogués sont mieux suivis, mieux contrôlés quand ils se sentent tolérés et qu'ils n'ont pas à se cacher », souligne-t-on à la mairie de Rotterdam.

Mais les tenants de la libéralisation ne constituent pas à proprement   8
parler un mouvement. Ni ne s'accordent sur l'application pratique de leur théorie. Doit-on légaliser la vente d'héroïne, cet opiacé dangereux, en pharmacie sous contrôle strict de l'État? Beaucoup se contentent de prôner la légalisation de la marihuana ou du haschisch. D'autres envisagent la simple dépénalisation, qui rendrait la possession de petites doses non passible de poursuites°, comme la loi le prévoit déjà en Italie, en Espagne, au Danemark, en Pologne et en Yougoslavie. Les plus modestes revendiquent la tolérance de fait envers les consommateurs, qui existe aux Pays-Bas.

Souvent, les tenants de la libéralisation plaident pour la distinction   9
fondamentale entre drogues dites « douces » (les produits dérivés du cannabis), considérées comme faiblement nocives bien que substances psychotropes, et drogues « dures », héroïne, cocaïne. À l'appui de° cette distinction : les experts en problèmes de toxicomanie reconnaissent aujourd'hui que l'hypothèse du *stepping stone* n'est guère fondée, c'est-à-dire que le passage des drogues douces aux drogues dures n'est pas un engrenage physique obligé°.

Il y a les pour. Et les contre : ceux, très majoritaires, qui estiment   10
que la libéralisation des drogues ne fera qu'accroître de façon dramatique le nombre des drogués. « Légaliser, c'est donner un accord moral. C'est rendre la drogue acceptable et ôter le sentiment que son usage est dangereux. L'État ne peut pas déroger ainsi à son devoir° constitutionnel de protéger la santé des citoyens », affirme le président du BKA (la Brigade criminelle allemande), Heinrich Boge.

Selon un sondage *New York Times-CBS*, paru en avril dernier, 50%   11
des Américains souhaitent que leur gouvernement redouble d'efforts dans la lutte anti-drogue. Même chose en Italie, où un projet de loi chrétien-démocrate envisage de revenir sur la loi de 1975 qui prévoit l'immunité pour toute personne en possession de « modique quantité ». Même chose aussi en France, où le ministre de l'Intérieur, Pierre Joxe, projette de doubler les effectifs de policiers chargés de lutter contre ce trafic. « Aux États-

non passible de pour-suites   *not liable to prose-cution*

à l'appui de   *(the following fact is) in support of*

n'est pas... obligé   ne se produit pas automatique-ment

déroger à son devoir   *to evade one's duty*

Unis, le boom de la cocaïne et du crack, moins cher et beaucoup plus nocif, entraîne aujourd'hui une véritable psychose. Dans ce contexte, le débat sur la légalisation n'a guère de chances d'aboutir aujourd'hui », affirme au *Point* David Masto, professeur à Yale et autorité américaine numéro un pour l'histoire des narcotiques. Ceux qui refusent cette « capitulation sans condition » misent au contraire sur° la « guerre totale » et des moyens policiers nouveaux : la nouvelle convention des Nations unies entend diriger la lutte contre les trafiquants en visant leur talon d'Achille, leurs finances. Elle propose la levée du secret bancaire° dans le cas de blanchiment de fonds° provenant de la drogue. Pénalités plus sévères, gel et confiscation des avoirs fiscaux° et des biens des trafiquants, éradication des cultures illicites sont parmi les autres mesures contraignantes prévues par le traité. Le Congrès américain vient, lui, de voter la peine de mort pour les gros dealers ainsi que des amendes pouvant aller jusqu'à 10 000 dollars.

miser... sur compter sur

la levée du secret bancaire suppression du secret que gardent les banques sur les transactions de leurs clients
blanchiment de fonds *money "laundering"*
avoirs fiscaux *fiscal assets*

12   Deux camps, deux poids. Où est la mesure? Elle réside déjà dans l'harmonisation internationale, nécessaire, des politiques de lutte contre la toxicomanie. Sous peine d'assister, par exemple, au « tourisme de la drogue » qui sévit entre l'Allemagne et les Pays-Bas ou le reste de l'Europe et l'Espagne.

13   Elle passe aussi par la prise en compte° des réalités de chaque État. Celle des pays consommateurs, où l'ampleur de la demande en « paradis artificiels » révèle combien d'enfers authentiques. Celle des pays producteurs, accusés d'avidité d'argent quand ils en manquent désespérément. L'intérêt d'un débat sur la libéralisation des drogues est qu'il dédramatise le problème, mais aussi qu'il le banalise. Deux pays, l'Espagne et les Pays-Bas, tolérants envers les usagers et les petits vendeurs, sont souvent cités en exemple. La libéralisation tentée chez eux connaît pourtant des fortunes différentes°. Ces deux illustrations engagent° dans le débat sur la libéralisation des drogues les partisans du pour comme ceux du contre à quelque modestie : en matière de toxicomanie, il n'y a peut-être pas de remède-poudre miracle, mais grand besoin de courage politique international.

prise en compte *taking into account*

connaître des fortunes différentes *to fare differently*
engager... à quelque modestie inciter à rester modeste

Emmanuelle Ferrieux—*Le Point*, déc. 1988

1. Définissez le mot « polémique ».

2. Qu'est-ce que vous considérez comme une drogue? Donnez votre définition personnelle.

3. Ce titre suggère quelle sorte de texte?
    a) un texte neutre;
    b) un texte qui cherche à persuader le lecteur;
    c) un texte qui présente un débat;
    d) un texte informatif qui fait le bilan de l'état actuel des choses.
4. Quelle sorte d'arguments seront présentés selon vous?

COMPRÉHENSION

1. Quelle est l'importance du marché de la drogue?
2. Que font les gouvernements et quelles sont les questions qu'ils débattent?
3. Quelle est cette « meilleure solution » qui est préconisée par un certain courant de pensée?
4. Quelle est l'opinion de ceux qui critiquent cette thèse?
5. Qui sont certains des partisans de cette solution aux États-Unis?
6. Sur quel constat fondent-ils leur opinion?
7. Qu'est-ce que la politique de répression est incapable d'empêcher?
8. Quel est l'inconvénient majeur de la répression? Que permettrait la libéralisation de la vente de drogue?
9. Quel serait le premier avantage de la libéralisation? Sur quelle théorie économique ce raisonnement s'appuie-t-il?
10. Quel parallèle est établi par les partisans de la libéralisation et quelles conclusions ces derniers en retirent-ils?
11. Quels autres avantages y aurait-il à légaliser la drogue?
12. Quelle est l'opinion du maire de Baltimore sur la politique de répression et quelle explication donne-t-il de l'échec de celle-ci?
13. Comment la dépénalisation de l'usage des drogues pourrait-elle aider la lutte contre le sida?
14. Quelles différences d'opinion trouve-t-on parmi les divers tenants de la libéralisation?
15. Quelle distinction entre types de drogue faudrait-il faire? Qu'est-ce qui justifie cette distinction?
16. Quel argument avancent ceux qui s'opposent à la libéralisation?
17. Quelle est l'opinion majoritaire aux États-Unis, en Italie et en France et comment s'exprime-t-elle?
18. Quelle est la conséquence du boom de la cocaïne et du crack aux États-Unis sur les chances de la légalisation?

19. Quels sont les nouveaux moyens proposés par la convention des Nations unies pour la lutte contre les trafiquants? Quelles mesures ont été votées par le Congrès américain?

20. Pourquoi est-il nécessaire d'harmoniser les politiques de lutte anti-drogue des diverses nations?

21. Quelles réalités faut-il prendre en compte?

22. Quel est l'intérêt du débat sur la libéralisation? Quels pays en sont l'exemple?

APPROFONDISSEMENT

1. Résumez les arguments qui sont avancés en faveur de la libéralisation des drogues. Dites si vous les trouvez convaincants ou non et pourquoi.

2. Précisez les attitudes et les arguments de ceux qui s'opposent à la libéralisation.

3. Parmi les mesures préconisées par les deux courants de pensée opposés, quelles sont celles qui vous semblent les plus efficaces pour réduire la consommation de drogue?

EXERCICES

I. *Refaites les phrases suivantes en remplaçant l'expression en italique par un substantif synonyme tiré du texte. Faites les changements qui s'imposent.*

stupéfiants, consommateur, trafiquant, saisie, tenant ou partisan, fléau, toxicomanie, amende

1. La drogue est devenue une véritable *calamité* aujourd'hui.
2. *Les gens qui sont pour* la légalisation de la vente de la drogue croient que cela permettrait d'économiser des millions de dollars.
3. On retrouve *des personnes qui prennent de la drogue* dans toutes les couches de la société.
4. En Colombie, *les personnes qui font le commerce de la drogue* ont assassiné de nombreux hommes politiques qui leur faisaient la lutte.
5. *La confiscation* de *drogues* aux douanes ne représente que 3 à 10% du volume de leur importation.

II. a) *Illustrez la différence entre les expressions suivantes en les employant dans de courtes phrases.*

illicite	et	*illégal*
parvenir	et	*faire parvenir*
nocif	et	*nuisible*

b) *Faites de courtes phrases pour illustrer deux sens nettement différents des mots suivants :*

1. prévenir
2. soutenir
3. sévir

III. *Complétez les phrases suivantes à l'aide du verbe qui convient. Conjuguez-le au temps qui convient.*

aboutir, provenir, miser sur, envisager, interdire, prévoir, soulager, souligner, se baser sur, ôter, engendrer

1. Dans certains pays comme l'Espagne et l'Italie, on _____ de retourner à des peines plus dures contre les personnes trouvées en possession de stupéfiants.
2. Cet argent _____ de quelle sorte d'activités illégales?
3. En _____ sur les chiffres que je possède, je _____ que d'ici l'an deux mille, nous aurons doublé notre chiffre d'affaires.
4. La légalisation des drogues dites « douces » ne _____-t-elle pas une demande plus forte pour toutes les sortes de narcotiques?
5. Si, par une campagne de sensibilisation menée auprès des jeunes, on _____ tous les dangers que comporte la consommation de la drogue, on réussirait peut-être à réduire le problème. Il faut toujours _____ la jeunesse.
6. On a _____ au moins de dix-huit ans de boire de l'alcool dans les bars.

IV. *Dans les phrases suivantes, remplacez le verbe* dire *par un des verbes suivants :*

expliquer, soutenir, déclarer, affirmer, souligner

1. Malgré de nombreuses oppositions, elle *dit* que sa solution est la moins coûteuse.
2. À la réunion du comité de jeunes, le président *a dit* que dorénavant quiconque ne respecterait pas le règlement serait passible d'une amende.
3. Le chef de police *a dit* quelle serait la nouvelle attitude de ses agents face aux jeunes délinquants.
4. Je désire *dire* que je n'aurais pas pu accomplir ce travail sans l'appui de toute l'équipe qui m'entoure.
5. Des personnalités connues *disent avec conviction* que la décriminalisation de la drogue est inévitable.

1. Faut-il opérer une distinction entre drogues « douces » et drogues « dures »? Faut-il légaliser l'usage des unes et pénaliser l'usage des autres?

2. Le parallélisme entre l'alcoolisme et la toxicomanie est-il fondé? Faudrait-il adopter les mêmes mesures et les mêmes attitudes envers l'alcool qu'envers la drogue?

3. L'État a-t-il le droit et le devoir de protéger les citoyens contre eux-mêmes? La prohibition de la drogue porte-t-elle atteinte aux libertés individuelles?

4. Existe-t-il d'autres politiques et d'autres mesures que celles présentées dans l'article qui pourraient être adoptées pour réduire ou éliminer la consommation et le trafic de drogues?

COMPOSITIONS

1. Pour ou contre la légalisation des drogues « douces »? Présentez des arguments à l'appui de votre point de vue.

2. La drogue : une maladie individuelle ou un mal de société?

Médicaments : l'overdose française

le **Monde** quotidien à diffusion nationale

Les médicaments soignent. Ils tuent aussi quelquefois. On l'apprend 1 généralement par la lecture d'un petit entrefilet paru dans le Monde°, qui indique modestement que tel ou tel produit est désormais interdit à la vente. Pourquoi? Tout simplement parce qu'il est soupçonné d'avoir provoqué, par exemple, quelques dizaines d'hépatites, dont certaines mortelles? Mais on peut très bien ne pas le voir et continuer son traitement...

Souvent, il s'agit d'un médicament de la vie de tous les jours. Le dernier 2 en date est l'exifone (Adlone), suspendu le 12 mai par le ministère de la Santé après la notification de 82 atteintes hépatiques par destruction cellulaire et d'un décès par insuffisance hépatique. Prescrit aux personnes âgées souffrant de troubles de l'attention et de la mémoire, le médicament avait déjà été vendu à 1 200 000 unités...

Parfois le nombre des accidents et des morts est plus important. Ce 3 fut le cas en 1985 pour un anti-inflammatoire, le Vectren, prescrit pour de simples tendinites ou même des entorses. Bilan avant interdiction : huit morts à la suite de graves effets cutanés indésirables (syndrome de Lyell notamment).

Est-ce normal? Non, bien sûr. Est-ce évitable? Non plus. Tous les ans 4 des médicaments (un ou deux) sont suspendus et interdits à la vente après des accidents plus ou moins graves. Entre 1980 et 1985, huit produits ont été ainsi interdits et quatre autres depuis 1987. Or tous les médicaments actifs ont des effets indésirables et tous les médicaments nouveaux sont considérés comme « suspects » pendant les douze ou dix-huit premiers mois de leur existence et de leur mise sur marché.

Il n'y a en fait qu'un seul remède : moins de remèdes. Mais c'est là 5 qu'on se heurte à cette grande particularité française, surconsommation de médicaments. Peu nombreuses, les morts par accident sont la partie spectaculaire d'un mal profond et persistant, la maladie de l'excès de soins. C'est ce que disent la plupart des médecins, sous la forme d'un inquiétant syllogisme. Le professeur Alexandre, président de la Commission d'Autorisation de Mise sur Marché (l'obligatoire AMM) : « Il n'y a pas de médicaments sans effets indésirables. Cela est vrai même dans le cas de placebos, qui peuvent révéler des effets indésirables liés à l'ingestion. »

Le professeur Lagier, du centre anti-poisons Fernand-Widal : « Les médicaments ne sont pas des bonbons. Les gens ne doivent pas les prendre n'importe quand, ni n'importe comment. » Le professeur Royer, président de la Commission nationale de Pharmacovigilance, chargée de la surveillance des médicaments : « C'est le principe même d'une civilisation évoluée qui veut avant tout son confort. Mais on paie le confort avec le risque que cela impose. C'est comme prendre l'avion... »

6 Le progrès sanitaire l'exige : nous nous soignons dangereusement. Mais c'est aussi un mal français. La France est en Europe la championne toutes catégories de la consommation de produits pharmaceutiques. Le chiffre le plus frappant, c'est celui des tranquillisants. Quelque 3,5 milliards de doses sont consommées chaque année, soit cinq fois plus qu'aux États-Unis en proportion de la population, et deux fois plus qu'il y a dix ans. Un adolescent sur sept, entre quinze et dix-neuf ans, recourt aux pilules du cœur et de l'esprit. Selon une enquête menée par le service hygiène-santé du Doubs° en 1985, et citée en janvier dernier par *la Croix*°, un tiers des élèves de collèges s'adonnent aux médicaments psychotropes (tranquillisants et somnifères). Au lycée, le chiffre se monte à 25% pour les filles et 20% pour les garçons. Les examens, grands consommateurs de Valium et de Tranxène, ne sont pas seuls en cause. La somatisation° des troubles et des difficultés liées à l'adolescence trouve en France son dérivatif dans l'absorption de petites pilules de toutes les couleurs, avec un risque grave à l'appui : enfermer le jeune homme ou la jeune fille dans ses symptômes et favoriser la somatisation de tous les conflits jusque dans l'âge adulte.

le Doubs région administrative
la Croix quotidien à diffusion régionale

somatisation processus par lequel un trouble psychique influe sur le physiologique

7 Comme, de surcroît, cette consommation excessive s'allie souvent à celle de l'alcool, on débouche directement sur un phénomène de toxicomanie sans drogue, légale mais presque aussi dangereuse. Détail gênant : la grande majorité des tranquillisants et des somnifères ne sont disponibles que sur ordonnance. Ce sont donc les médecins qui favorisent, sans le savoir vraiment, la progression du mal. Il est vrai qu'ils sont peu prévenus contre les effets pervers de ces pratiques. Une autre enquête, réalisée cette fois à Lille, a montré que 60% des étudiants en médecine prennent régulièrement des psychotropes.

8 Les nourrissons sont aussi les agents inattendus de ce culte du comprimé. Deux enquêtes récentes de l'INSERM montrent que 7% des bébés de moins de trois mois ont déjà reçu des sédatifs ou des somnifères. À neuf mois, le taux monte à 12,3%. Les mères anxieuses, déprimées ou seulement (et plus rarement) soucieuses de leur sommeil sont les dealeuses de ce trafic ignoré. Les mêmes reviennent un peu plus tard voir le médecin et celui-ci constate avec un sentiment de malaise que les troubles qu'on lui décrit sont le résultat direct d'un excès de psychotropes.

9 Le public connaît, même de manière imprécise, les inconvénients des tranquillisants. Il est moins préparé à comprendre les effets indésirables de produits encore plus anodins. C'est le cas pour l'aspirine, dont certains

spécialistes n'hésitent pas à dire aujourd'hui qu'elle ne recevrait pas, en dépit de ses vertus toujours aussi étonnantes, l'autorisation de mise sur le marché. On le constate encore pour les vitamines, dont la consommation excessive—les chiffres sont en ascension vertigineuse en France—conduit dans certains cas à des troubles plus ou moins graves (calculs rénaux pour l'excès de vitamine C, troubles digestifs et maux de tête pour les overdoses de vitamine A).

Les responsables? Ils sont connus, même s'il faut se garder en cette 10 matière de tout réquisitoire simpliste. Le mal sort d'abord d'un bien : le prix des médicaments est en France le plus bas d'Europe. La consommation en est bien sûr favorisée, d'autant que l'industrie pharmaceutique, sauf, à voir ses marges laminées°, est contrainte de se rattraper sur la quantité. D'où ces emballages rigides qui contiennent systématiquement plus que les doses nécessaires et qui agacent tant les associations de consommateurs.

Ce sont ensuite les médecins, qui cèdent d'autant plus facilement à 11 la demande pressante du malade anxieux que c'est un tiers° qui paiera : l'omniprésente et généreuse Sécu°. Si bénéfique pour la santé et pour l'égalité, ce mécanisme « non régulé », selon le jargon des économistes, conduit directement à l'envol des dépenses. Les laboratoires entretiennent aussi une armée de visiteurs médicaux—plus de 12 000—tous déterminés à faire le siège des salles d'attente pour écouler leur multicolore marchandise. Comme le nombre des médecins tend lui-même à dépasser les besoins réels de la santé en France, et que les pharmaciens sont directement intéressés (à hauteur de 30% environ du chiffre d'affaires) à l'augmentation de la consommation, on se retrouve devant un système complet d'invasion du marché.

Alors les bavures sont inévitables. Le risque est encore plus grand— 12 et statistiquement inévitable dans certains cas—lorsqu'il s'agit d'innovations. « Tout médicament nouveau présente un risque potentiel », explique le professeur Jaillon, responsable d'une unité de pharmacologie clinique à l'hôpital Saint-Antoine, c'est-à-dire chargé d'essais sur des volontaires sains avant l'autorisation de mise sur marché. « Il n'y a que dans les conditions d'utilisation sur le marché par des milliers et des milliers de malades, pendant des jours et des jours, que l'on pourra éventuellement déceler les effets indésirables très rares à côté desquels on a statistiquement des chances d'être passé pendant les essais. »

Les essais se font sur quelques centaines ou au mieux quelques milliers 13 de patients. Mais lorsque le médicament est mis sur le marché, on passe soudain, de 3000 personnes traitées au maximum à 100 000, 200 000, 300 000, parfois beaucoup plus. « C'est une question de mathématiques. Dès que vous donnez le médicament nouveau à 500 000 personnes ou plus, il y a automatiquement des incidents plus ou moins graves », note le professeur Lagier.

Alors, sommes-nous tous, pendant les douze ou dix-huit premiers mois 14 d'existence d'un médicament, des cobayes involontaires? Et question

---

sauf... laminées à moins qu'elle ne soit disposée à voir ses bénéfices disparaître

un tiers *a third party*

Sécu la Sécurité sociale, qui défraie les soins médicaux et la plupart des coûts des médicaments

subsidiaire : faut-il éviter de prendre des médicaments nouveaux? Pour le professeur Alexandre, « il serait souhaitable de prendre un médicament ancien donc testé depuis longtemps. » Mais, contrepartie inadmissible, il ne pourrait plus, dans ce cas, y avoir de nouveaux médicaments!

15　　« Nous sommes coincés, estime le professeur Jaillon, lorsqu'un médicament a obtenu son AMM, cela prouve qu'il est efficace et qu'il n'y a pas de risques très graves. Sinon il n'est pas autorisé. Mais on doit dire au médecin : attention, il vient d'être mis sur le marché. Donc, il faut le surveiller. » Ce qui compte, c'est la notion de bénéfice-risque. « Cela fait partie de la réflexion du médecin, poursuit-il, quand il prescrit un nouveau médicament, il doit peser les avantages et les inconvénients potentiels. Tout dépend s'il y a déjà—ou pas—des médicaments existants pour ce genre de pathologie. On peut prendre des risques lorsqu'on n'a rien d'autre, comme cela a été le cas de l'AZT pour le sida. » Dans le cas de médicaments à gros risques, on note tous les malades à qui on donne le produit ainsi que toutes leurs observations.

16　　Dans le *Vidal*, la bible des médicaments, on peut lire des mises en garde de ce genre pour certains médicaments, comme le Bactrim : « La gravité éventuelle des accidents doit faire pondérer le bénéfice thérapeutique attendu par le risque encouru. » Ce qui n'est guère encourageant lorsqu'on vous prescrit ce médicament pour une angine!

17　　Les médicaments sont-ils suffisamment testés avant d'obtenir leur AMM? Et ensuite, sont-ils suffisamment surveillés? Avant d'obtenir l'autorisation de mise sur marché du ministère de la Santé (l'AMM), le laboratoire doit prouver que le médicament est efficace et sans danger. On teste donc sa qualité pharmaceutique, sa toxicité et son efficacité. Les premiers essais se font sur des cellules dans des tubes à essai, puis sur des animaux et ce n'est qu'après que l'on passe aux essais sur l'homme.

18　　Une loi récente vient d'ailleurs de fixer les principes généraux de la recherche bio-médicale (donc des essais de médicaments sur l'homme) et les conditions particulières et exigences à respecter pour les essais sans but thérapeutique, c'est-à-dire sur les volontaires sains qui sont enfin reconnus officiellement.

19　　« C'est une loi capitale pour la protection des individus. C'est aussi la première fois qu'il y a reconnaissance légale de ces essais sur les volontaires sains, note avec satisfaction le professeur Jaillon. Avant, on se cachait. Parfois même les malades n'étaient pas prévenus qu'ils participaient à des essais. Certains médecins leur disaient : « c'est un nouveau médicament américain pas encore vendu en France »... Tous les malades n'étaient pas volontaires. »

20　　Reste, on l'a vu, que les essais s'avèrent parfois insuffisants. D'où l'importance de la pharmacovigilance, qui suit les effets indésirables d'un médicament après sa mise sur le marché. La commission nationale dirigée par le professeur Royer chapeaute 29 centres régionaux reliés par ordinateurs. Elle fonctionne depuis une dizaine d'années. Tous les

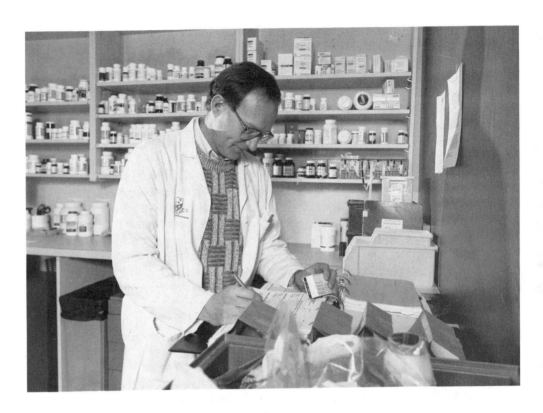

médicaments, spécialement les nouveaux, sont sous surveillance. Tous les incidents ou accidents médicamenteux sont enregistrés.

« L'alerte est donnée par toutes les notifications que les médecins   21 envoient dans les centres régionaux, explique le professeur Royer. Si un incident se répète trop souvent, on enclenche une enquête officieuse pour vérifier la véracité des faits. Dans l'affirmative, on déclenche cette fois une enquête officielle qui associe le laboratoire et on met toutes les informations en commun. Cela conduit à une conclusion technique qui est présentée devant la commission nationale de pharmacovigilance qui donne un avis au ministre de la Santé sur ce qu'il convient de faire. »

Le système français de pharmacovigilance est considéré comme l'un   22 des meilleurs du monde. De plus, la commission est à l'écoute internationale aussi bien des publications scientifiques que de l'OMS qui recense par ordinateur tous les effets indésirables d'un médicament chez tous les pays membres.

Il y a donc un maillage très serré qui devrait permettre d'éviter l'accident   23 grave. Pourtant, lorsqu'un médicament est interdit, c'est qu'il est déjà trop tard et que des accidents graves, parfois des décès, sont survenus. « Toute mort est inadmissible, reconnaît le professeur Royer. Si vous avez une entorse et que vous risquez d'en mourir, c'est inacceptable. Mais si vous avez un cancer étendu et que vous trouvez le médicament qui vous tue une fois sur cent mais qui vous guérit dans les autres cas, vous l'acceptez. C'est tout le problème du bénéfice-risque! »

24 Un drame comme celui de la thalidomide, qui avait entraîné il y a plus de vingt-cinq ans la malformation de milliers de bébés, est-il encore possible aujourd'hui, avec les progrès de la pharmacovigilance? « Non, on le saurait tout de suite, assure le professeur Royer. Il y aurait peut-être une ou deux victimes comme dans un accident d'auto. Mais on le saurait peut-être même avant que cela ait lieu chez l'homme avec les études sur les animaux et celles sur les cellules. » Le professeur Alexandre, lui, est moins catégorique : « En principe, il faut répondre non. Mais l'expérience montre que tous les 20 ou 25 ans, il y a des problèmes extrêmement sérieux à travers le monde. Comme on ne peut pas prouver qu'un avion ne s'écrasera pas... »

25 Conclusion, des incidents et accidents médicamenteux surviennent périodiquement : ils sont à peu près inévitables. C'est la rançon de la science et du progrès. Le problème, c'est que tous les médicaments qui sont mis sur le marché sont loin d'être indispensables. Il y a des modes. Il y a certains laboratoires. Le besoin économique de lancer sans cesse de nouveaux produits, quitte à en faire disparaître d'excellents. Les médicaments sont aussi une affaire de gros sous.

26 Pour avoir des médicaments nouveaux, il faut faire de la recherche. Et pour la recherche, il faut beaucoup d'argent. Ensuite, les bénéfices peuvent être énormes. À l'inverse, l'interdiction d'un médicament est une catastrophe pour le laboratoire concerné. C'est pourquoi le lancement d'un nouveau produit s'apparente quelquefois à une sorte de loto. Pour le fabricant, comme pour le consommateur. La notion de bénéfice-risque existe aussi pour l'industrie pharmaceutique. Même s'il s'agit de bénéfices et de risques financiers.

Bernard Michel—*Le Nouvel Observateur*, juin-juill. 1989

PRÉ-LECTURE

1. La juxtaposition de ces deux termes overdose et française, l'un anglais et l'autre français, produit quel effet sur le lecteur?

2. Le titre suggère-t-il une surconsommation:
   a) de drogue;
   b) de médicaments;
   c) de produits français?

3. Lisez maintenant les deux premières phrases du texte. Quel est l'effet produit sur le lecteur?

4. La surconsommation de médicaments touche quelle partie de la population?

5. Retrouve-t-on ce problème dans votre pays et dans tous les pays?

COMPRÉHENSION

1. À quel moment et pourquoi un médicament est-il interdit à la vente?

2. Comment le public est-il avisé d'une interdiction? Ce mode d'avertissement est-il suffisant?

3. Pourquoi n'est-il pas possible d'éviter les accidents dûs aux médicaments nouveaux?

4. Quel est le seul remède?

5. Quel est le mal qui sévit particulièrement en France?

6. Quel est l'avis des spécialistes sur la consommation de médicaments?

7. Quelles sont les proportions d'adolescents, de collégiens et de lycéens qui prennent des tranquillisants?

8. Comment s'explique cette consommation de la part des adolescents et quel en est le danger?

9. Pourquoi peut-on parler de toxicomanie sans drogue?

10. Quelle est la part de responsabilité des médecins dans ce phénomène?

11. Comment s'explique la consommation de psychotropes chez les bébés? Comment les médecins s'en aperçoivent-ils?

12. Quels autres produits pharmaceutiques peuvent avoir des effets indésirables?

13. Qu'est-ce qui encourage indirectement en France la consommation de médicaments? Comment procède l'industrie pharmaceutique pour vendre plus de médicaments et pourquoi?

14. Comment la Sécurité sociale contibue-t-elle à l'excès de consommation? Quels sont les autres facteurs qui y contribuent?

15. Comment s'explique le risque inhérent aux médicaments nouveaux en dépit des essais préalables?

16. Quelle est la contradiction engendrée par les médicaments nouveaux?

17. Comment s'applique la notion de bénéfice-risque?

18. Que trouve-t-on parfois d'effrayant lorsqu'on consulte le *Vidal* pour se renseigner sur les médicaments?

19. Comment procède-t-on pour tester les médicaments avant leur mise sur marché?

20. En quoi la nouvelle loi sur la recherche bio-médicale est-elle un progrès par rapport à la situation antérieure?

21. En quoi consiste la pharmacovigilance?

22. Quel est le processus d'enquête qui est suivi en cas d'alerte?

23. Le système de pharmacovigilance est-il à toute épreuve?

24. Peut-on affirmer que ce système permettrait aujourd'hui d'éviter le drame de la thalidomide? Quelle conclusion faut-il en tirer?

APPROFONDISSEMENT

1. Faites la part de ce qui est inévitable et de ce qui peut être évité en ce qui concerne les effets nocifs des médicaments.

2. Dégagez les causes de la surconsommation de médicaments en France.

EXERCICES

I. *Complétez les phrases suivantes à l'aide du substantif qui convient.*

dose, médicament, cobaye, comprimé, taux, surconsommation, ordonnance, volontaire

1. Le _____ des décès causés par des médicaments insuffisamment testés ne cesse d'augmenter.

2. Souvent les malades sont disposés à essayer n'importe quel _____ qui pourrait soulager leur mal.

3. Le médecin écrit une _____ où il prescrit des pilules pour guérir son patient.

4. Quand tous les effets secondaires d'un nouveau produit ne sont pas connus, le malade sert de _____ même s'il n'est pas _____.

5. Monsieur Verdon n'ayant pas respecté la _____ prescrite, a avalé quatre _____ au lieu de deux et s'est retrouvé à l'hôpital souffrant d'une intoxication due à une _____ de médicaments.

II. *Illustrez la différence entre les mots suivants en les employant dans de courtes phrases.*

remède	et	*médicament*
incident	et	*accident*
efficace	et	*effectif*

III. *Trouvez dans le texte le mot ou l'expression qui correspond à la définition; employez ensuite ce mot ou cette expression dans une courte phrase.*

Modèle : Que l'on ne désire pas → indésirable

1. Que l'on ne peut pas admettre
2. Que l'on ne peut pas éviter
3. Qui est trop grand, qui dépasse la mesure

    4. Qui fait du bien

    5. Qui cause la mort

    6. Qui est inoffensif, sans importance

IV. *Complétez les phrases suivantes à l'aide d'un substantif qui correspond à l'un des infinitifs de la liste ci-dessous (insérez également l'article qui convient et faites les transformations qui s'imposent).*

1. (soigner) À l'hôpital, le personnel lui a prodigué tous les meilleurs _____.

2. (surveiller) Tout le département est soumis à _____ accru depuis l'incident de la semaine dernière.

3. (envahir) Devant _____ de produits de toutes sortes, il faut établir une réglementation plus sévère.

4. (exiger) Avez-vous _____ particulier quant à votre séjour dans une maison de convalescence?

5. (absorber) Marilyn Monroe est-elle vraiment morte à cause d' _____ de barbituriques?

CONVERSATIONS ET DÉBATS

1. La « toxicomanie sans drogue » (l'usage légal de médicaments psychotropes) : vos attitudes et opinions à cet égard.

2. La médecine officielle dépend-elle trop de l'industrie pharmaceutique?

3. Que pensez-vous de l'emploi des herbes médicinales dans les médecines « douces »? Quelle est votre opinion sur l'homéopathie?

4. La Sécurité sociale en France défraie le coût des médicaments : quels vous semblent être les avantages et les inconvénients d'un tel système?

COMPOSITIONS

1. « Nous nous soignons dangereusement. » Discutez cette affirmation en fournissant des exemples.

2. Techniques et moyens pour éviter les tranquillisants et les somnifères.

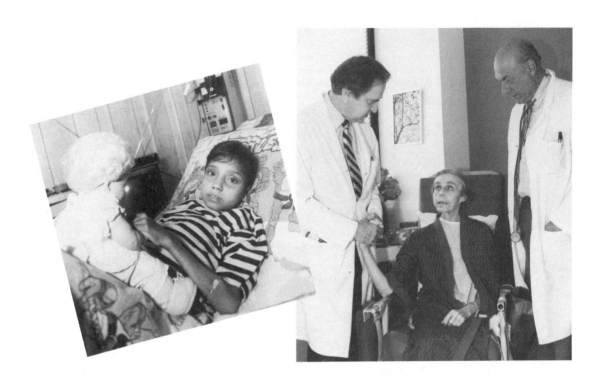

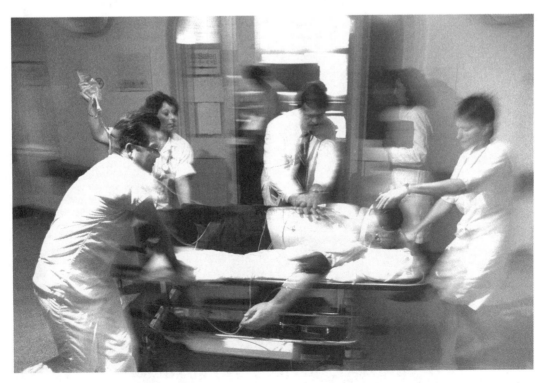

4

COMBATTANTS DE LA VIE

Nom : Cantirino— profession : chasseur d'organes

New York, quatre heures du matin, service des urgences du Bellevue 1 Hospital. Un couple de quinquagénaires s'enlace en sanglotant au milieu du couloir. John et Sarah, divorcés depuis cinq ans, viennent de se retrouver devant le corps de leur fils Kevin, convoyeur de fonds°. Coup de nunchaku sur la nuque. Commotion cérébrale. Masque à oxygène sur le visage, le jeune homme semble dormir. Son cœur, maintenu artificiellement en vie, continue de battre. Mais son cerveau est mort : électroencéphalogramme plat. Pour la médecine, déjà un cadavre.

Six heures. Un petit homme en costume gris débarque de l'ascenseur 2 et salue discrètement les infirmières. Il se nomme Bill Cantirino. Profession : chasseur d'organes. Il vient accomplir son infernale besogne : solliciter des parents, bouleversés, l'autorisation de prélever les organes de leur fils. Un moment d'observation auprès du moribond, une longue discussion avec le médecin, et il entraîne le couple abasourdi dans un bureau voisin pour un difficile entretien, ponctué de silences et de crises de larmes. « J'ai besoin de leur accord d'ici à vingt-quatre heures, explique Bill, mais je ne veux surtout pas les presser. Je leur ai simplement conseillé de réfléchir, et de me rappeler s'ils se posent la moindre question. » Il faudra encore des dizaines de coups de fil et d'autres conciliabules pénibles avant que John et Sarah finissent, dix-huit heures plus tard, par signer le fameux papier léguant le cœur, les reins, le foie et le pancréas de Kevin…

« Recherche organes, désespérément. » Cette phrase pourrait figurer, 3 ici, au fronton de tous les hôpitaux. Car les transplantations se sont multipliées à un rythme effréné. Comme dans la plupart des pays occidentaux. Un phénomène dû à l'amélioration des techniques chirurgicales, mais surtout à l'apparition, en 1983, de la ciclosporine, un médicament miracle contre les rejets. Résultat : on manque aujourd'hui cruellement de donneurs. Partout dans le monde. Et encore, notre pays n'est pas le plus mal loti. En France, la loi Caillavet (décembre 1976) prévoit que toute personne qui n'a pas manifesté son opposition aux prélèvements de ses organes est considérée comme un donneur potentiel. Sauf dans le cas des mineurs, pour lesquels l'autorisation des parents est indispensable. Mais, souvent, les médecins français répugnent à prélever un cœur ou un foie sans l'accord des proches. Les choses seraient plus simples si chacun portait sur lui une carte de donneur. En attendant, les médecins multiplient les appels à la générosité. Le mois dernier, 1500 greffés sont venus témoigner lors d'une émission sur TF 1° patronnée par la Croix-Rouge. Et lancer un cri d'alarme : en France, il faudrait trouver, cette année, près de 2000 transplants pour répondre à la demande…

TF1 première chaîne de télévision française

4   Une goutte d'eau par rapport aux besoins des États-Unis, où les greffes sont devenues une véritable industrie : plus de 9000 reins, 1400 cœurs, 930 foies et 140 pancréas y ont changé l'an dernier, de propriétaire. Une industrie en crise. « Nous sommes placés devant une pénurie dramatique, explique le Dr Khalid Butt, un chirurgien spécialiste du rein à l'hôpital universitaire de Brooklyn : les listes d'attente ne cessent de s'allonger, et, pour chaque malade sauvé, un autre meurt, faute° d'avoir trouvé un donneur. » Car, ici, aucun prélèvement ne peut s'effectuer sans le consentement écrit de la famille du défunt, même si celui-ci avait lui-même légué par testament son corps à la médecine.

faute de parce qu'on n'a pas trouvé

5   C'est là qu'entrent en jeu les chasseurs d'organes. Le nombre de greffes réussies dépend de leurs succès ou de leurs échecs. Bill Cantirino assume cette responsabilité depuis neuf ans, avec un art consommé. Cet ancien flic° de New York doit lui-même la vie à deux greffes successives, qui ont remplacé, en 1975, ses reins détériorés à la suite d'une grave infection. Deux chances qu'il n'oubliera jamais. En 1979, il prend sa retraite de policier et devient le rabatteur° attitré de la Gift of Life Organization, une petite agence de collecte d'organes financées par des assurances publiques et privées, ainsi que par l'État fédéral.

flic policier

rabatteur à la chasse, celui qui rabat le gibier (*to beat up the game*) **attitré** *appointed*

6   Le miraculé promène, depuis, sa bonne figure de bouledogue dans les services d'urgence de la région de New York, auxquels il est relié en permanence par un boîtier d'alarme. Il « traite » ainsi chaque semaine entre deux et six cas de coma dépassé, la plupart du temps des victimes de mort violente : crimes, suicides, noyades, accidents de la route… « Évidemment, les familles ont reçu un sacré choc, constate cet étrange spécialiste. Il suffit parfois d'un rien pour les braquer°. Au début, je me suis souvent fait traiter de tous les noms d'oiseaux. Surtout de vautour. Mais, en général, les choses se passent bien; il suffit de prendre les gens avec douceur et respect, en leur faisant comprendre que cette mort peut être l'occasion d'un geste positif qui sauvera une vie. »

braquer *to make them balk*

7   Ils ne sont qu'une dizaine à faire ce terrible travail dans tout l'État de New York, la ville qui détient le plus bas taux de dons d'organes aux États-Unis. À la fois courtiers°, travailleurs sociaux et conseillers psychologiques, les chasseurs, pour un salaire équivalent à celui d'une infirmière de bloc opératoire, sont sur le pied de guerre° vingt-quatre heures

courtier broker
être sur le pied de guerre être constamment prêt à l'action

sur vingt-quatre. En plus des délicats contacts avec les familles, ils ont également pour mission de coordonner les opérations de prélèvement et de greffe, d'organiser le transport des transplants et de former le personnel des hôpitaux. « Une pression permanente, commente Bill : il m'est arrivé de ne pas dormir pendant trois jours d'affilée pour essayer de réconcilier tout un clan de Portoricains qui se disputaient l'héritage du mort, en même temps que le droit de signer l'autorisation de prélèvement. »

Le Sénat américain a voté, en 1986, une loi qui oblige les équipes médicales à solliciter systématiquement l'accord des familles dans les cas de coma dépassé. La Required Request Law est appliquée dans une quarantaine d'États. « Le nombre des donneurs a baissé depuis les derniers mois de 1987 », déplore le Dr Lewis Burrows, directeur du New York Regional Transplant Program. Un organisme fédéral chargé, depuis 1987, d'absorber les petites agences indépendantes de collecte d'organes—dont la Gift of Life—qui commençaient de se concurrencer dangereusement dans la région. Une réorganisation qui n'a pas jugulé la baisse. Les spécialistes, déboussolés, avancent plusieurs explications : la diminution des accidents de la route, la progression du sida (qui rend inutilisables les organes des personnes contaminées), la mauvaise volonté des familles...

« Faux! réplique le Dr Khalid Butt. C'est le corps médical lui-même qui est responsable de la pénurie. Il y a statistiquement plus de donneurs qu'il n'en faut, mais, dans la plupart des petits hôpitaux, on considère qu'il y a mieux à faire que s'occuper de patients aux trois quarts morts, qui ne rapportent que des problèmes. » La négociation avec les familles, imposée par la loi, est confiée, le plus souvent, à une infirmière inexpérimentée, qui finit par s'en débarrasser sans aucune conviction, quand ce n'est pas sans le moindre tact. Résultat : un refus catégorique.

10   D'où l'intérêt des spécialistes comme Cantirino. « La majorité des gens sont loin d'être hostiles aux dons d'organes, explique Bill. Il suffit seulement de les solliciter correctement, et l'on est souvent surpris de leurs réactions. » Ainsi, le mari de cette jeune femme tuée dans l'accident de la moto qu'il conduisait : soigné dans le même hôpital, il signera l'autorisation de prélèvement quelques heures après avoir appris la terrible réalité. « Il m'a écrit quelques semaines plus tard, se souvient Bill. Une très belle lettre, dans laquelle il m'expliquait que ce geste l'avait aidé à surmonter le drame, et me demandait de le mettre en contact avec les malades qui avaient reçu les organes de sa femme. Ce que j'ai fait, exceptionnellement. »

11   « Il faudrait des milliers de Bill Cantirino, confie Khalid Butt. Mais la majorité de ceux qu'on essaie de former ne tiennent que quelques mois. » Pas étonnant : ce job peu gratifiant demande autant de disponibilité que de force de caractère. Adieu la vie de famille! Certains craquent° au bout de quelques semaines. Car les chasseurs sont condamnés à une effroyable course contre la montre : malgré toutes les ressources de la médecine, le corps des patients en coma dépassé peut rarement être conservé en bon état plus de quarante-huit heures; après, les organes s'infectent et sont inutilisables. Il faut donc essayer d'extorquer une signature en un temps record, face à des familles anéanties par le drame. « On ne peut pas faire ce métier en partageant la douleur des gens, remarque Bill. La sympathie est une mauvaise approche et peut laisser penser aux proches que vous cherchez à accaparer leur deuil. Le cas plus dur de ma carrière concerna justement un vieil ami, à qui j'ai dû demander son accord pour prélever les organes de son fils, qui venait de mourir. »

craquer *to experience a burn-out*

12   Jusqu'où peut-on aller sans tomber dans l'insupportable? La loi du *Required Request* a l'avantage de respecter le sacro-saint principe américain de liberté individuelle. Mais il reste encore à faire pour l'adapter aux réalités humaines. Exemple : cette situation, ubuesque°, d'un père qui venait de tuer son fils, et à qui l'on a demandé de faire don des organes de la victime, avant que la justice, alertée, annule la procédure!

ubuesque d'une ironie grotesque et cruelle

13   Bientôt, les différents pays d'Europe, dont les lois en la matière sont totalement disparates, devront faire un choix. Et uniformiser leurs législations. Opteront-ils pour le modèle ultralibéral américain, celui où les chasseurs d'organes sont indispensables, ou choisiront-ils une voie plus brutale, comme en France, où les familles n'auront plus leur mot à dire?

Gilbert Charles—*L'Express*, 15 juill. 1988

PRÉ-LECTURE

1. Ce titre fait penser à :
   a) une fiche d'emploi;
   b) une émission policière;
   c) un film d'espionnage;
   d) un texte de science-fiction.

2. Lisez la première phrase. Qu'a-t-elle de particulier? Sur quoi nous informe-t-on?

3. Chasseur d'organes. Est-ce un métier que vous connaissiez? Que fait-il à votre avis et comment?

4. Quelles qualités sont requises, à votre avis, pour occuper cet emploi?

COMPRÉHENSION

1. Quelle est la scène dramatique qui se déroule au Bellevue Hospital?

2. Quelle est « l'infernale besogne » de Bill Cantirino et comment procède-t-il?

3. Expliquez les deux exigences apparemment contradictoires qu'exprime Bill : « J'ai besoin de leur accord d'ici à vingt-quatre heures mais je ne veux surtout pas les presser. »

4. À quoi est due la multiplication actuelle des transplantations d'organes? De quoi manque-t-on pour faire face à cette demande?

5. Quel est l'avantage de la loi Cavaillet en France? Est-elle automatiquement appliquée par les médecins? Qu'est-ce qui simplifierait la tâche de ces derniers?

6. Quelle est la situation actuelle en France? Comment se compare-t-elle à celle que l'on trouve aux États-Unis?

7. Qu'est-ce que la loi américaine exige en matière de prélèvement d'organe? Comment cela explique-t-il l'existence des chasseurs d'organes?

8. Qu'est-ce qui a amené Bill Cantirino à devenir chasseur d'organes? Pour quel organisme travaille-t-il?

9. Où Bill exerce-t-il sa profession?

10. Quels sont les cas de « coma dépassé » la plupart du temps?

11. Dans quel état Bill trouve-t-il les familles des victimes? Comment réagissent-elles parfois? Comment s'y prend-il pour les convaincre?

12. Quels sont les différents rôles et fonctions que remplissent les chasseurs d'organes? Est-ce un travail facile et bien rémunéré?

13. Quelle loi a été votée par le Sénat américain en 1986 et où est-elle appliquée?

14. De quoi a été chargé le New York Regional Transplant Program et pourquoi? Qu'est-ce que cette réorganisation n'a pas réussi à accomplir? Quels facteurs évoque-t-on pour expliquer la pénurie des transplants?

15. Quelle est l'opinion du Dr Butt à ce sujet?

16. Comment ce contexte explique-t-il le besoin de chasseurs d'organes?

17. Quel exemple Cantirino donne-t-il d'une réaction surprenante d'une personne qu'il a sollicitée?

18. Pourquoi beaucoup de chasseurs d'organes abandonnent-ils leurs activités après quelques mois?

19. Pourquoi Cantirino trouve-t-il que la sympathie est une mauvaise approche?

20. Quel est l'avantage de la loi américaine? Que faudrait-il faire pour l'améliorer? Quel exemple donne-t-on d'une application aveugle de cette loi?

21. À quel choix les divers pays d'Europe sont-ils confrontés?

APPROFONDISSEMENT

1. Dégagez les divers facteurs qui ont donné naissance à la profession de chasseur d'organes aux États-Unis.

2. Dans quelles conditions les chasseurs d'organes travaillent-ils? Quelles sont les difficultés auxquelles ils ont à faire face?

3. Qu'est-ce qui peut pousser une personne à choisir une telle profession? Quelles sont les qualités requises pour l'exercer?

EXERCICES

I. *Complétez les phrases suivantes à l'aide de la préposition (ou locution prépositive) qui convient.*

lors de, au bout de, sauf, d'ici à, face à, par rapport à, auprès de, faute de

1. Dans les moments difficiles, nous avons tous besoin de quelqu'un _____ nous.

2. Vous recevrez une réponse _____ trois semaines.

3. Toute sa famille l'entourait _____ sa sœur qui était à l'extérieur du pays.

4. Les patients en attente d'une greffe savent qu'ils peuvent mourir _____ un donneur compatible.

5. Marcel était ivre _____ l'accident qui lui a coûté la vie.

6. _____ 48 heures, le corps des malades en coma dépassé ne peut plus recevoir de greffe.

7. Quand il se retrouve _____ la famille du défunt, le chasseur d'organes doit faire preuve de beaucoup de tact.
8. Examinons nos propres méthodes _____ aux techniques utilisées aux États-Unis.

II. *Trouvez le verbe correspondant au substantif donné :*

le prélèvement, le transport, la volonté, la conviction, la réaction, l'équivalence

III. *Trouvez dans la liste suivante le mot ou l'expression qui correspond à la définition; employez ensuite ce mot ou cette expression dans une courte phrase.*

urgence, fonds, rejet, pénurie, collecte, don, d'affilée, léguer

1. C'est de l'argent comptant.
2. Une insuffisance de choses nécessaires.
3. Sans interruption.
4. Donner, transmettre.
5. Nécessité d'agir vite.
6. Action de recueillir de l'argent.
7. Le fait de ne pas accepter une greffe.
8. C'est un cadeau.

IV. *Complétez la phrase en remplaçant le mot entre parenthèses par son contraire.*

1. (interdiction) Les parents de la victime doivent donner leur _____ pour que l'on prélève ses organes.
2. (succès) Les _____ étaient nombreux avant la découverte de la ciclosporine.
3. (hausse) Le nombre de donneurs semble être à la _____ depuis quelque temps.
4. (public) Sont-ce les organismes publics ou _____ qui obtiennent le plus de succès?
5. (expérimenté) N'étant pas infirmière de profession, je me considère trop _____ pour vous aider vraiment.

CONVERSATIONS ET DÉBATS

1. Selon l'article, aux États-Unis, « aucun prélèvement ne peut s'effectuer sans le consentement écrit de la personne du défunt, *même si celui-ci avait légué par testament son corps à la médecine.* » Une telle loi porte-t-elle atteinte à la liberté de la personne qui avait fait don de son corps? Quels sont les cas où l'appel à la décision de la famille vous semble justifié?

2. Pour répondre à la question posée dans la dernière phrase de l'article, seriez-vous en faveur du modèle américain ou du modèle français? Existe-t-il d'autres solutions possibles?

3. Si on vous demandait votre accord pour prélever les organes d'un proche dans un cas de coma dépassé, y consentiriez-vous?

4. Pourquoi pensez-vous que le mari de la jeune femme tuée dans un accident de moto a demandé à Bill Cantirino de le mettre en contact avec les malades qui avaient reçu les organes de sa femme? Pourquoi Cantirino a-t-il accepté?

COMPOSITION

Au Québec, la carte d'assurance-maladie porte au verso la mention suivante : « Je consens qu'à mon décès on prélève tous les organes utiles à des fins de greffe. » Chacun est naturellement libre d'apposer ou non sa signature pour signifier son consentement. Accepteriez-vous de signer? Énoncez les raisons de votre acceptation ou de votre refus.

Docteur, ne nous mentez plus!—un médecin témoigne

Hôtel-Dieu hôpital re-nommé, à Paris

l'agrégé le professeur de médecine (qui détient une agrégation)

avoir un médecin trai-tant avoir un médecin qui nous traite régulièrement, de façon suivie
chef de service médecin qui dirige un service, une section dans un hôpital

radio radiographie (*X-ray*)
« patate » argot médical pour tumeur

Quand j'étais étudiante en médecine à l'Hôtel-Dieu°, j'étais persuadée qu'il 1
fallait dire la vérité, toute la vérité et tout de suite, à un malade gravement
atteint. Question d'honnêteté intellectuelle, mais aussi de respect vis-à-
vis des patients que nous autres, médecins, devions traiter en adultes
responsables. La première fois que j'ai entendu l'agrégé° dire à un cancéreux
en phase terminale « Voilà, il y a un virus, une inflammation… On va
soigner ça avec des rayons », j'ai eu envie de le gifler. C'était il y a dix
ans. Depuis, j'ai pratiqué pendant sept ans la médecine hospitalière, puis,
pendant trois ans, la médecine libérale. Et j'ai beaucoup appris. Surtout
en médecine libérale.

À l'hôpital, pour les médecins, la situation est relativement confortable. 2
On est plusieurs, on se relaie, la responsabilité est diluée. « Aujourd'hui,
je n'entre pas dans sa chambre, vas-y, toi! » Non qu'on ne s'intéresse pas
à nos malades. Au contraire, nous discutons beaucoup entre nous. « Mme
X. ne va pas bien ce matin. Est-ce qu'on ne devrait pas lui donner des
antidépresseurs? Ou un calmant? », mais nos discussions se passent, le
plus souvent, dans les couloirs ou les bureaux.

Pourquoi ne pas s'adresser au malade, alors, directement? Peut-être 3
parce qu'il est là de passage, parce qu'il a un médecin traitant°, parce
que les infirmières jouent le rôle de tampons, d'intercesseurs, parce que
le malade hospitalisé ne nous connaît pas—chaque chef de service° devrait,
dès le début, venir et se présenter : « Je suis le professeur X, votre chef
de service. » Peut-être aussi—sûrement—parce que nous ne savons
absolument pas comment dire les choses. Personne ne nous l'apprend, ne
nous en parle, ne s'en soucie.

En médecine libérale, c'est-à-dire dans mon cabinet privé, en ville, c'est 4
tout autre chose. Au début, la panique, l'horreur. On est là, seule en face
d'un malade qu'on connaît peu, qui vous montre ses radios° et sur lesquelles
on découvre une énorme « patate° »—une tumeur cancéreuse. Que lui dire?

Comment? Dans le meilleur des cas, j'ai vu ce malade trois fois vingt minutes. Pour une première visite avec interrogatoire (essentiel, l'interrogatoire, pour pouvoir déjà le situer et tenter d'établir une vraie relation). Ensuite, deuxième visite pour les examens complémentaires. Troisième visite, on n'échappe pas à la question : « Docteur, qu'est ce que j'ai? » Entre 45 et 60 ans, le plus souvent, le malade ajoute : « Si c'est un cancer, promettez-moi de me le dire. »

5   Le dire comment? J'ai tout appris sur le tas°. Je me suis vite rendu compte que dès qu'on prononce le mot « cancer » le malade n'écoute plus, n'entend plus, ne comprend plus. Alors, je mise sur la périphrase°. « Votre examen n'est pas clair, il y a des choses anormales à revoir... » Parce que j'ai compris qu'il faut certes dire la vérité, mais en la délivrant doucement, par bribes, pour éviter le choc déstabilisant. Il faut prendre son temps. Répéter, expliquer. Le malade, le plus souvent, veut comprendre ce qu'il a, savoir ce qui lui arrive. Et alors? Il a raison. À nous de lui expliquer, le plus simplement possible, c'est-à-dire—et c'est cela le plus difficile—sans employer des termes techniques qui embrouillent plus qu'ils n'éclairent.

6   Au début, je racontais tout, la maladie, le diagnostic, les traitements à entreprendre. J'avais tort : c'était trop à la fois. Aujourd'hui, je sais qu'il faut tout répéter trois, quatre fois, avant d'être entendu. Il paraît que n'importe quel enseignant, n'importe quel avocat sait cela. Nous, médecins, pas. Donc, je délivre l'information par tranches. Quand je vois que le malade n'accroche° pas du tout—soit qu'il ne comprenne vraiment rien, soit qu'il ne veuille pas comprendre—, je n'insiste pas, je suis très gentille, et je le soigne de façon... vétérinaire. Mais quand la relation s'établit, je continue mon explication et même je lui file des bouquins° sur sa maladie. Cela l'aide, et moi aussi.

7   Arrive quand même le moment où il faut sauter le pas et parler, dire plus ou moins clairement : « Voilà ce que vous avez et ce qu'on va vous faire... » Et là, deux écueils. D'abord, la présence des familles, qui parfois aide mais souvent complique notre relation médecin-malade. Que faire quand votre patient vous interroge—et que vous le savez prêt à affronter la vérité, que vous savez qu'il la demande—et quand la famille derrière son dos fait des grands gestes, murmure chut°, met l'index sur la bouche? Là, qui décide? Vous? Votre malade? La famille? Et, dans la famille, quel est le bon interlocuteur? À mon avis, c'est le malade qui passe d'abord°, mais ai-je raison?

8   Deuxième problème : que répondre à un patient qui demande : « J'en ai pour combien de temps, docteur? Je dois mettre mes affaires en ordre. » Le pronostic est impossible, parce que chacun réagit différemment et que le pire, heureusement, n'est jamais sûr. « Vous ne m'avez jamais dit que je devrais vivre entre mon fauteuil et mon lit », m'a reproché un malade. Mais j'ai un autre patient, un agriculteur plus atteint que lui, qui pèse 130 kilos, qui a un cancer, des incidents respiratoires, qui a la peau bleu

apprendre sur le tas apprendre en travaillant, sans préparation préalable
je mise sur la périphrase j'ai recours à des circonlocutions

n'accroche pas ne suit pas

je lui file des bouquins je lui prête des livres

chut silence

qui passe d'abord qui a la priorité

ne pas croire quelqu'un sur parole ne pas croire ce que quelqu'un dit

marine, et qui travaille aux champs. Et un autre, en insuffisance respiratoire grave, m'a avoué : « Lorsque je suis actif et intéressé par quelque chose, je n'ai plus mal. »

Autre règle, ne pas croire sur parole° celui qui vous dit : « À moi, vous pouvez parler, j'ai déjà eu un cancer il y a dix ans, alors. » Alors? Quand j'ai évoqué une « possibilité d'extension », mon malade s'est évanoui sur la table. Je ne savais pas alors que le plus dur à supporter, ce n'est pas la première annonce d'un cancer, c'est l'annonce de la récidive. Après cet incident, je n'ai pas dormi pendant quarante-huit heures.

En conclusion, et pour aller vite, je dirai que le plus important n'est pas de dire ou non la vérité mais, lorsqu'on la dit, d'assumer le malade jusqu'au bout. Cette prise en charge totale, je ne peux la faire qu'en médecine libérale. Au début, mes patients viennent me voir. Ensuite, la maladie évoluant, ils ne peuvent plus se déplacer et je dois aller chez eux. C'est un investissement très lourd, et pas seulement sur le plan pratique. J'ai un malade en phase terminale, il a 38 ans, il habite en banlieue, son

son généraliste son médecin traitant

crevée épuisée

le laisser tomber l'abandonner

généraliste° l'a abandonné. C'est son droit. En ce moment, il m'arrive de passer chez lui entre minuit et une heure s'il m'appelle et qu'il y a des soins médicaux urgents à donner. Moi je suis crevée°. Mais je ne peux pas le laisser tomber°. J'ai appris que soigner ce n'est pas seulement donner des soins, c'est aussi, surtout, communiquer sur le plan humain. Ce que je regrette, c'est d'avoir appris tout cela seule, sur le tas.

Docteur Frédérique Texier
Propos recueillis par Josette Alia — *Le Nouvel Observateur*, 14-20 oct. 1988

PRÉ-LECTURE

1. Dans le texte, on aura sans doute le point de vue :
   a) des malades;
   b) des médecins;
   c) des deux.

2. Si vous aviez été le (ou la) journaliste chargé(e) d'interviewer un médecin, quelles questions lui auriez-vous posées?

3. Les gens que vous connaissez ont-ils eu de bonnes ou de mauvaises expériences avec les médecins?

4. Que reproche-t-on surtout au corps médical?

COMPRÉHENSION

1. Quelle était l'attitude du Dr Texier lorsqu'elle était étudiante? Sur quoi cette attitude était-elle fondée?

2. Expliquez sa réaction lorsqu'elle a entendu l'explication que le professeur a donnée au cancéreux.

3. Quel genre de médecine a ensuite pratiqué le docteur Texier?

4. Qu'est-ce qui rend la situation confortable pour les médecins à l'hôpital? Est-ce que ce « confort » est dû à un manque d'intérêt pour les malades?

5. Quelles raisons donne-t-elle pour ne pas parler directement au patient de sa maladie? Quelle est la raison la plus importante?

6. Qu'est-ce qui cause la panique du médecin qui débute en médecine libérale?

7. Pourquoi est-il nécessaire que le médecin tente d'établir une vraie relation avec le malade? Qu'est-ce qui rend cette tâche difficile?

8. À quel problème le médecin est-il confronté lors de la troisième visite du patient?

9. Pourquoi le Dr Texier choisit-elle d'éviter le mot « cancer »?

10. Comment procède-t-elle pour apprendre la vérité au patient sur son état?

11. Pourquoi pense-t-elle qu'elle avait tort au début de tout dire à ses malades sur le cancer et son traitement? Quelle est sa méthode maintenant?

12. Quels sont les deux cas qui se présentent avec les patients et que fait le docteur Texier dans chacun de ces cas?

13. Qu'est-ce qu'elle est finalement amenée à faire?

14. Pourquoi la famille peut-elle compliquer la situation? À quel dilemme le médecin est-il alors confronté?

15. Quel est le second problème qui se présente au médecin?

16. Pourquoi est-il impossible de donner un pronostic? Comment les exemples que donne le Dr Texier illustrent-ils la difficulté à laquelle le médecin fait face?

17. Pourquoi le médecin doit-il se méfier du patient qui dit ne pas avoir peur de la vérité?

18. Quelle responsabilité le médecin assume-t-il en disant la vérité à son malade?

19. Pourquoi cette responsabilité est-elle très lourde?

20. Quelle leçon le Dr Texier retire-t-elle de sa pratique et qu'est-ce qu'elle regrette?

APPROFONDISSEMENT

1. Dégagez les diverses leçons que le Dr Texier a retirées de son expérience auprès des patients.

2. Comment caractériseriez-vous l'évolution de ce médecin?

3. Quelles sont les qualités dont elle fait preuve? Correspond-elle au type de médecin auquel vous souhaiteriez avoir recours en cas de besoin?

EXERCICES

I. *Trouvez l'antonyme des mots suivants* :

responsable, embrouillé, normal, honnêteté, vérité, absence, dissuader, simplifier, avoir raison, irritant

II. *Vérifiez le (ou les) sens des faux-amis suivants* : confortable, introduire, délivrer, supporter *et* assumer *en le comparant au sens des mots anglais. Puis, complétez les phrases suivantes en choisissant le mot qui convient.*

1. *confortable* et *à l'aise*
   a) Le patient doit se sentir _____ avec son médecin traitant.
   b) Je me suis installée dans un fauteuil _____ pour lire le dernier numéro d'*Actualité*.
2. *se présenter* et *s'introduire*
   a) Madame Gagné _____ avant de donner la conférence.
   b) Un voleur _____ dans la maison par la fenêtre du deuxième étage.
3. *délivrer* et *livrer*
   a) Un policier a _____ tous les ôtages.
   b) La plupart des pharmacies _____ des médicaments à domicile.
   c) On _____ un reçu pour fins d'impôts.
4. *supporter* et *appuyer*
   a) Quel candidat allez-vous _____ aux prochaines élections?
   b) On donne des calmants aux malades pour les aider à _____ la douleur.
5. *assumer* et *supposer*
   a) Comme moi, vous _____ que ses proches nous aideraient à la convaincre.
   b) Je _____ toute responsabilité dans cette affaire.

III. *Illustrez la différence entre les expressions suivantes en les employant dans de courtes phrases.*

atteindre	et	être atteint
se passer de	et	passer
échapper à	et	s'échapper de
se rendre compte	et	rendre compte de
s'établir	et	établir

1. Jugez-vous qu'en cas de maladie grave, un médecin doive dire toute la vérité à son patient? Si cela vous arrivait, qu'attendriez-vous de votre médecin?

2. Quelle place devrait-on faire, dans la formation des médecins, à l'apprentissage de la communication avec les patients?

3. En France, ainsi qu'en témoigne le Dr Texier, il n'est pas rare que le médecin visite ses patients à domicile. Souhaiteriez-vous qu'il en aille de même en Amérique du Nord?

COMPOSITIONS

1. Être médecin : vocation ou simple métier?

2. Le pouvoir qu'exerce la médecine officielle est-il abusif?

« *Mon travail quotidien : le sida* »

L'Actualité :   Quand et comment le sida est-il entré dans votre pratique médicale?

Dr Clément Olivier :   Il y a trois ans et demi. L'Actuel est une clinique privée spécialisée dans les maladies vénériennes. Nous y recevions déjà beaucoup d'homosexuels qui consultaient pour d'autres problèmes de santé. Quand nous avons commencé à offrir le test de dépistage, nous avons tout de suite trouvé énormément de séropositifs°, parce que ceux qui consultaient en premier étaient les plus à risque°. Par ailleurs, beaucoup nous étaient envoyés par la Croix-Rouge ou des compagnies d'assurances qui avaient fait le test, et qui nous refilaient le dossier quand elles trouvaient un cas. Très vite aussi, nous avons eu des malades qui, dans certains cas, étaient infectés depuis 1978 ou 1979.

L'Actualité :   Combien?

C. Olivier :   Quelques malades. Et beaucoup de porteurs sans symptômes : en l'espace de deux ou trois mois, nous avions 200 personnes séropositives (il faut dire que nous trouvions un séropositif tous les deux tests, puis un tous les trois!). Des homosexuels et des bisexuels. Pratiquement pas d'utilisateurs de drogues par voie intraveineuse. Ni de femmes : 99,6% des tests étaient demandés par des hommes—alors qu'aujourd'hui, le tiers des personnes qui consultent pour dépistage sont des femmes.

L'Actualité :   Cette maladie est devenue très présente pour vous?

C. Olivier :   Très : 80% de ma clientèle sont des séropositifs ou des sidéens. Ce matin, sur huit patients, j'avais huit sidéens!

L'Actualité :   Et c'est vivable?

C. Olivier :   Oui, même si c'est toujours dur de voir quelqu'un de 26 ans qui a l'air d'en avoir 75 six mois après. Ou d'entendre un patient en phase terminale, le regard un peu perdu, vous dire que ça lui a été agréable de venir ici pendant un an et demi, et de le savoir mort deux jours après.

L'Actualité :   Et qu'est-ce que ça a changé, le sida, dans votre travail?

C. Olivier :   Dans une clinique de maladies vénériennes ordinaires, on travaille avec une clientèle jeune et sur des problèmes qui se règlent plutôt facilement, même s'ils posent parfois un défi scientifique intéressant, comme le diagnostic du chlamydia, ou s'ils s'accompagnent à l'occasion de complications affectives ou humaines. Mais on n'a pas affaire à des maladies mortelles. En rétrospective, je dirais que le sida, c'était une maladie à exorciser. Dès qu'on a su qu'elle était causée par un virus, on a compris qu'on n'avait rien pour en guérir les victimes. En même temps, on a constaté qu'on ne connaissait pas ses manifestations, ses complications…

L'Actualité : Vous sortiez de vos certitudes. Comment un jeune médecin se sent-il quand la médecine ne fonctionne plus?

C. Olivier : Dans l'insécurité. La maladie est nouvelle, inconnue, et pourtant les malades viennent vous voir, parce que c'est vous, le médecin. Mais le plus difficile, ça a été d'être confronté avec la mort, de façon abrupte. Et très rapidement, à peine quelques mois après avoir diagnostiqué les premiers cas. Les malades mouraient d'une forme de pneumonie dite à *pneumocistis carinyi*, une infection qu'on ne savait pas très bien reconnaître à l'époque, alors qu'on la maîtrise assez facilement aujourd'hui.

L'Actualité : Vous vous souvenez de votre premier cas?

C. Olivier : Oui. C'était un jeune homme de 27 ans de l'extérieur de Montréal et qui ne se savait même pas porteur du virus. Il était homosexuel et son médecin l'avait envoyé ici. Il est arrivé un vendredi après-midi, à bout de souffle°, en insuffisance respiratoire aiguë, et il est décédé quelques heures plus tard à l'hôpital, de cette fameuse pneumonie. C'était en septembre 1986. Il faut d'ailleurs dire que ce n'était pas rare du tout, à cette époque-là, de rencontrer des patients déjà très malades et qui, pourtant, ne se savaient pas atteints par le virus.

à bout de souffle *out of breath*

L'Actualité : D'un coup, vous veniez de passer d'une pratique agréable à une pratique pénible…

C. Olivier : Parce que ces jeunes qu'on soignait facilement il n'y a pas si longtemps pour d'autres maladies vénériennes, ces jeunes qui avaient notre âge, on les voyait maintenant mourir. Comme médecin, on se sent impuissant; on fait des cauchemars, on s'épuise, on ne peut plus faire face à la maladie; deux de nos collègues ont dû quitter la clinique, et l'un d'eux a même complètement cessé de pratiquer la médecine.

L'Actualité : Et vous, comment êtes-vous passé à travers cette épreuve?

C. Olivier : Quand j'ai annoncé mon premier résultat de séropositivité, j'avais du mal à tenir mon dossier en main. Comme si je prononçais, moi, une sentence de mort, et ce n'est pas pour ça que les médecins sont formés, évidemment. Par la suite, j'ai suivi une formation en « programmation neuro-linguistique »; ça m'a donné un ensemble de techniques de communication verbale et non verbale pour mieux comprendre ce qui se passe lors d'une rencontre avec un patient. J'ai ainsi saisi que ceux qui passent le test éprouvent une angoisse très spéciale : avant, ils ont peur de la mort; après, s'ils sont séropositifs, ils ont peur de continuer à vivre, de devoir se remettre en question, de commencer à vivre comme ils auraient peut-être toujours dû le faire. Quant aux malades, je me suis rendu compte qu'il y en a deux catégories : ceux qui vivent la maladie de façon positive, et ceux qui la vivent de façon négative, agressive même. Et j'ai compris que je devais me rapprocher des premiers, m'appuyer sur eux, alors que je devais mettre un écran pour me protéger des seconds.

L'Actualité : Ils vous ont appris quelque chose, ces malades?

C. Olivier : À voir la vie et la mort de façon différente. Ne serait-ce qu'à me poser ces questions-là, avec urgence de trouver des réponses, même si je n'ai que 33 ans. À me dire que la mort n'est sans doute pas une fin, qu'il y a quelque chose après. Ils m'ont aussi fait comprendre que l'anxiété face à la mort vient surtout de l'impression d'avoir raté quelque chose, quelque part dans sa vie.

L'Actualité : Vous voyez des malades tous les jours?

C. Olivier : Non, personne ici ne travaille plus de trois jours par semaine. Les deux autres jours, nous faisons autre chose, c'est indispensable. Moi, j'ai travaillé avec mon collègue Réjean Thomas sur notre livre pour les médecins; ça ne me sortait pas du sida, c'est une façon de conjurer la maladie, de la voir sous un autre angle en tout cas. Les fins de semaine, je les passe en dehors de la médecine, et avec des gens qui acceptent de ne pas parler du tout de sida. Et tous les trois ou quatre mois, nous nous imposons une pause vacances.

L'Actualité : Au-delà de leurs différences, est-ce que les sidéens ont quelque chose en commun?

C. Olivier : Physiquement, oui, ce qu'on appelle entre nous « le syndrome des yeux creux » et qu'on reconnaît bien au bout d'un certain temps. Du point de vue affectif, les malades relient beaucoup leur maladie aux drames de leur vie, aux conflits qu'ils ont vécus avec eux-mêmes et avec les autres, des conflits qu'ils tentent souvent de résoudre dans le temps qui leur reste à vivre.

L'Actualité : Votre métier de médecin vous amène bien sûr à travailler avec les ressources du système de santé, notamment les hôpitaux. Comment ces institutions, à Montréal, réagissent-elles face au sida?

C. Olivier : Nous avons toujours besoin d'envoyer des malades aux hôpitaux pour certains traitements ou certaines interventions chirurgicales. Mais ce qu'on constate, c'est que les portes qui s'ouvrent ne sont pas longues à se refermer. J'ai encore reçu il y a deux semaines une lettre d'un spécialiste d'une chirurgie particulière à qui nous envoyions des patients depuis plusieurs mois. Il nous demandait de cesser de lui en envoyer. Officiellement, parce qu'il n'y avait plus de salles d'opérations disponibles; officieusement, parce que le personnel a peur et fait des pressions. Et c'est le troisième hôpital qui nous fait le coup!

L'Actualité : Les hôpitaux sont-ils débordés?

C. Olivier : C'est ce qu'on commence à sentir. Même sans le sida, les hôpitaux sont surchargés. Et les hospitalisations de sidéens sont en général longues : plusieurs semaines pour une infection opportuniste. Alors, dans certains milieux, on aurait tendance à leur refuser l'accès à l'hôpital en partant de l'idée, fausse, que de toutes façons il n'y a rien à faire pour eux.

L'Actualité :　Car on peut faire quelque chose pour ces malades.

C. Olivier :　Oui, et ça, c'est vraiment encourageant. On le dit trop peu, malheureusement. Dans bien des cas, on peut leur offrir des conditions de vie acceptables. On a, par exemple, un médicament, la pentamidine, qui empêche les rechutes après une pneumonie. Avant, un sidéen survivait à peine deux ans à la première attaque; aujourd'hui on parle facilement de quatre ou cinq ans.

L'Actualité :　Est-ce qu'on peut aussi faire quelque chose pour les séropositifs, les porteurs sains, de façon à réduire le risque qu'ils subissent la maladie complète?

C. Olivier :　Les gens essayent n'importe quoi pour reculer l'échéance, n'importe quelle alternative, du jus de carotte aux réunions charismatiques, en passant par les vitamines ou les herbes, qui sont si « naturelles ». Il ne s'agit pas de se fermer à tout : certaines attitudes positives peuvent sans doute aider. Mais les remèdes non orthodoxes peuvent aussi être dangereux, comme les suppléments de vitamine C et de zinc qui, en surdose, sont des dépresseurs du système immunitaire. Ou comme certains régimes alimentaires miracles : un de mes patients est mort dans une maison de jeûne où l'on devait le guérir de son sarcome de Kaposi, le cancer parfois associé à l'infection par le virus du sida. Il faut au contraire augmenter l'apport en protéines, la viande, les œufs, qui contribuent à garder le système immunitaire en forme. Il faut aussi éviter les drogues. Et, contrairement à ce qu'on a déjà entendu, les séropositifs ne doivent pas avoir entre eux de relations sexuelles non protégées; ils doivent au contraire éviter les réinfections, qui semblent précipiter le passage au sida avéré.

L'Actualité :　Mais les médecins de la médecine officielle sont-ils vraiment prêts à traiter avec le sida?

C. Olivier :　Pas nécessairement. Cette maladie-là nous a poussés dans le dos, nous a forcés à acquérir à toute vitesse des connaissances nouvelles, et cela tout en restant prudents sur le plan scientifique et clinique. Elle nous force aussi à affronter des problèmes humains auxquels nous n'étions pas préparés—nous avons très peu entendu parler de la mort pendant nos études de médecine. Les étudiants en médecine sont encore choisis sur la base de leurs performances scolaires, pas de leurs performances humaines.

L'Actualité :　Vous vous-êtes attiré des critiques, à la fin de l'automne dernier, quand vous avez affirmé qu'il y avait « une deuxième vague » du sida à Montréal...

C. Olivier :　....mais tout ce que j'ai dit à ce moment-là a été confirmé depuis. C'est vrai, par exemple, que les cas de transmission hétérosexuelle sont de moins en moins rares au Québec, assez en tout cas pour qu'ici, à Montréal, je le voie en clinique.

Depuis l'été dernier, à l'Actuel, nous avons trouvé 35 femmes séropositives. C'est vrai aussi qu'on constate, un peu partout, un abandon des mesures de protection, nommément du condom.

L'Actualité :   Vous dites : un abandon du condom?

C. Olivier :   Oui, et les études publiées au cours des dernières semaines montrent que telle est la tendance, entre autres, chez certains homosexuels de Montréal. Comme si les gens se disaient—ils nous le disent d'ailleurs parfois directement—que mourir de ça ou d'autre chose, c'est un peu du pareil au même!

L'Actualité :   Une explication?

C. Olivier :   Peut-être parce que les jeunes adultes d'aujourd'hui sont les enfants des familles éclatées des années 70 et qu'ils ont de la difficulté à établir de bonnes relations interpersonnelles. Peut-être parce qu'ils sont désabusés, aussi bien socialement qu'affectivement. Peut-être même parce que certains d'entre eux ont un comportement presque suicidaire.

L'Actualité :   Ou parce que les campagnes de prévention prônant l'utilisation du condom n'ont pas été assez énergiques?

C. Olivier :   C'est un fait. Dans la dernière brochure du gouvernement du Québec, sur le sida, on parle presque plus de la fidélité ou de l'abstinence que du condom. Sans compter qu'on n'est pas allé vers les populations-cibles. C'est dans les bars qu'il faut parler du condom. Dans les écoles aussi, mais là, on en est empêché par les comités de parents catholiques. Et pourtant, je commence à voir des adolescents séropositifs—tout récemment, une petite fille de quatorze ans, qui avait eu trois partenaires dans sa vie. S'il y en a eu une, il y en aura 50.

L'Actualité :   Alors, pas de quoi être très optimiste?

C. Olivier :   Pas vraiment. Il y a une deuxième vague en ce moment. Mais il en faudra une troisième ou une quatrième pour qu'on comprenne vraiment. Les comportements vont changer quand les gens auront la maladie dans le visage. Quand ils auront des morts dans leur entourage.

Entrevue par Yanick Villedieu—*L'Actualité*, mai 1989

PRÉ-LECTURE

1. Le sida est l'acronyme (S.I.D.A.) de quoi?

2. Peut-on parler d'épidémie du sida? Est-ce la peste du XXᵉ siècle?

3. Qui peut avoir le sida comme travail quotidien? Donnez au moins trois exemples.

1. Comment le Dr Olivier a-t-il été amené à s'occuper de cas de sida?

2. Pourquoi le nombre de séropositifs s'est-il tout de suite avéré considérable?

3. À quels groupes appartenaient les séropositifs au début?

4. Quels changements sont intervenus depuis dans la composition de la clientèle de la clinique?

5. Qu'est-ce que le Dr Olivier trouve particulièrement difficile?

6. Quelle est la différence majeure entre les maladies vénériennes ordinaires et le sida?

7. Comment s'est senti le jeune médecin confronté à cette maladie mortelle?

8. Quel a été son premier cas? Comment s'explique le fait que ce patient ait consulté un médecin si tard?

9. Quelles sont certaines des réactions que provoque chez les médecins le fait de traiter des malades atteints du sida?

10. Qu'a fait le Dr Olivier pour être mieux préparé à agir efficacement auprés de ses patients?

11. Que ressentent les gens qui passent le test de dépistage?

12. Quelles sont les deux catégories dans lesquelles le Dr Olivier range les malades atteints du sida?

13. Qu'est-ce qu'il a appris au contact de ces malades?

14. Pourquoi ne travaille-t-il que trois jours par semaine à la clinique? Que fait-il le reste du temps?

15. Qu'est-ce que les sidéens ont en commun?

16. Quelles sont les raisons pour lesquelles certains hôpitaux refusent d'accepter les sidéens?

17. Qu'est-ce que la médecine peut faire pour ces malades?

18. Quelle est l'attitude du Dr Olivier envers les divers « remèdes » auxquels les personnes séropositives ont parfois recours? Quelles recommandations fait-il?

19. Les médecins sont-ils adéquatement préparés à traiter les sidéens?

20. Comment le Dr Olivier explique-t-il la « deuxième vague » du sida à Montréal? Qu'est-ce qui caractérise celle-ci?

21. Pourquoi les gens cessent-ils d'employer le condom?

22. Comment peut-on expliquer ce phénomène?

23. À quoi est due l'inefficacité des campagnes de prévention du sida?

24. Que faudra-t-il qu'il arrive avant que les comportements ne changent?

APPROFONDISSEMENT

1. Qu'est-ce que le jeune médecin a trouvé de plus pénible dans le traitement des sidéens? Comment est-il parvenu à surmonter ses difficultés?

2. Qu'est-ce qu'il trouve à critiquer dans les attitudes envers le sida, son traitement et sa prévention?

EXERCICES

I. *Trouvez dans la liste suivante le mot ou l'expression qui correspond à la définition; employez ensuite ce mot ou cette expression dans une courte phrase.*

dépistage, sidéen, diagnostic, épreuve, rechute, porteur, vénérien, atteint, immunitaire, par voie intraveineuse

1. Qui souffre d'une maladie
2. Quelqu'un qui a le sida
3. Qui peut transmettre une maladie
4. Le fait de découvrir ce qui est peu apparent
5. Qui transmet par les veines
6. Le fait de déterminer la maladie d'après les symptômes
7. La reprise d'une maladie qui était en voie de guérison
8. Un malheur
9. Qui est protégé contre un virus
10. Qui est transmis sexuellement

II. *Complétez les phrases suivantes à l'aide de la préposition qui convient.*

1. Les sidéens doivent pouvoir s'appuyer _____ leur entourage.
2. Il faut cesser _____ se plaindre et réagir.
3. Comme travailleurs sociaux, nous avons affaire _____ toutes sortes de gens : il faut parfois même les forcer _____ se confier à nous.
4. Vous devriez contribuer _____ cette œuvre selon vos moyens.
5. Durant une épreuve aussi pénible, elle sentait le besoin de se rapprocher _____ sa famille.
6. Je vais tenter _____ faire l'impossible pour vous aider.
7. Être confronté _____ la mort est ce qu'il y a de plus difficile pour un jeune médecin amené _____ travailler dans une clinique de sida.
8. Cette maladie s'accompagne _____ une profonde dépression et _____ une perte d'appétit progressive.

III. *Répondez aux questions posées et ensuite composez une phrase pour illustrer le sens de chacune des expressions ci-dessous.*

    1. *officieusement* ou *officiellement*
        Lequel est le plus certain?
    2. *plus tôt* ou *plutôt*
        Lequel veut dire de bonne heure?
    3. *en dehors de* ou *au-delà de*
        Lequel signifie : plus loin de?

IV. *Trouvez l'intrus. Quel mot n'a aucun rapport avec les autres et pourquoi?*

Modèle : dossier   document   classer   symptôme

intrus : symptôme. En effet, un dossier renferme des documents; un document et un dossier peuvent être classés mais symptôme n'a aucun rapport avec les deux autres mots.

    1. débordé   surchargé   disponible
    2. dur   invivable   décédé   pénible   mortel
    3. pousser   forcer   rester
    4. affronter   éclater   faire face à   passer à travers
    5. défi   subir   impuissant   victime
    6. régime   jeûne   supplément   abstinence
    7. angoisse   anxiété   agressif

CONVERSATIONS ET DÉBATS

1. Pourrait-on faire davantage pour enrayer l'épidémie de sida? Quels moyens d'action vous semblent les plus efficaces?

2. Les attitudes et les comportements de l'ensemble de la population vous semblent-ils s'être transformés suite à l'apparition du sida? Y a-t-il des progrès à faire dans ce domaine?

COMPOSITION

Recueillez des donnés sur l'épidémie de sida dans les diverses régions du monde ainsi qu'en Amérique du nord et dites à quelles réflexions cette enquête vous amène.

5

LE FRANÇAIS
EN AMÉRIQUE

Une visite chez les cousins des bayous

Jamais, pour cet homme dans la cinquantaine avancée, le petit drapeau 1
du Québec planté sur le coin de la table de son salon n'a probablement
revêtu autant d'importance. Surtout quand il s'assoit devant son poste
émetteur et tente de rejoindre ses « amis de Montréal et de Brossard »
depuis son bungalow, 2500 km plus au sud, à Lafayette, en Louisiane.

piastre dollar

« Je ne comprenais pas grand-chose les premières fois. Vous parlez si 2
vite vous, les Québécois. Pis moi, je parle encore le vieux français... huit,
neuf, dix piastres°. V'là vot'monnaie. Merci bien... »

Aujourd'hui, dans une certaine Louisiane, on prend aussi le temps de 3
se parler en français. De plus en plus. En se rappelant qu'il n'y a pas
si longtemps, on était obligé de s'agenouiller sur des briques ou des grains
de maïs pour un simple « bonjour » lancé à son professeur.

Sur une population de près de 1 500 000, environ le tiers des Cajuns 4
parlent encore le français. Mais très peu, surtout les plus vieux, peuvent
le lire ou l'écrire : résultat d'un héritage linguistique presque exclusivement
légué de façon orale puisqu'il était illégal.

flanqués accompagnés,
aidés

Dix-huit ans après la fondation du Codofil (le Conseil pour le 5
développement du français en Louisiane), environ 500 000 jeunes
Louisianais ont chaque jour au moins 30 minutes de cours de français.
L'enseignement est donné par 170 maîtres louisianais flanqués° d'une
centaine d'enseignants venus de France, de Belgique et du Québec. En
1985, le Comité de l'enseignement primaire et secondaire de la Louisiane
rendait obligatoire l'enseignement d'une seconde langue de la quatrième
à la huitième année du primaire. Sur les 64 paroisses de la Louisiane,
33 participent au programme d'État et neuf écoles sur dix ont choisi le
français.

commission scolaire
school board

Toutefois, le programme n'est pas imposé aux commissions scolaires° 6
qui ne disposent pas des fonds nécessaires à son application. On attend
d'ailleurs toujours les 500 millions de dollars que le gouvernement américain
doit verser à l'État sous forme de « péréquation pétrolière° ». Le 27
septembre dernier, un référendum confirmait qu'une majorité de
Louisianais (80%) était en faveur de l'utilisation des intérêts de cette somme
pour l'amélioration du système scolaire.

péréquation pétrolière
compensation versée à la
Louisiane en tant qu'État
producteur de pétrole

7   Enfin, le français est facultatif au secondaire mais compte néanmoins sur près de 500 professeurs. La Louisiana State University vient, quant à elle, de décider d'inclure dans ses conditions d'inscription deux années d'étude d'une deuxième langue au secondaire.

8   Mais il n'y a pas que l'enseignement; même les médias s'en mêlent. Une vingtaine de radios privées du sud de l'État diffusent près d'une centaine d'heures en français par semaine; la Télévision publique de Louisiane a ses quatre heures hebdomadaires tandis qu'à Lafayette, l'Acadiana Open Channel présente chaque mercredi ses « soirées françaises ».

9   Philippe Gustin, le directeur du Codofil, vient de « passer° » à la chaîne 10, juste avant *Passe-Partout°*, pour y parler de toutes les subtilités du français.

passer participer à une émission de télévision
Passe-Partout émission éducative destinée aux enfants, de la chaîne de télévision Radio-Québec

10   « Au départ, nous avions un objectif utopique, comme dans toute organisation militante nationaliste : faire de la Louisiane un État bilingue. Mais comment y parvenir quand, il y a dix ans à peine, on se cachait encore pour parler le français? Maintenant, il s'agit plutôt de créer une société bilingue avec une solide poche de résistance francophone. Si nous pouvions seulement en arriver à qui se fait en Ontario! Mais il faut d'abord et avant tout redonner aux Cajuns le goût de parler leur français d'origine. »

11   Et encore là, ça ne va pas toujours tout seul° avec ces jeunes Cajuns à qui l'on a souvent tenté, peut-être avec les meilleures intentions du monde, d'imposer comme seule et unique vérité un français tout... parisien, belge ou québécois.

ça ne va pas tout seul ce n'est pas facile

12   « Moi, mon professeur était de France et je n'ai jamais rien compris à ce qu'il nous disait. Il a fallu le renvoyer après quelques jours », nous dit un jeune mécano de Lafayette. Charles Larocque, professeur de français au primaire, dit plutôt des jeunes Louisianais : « Ils réagissent à mon enseignement comme si je leur racontais une histoire. » Il dénonce « un système scolaire dépassé » prônant une discipline souvent coercitive : par exemple, ce règlement détermine la longueur et l'épaisseur de... la règle qui rougit encore bien des doigts dans les écoles de Louisiane.

13   « Savez-vous qu'il y a encore des générations qui n'ont jamais été capables de communiquer entre elles? » dit Philippe Gustin. Marc David, vingt ans, n'a, par exemple, jamais pu converser avec sa grand-mère unilingue francophone. Ses parents avaient cru bon de ne pas lui apprendre le français afin de lui épargner toutes les vexations qu'ils avaient eux-mêmes endurées. L'an dernier, à son retour de Belgique, il a pu enfin parler à sa grand-mère et il aimerait bien à son tour enseigner le français un jour. Entre-temps, il travaille comme placier chez Mulate's, le fameux restaurant cajun de Breaux Bridge. « Mais il ne faut pas trop se raconter d'histoires, dit-il. Avant tout et qu'on le veuille ou non, nous sommes des Américains. »

14   Avec le temps, les Français avec leur argot et les Québécois avec leur militantisme aigu ont appris à ne plus critiquer la langue locale et ses accents particuliers en imposant un « Comment allez-vous? » pour un « Quoi

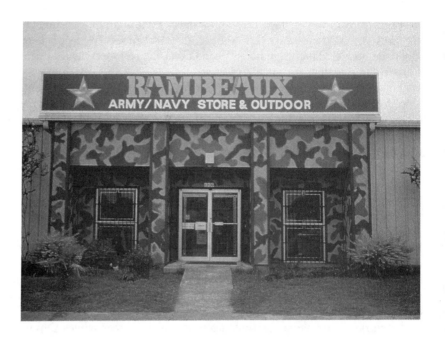

ça dit? ». Françoise Cloutier, conseillère à la délégation du Québec en Louisiane, parle d'une « présence étrangère qui ne doit pas tuer le français d'ici mais plutôt en encourager les variantes cajuns. »

Le Québec est présent dans les classes de Louisiane depuis quatorze 15 ans. En 1986, la province y a dépêché une quinzaine d'enseignants en plus d'offrir une dizaine de bourses d'été pour des stages d'immersion dans des universités québécoises. « Les résultats sont encourageants, dit Françoise Cloutier. Au Lac-Charles, nous avons un programme d'immersion en langue française et pour la première fois, nous avons une liste d'attente… Même la ville de Lafayette a décidé d'y mettre du sien. Le conseil municipal vient de rendre officiel le statut de « district francophone » de son centre-ville et s'apprête à en rebaptiser les principales artères. Plus de Sunset Street! »

« Le danger, dit le directeur du Codofil, c'est que le français soit à 16 nouveau oublié dans la crise économique qui sévit actuellement en Louisiane. » Avec une économie reposant presque uniquement sur le pétrole, la Louisiane s'est retrouvée l'an dernier avec un taux de chômage de 13,4% : aujourd'hui, à peine la moitié des puits de pétrole sont en opération.

Les Cajuns se sont donc mis à la tâche et tentent de plus en plus 17 d'exporter ce qu'ils ont sous la main : leur façon de vivre. « C'est quand même incroyable, dit Françoise Cloutier, nous sommes dans le royaume des écrevisses, des crevettes et des crabes et il n'y a pas une seule usine de transformation de ces produits sur place. Heureusement, on commence à réagir... »

On se fait toutefois pas d'illusions. Au prochain recensement de 1990, le nombre de « parlant français » aura, nous assure-t-on, très certainement diminué. « Par contre, ajoute Philippe Gustin, c'est toute une génération passive et fataliste qui aura été remplacée par 100 000 ou 200 000 francophones, fils et filles de militants qui auront à cœur de vivre en français. Et croyez-moi, en arriver à un tel changement d'attitude en deux générations, c'est un petit miracle... »

Yvan Lamontagne et Sylvie Gourde—*L'Actualité*, févr. 1988

PRÉ-LECTURE

1. Dans le titre de ce texte qui traite de la Louisiane, on trouve le mot *bayou*. De quoi s'agit-il? Cherchez-en la définition dans un dictionnaire.

2. Où se trouve la Louisiane? Pourquoi l'a-t-on appelée ainsi?

3. À quelle langue le cajun ressemble-t-il?

COMPRÉHENSION

1. Qui sont les Cajuns? Quelle proportion parle encore le français?

2. Pourquoi la plupart ne savent-ils pas lire et écrire le français?

3. Quel exemple est donné des punitions infligées autrefois aux écoliers qui parlaient français?

4. Quels progrès ont été réalisés pour l'enseignement du français? Qu'est-ce qui est obligatoire depuis 1985?

5. Pourquoi le programme n'est-il pas imposé partout? Qu'est-ce qu'on attend du gouvernement américain? Que souhaite la majorité des Louisianais?

6. Quelle est la situation de l'enseignement du français à l'école secondaire? Qu'est-ce qu'on exige des étudiants qui entrent à l'université?

7. Quelle place occupe le français dans les médias?

8. Quel était l'objectif initial du Codofil? Pourquoi cet objectif était-il utopique? Qu'est-ce que le Codofil voudrait atteindre maintenant? Quelle est la première nécessité?

9. Qu'est-ce qui a découragé les jeunes Cajuns?

10. Qu'est-ce qu'on reproche au système scolaire actuel?

11. Pourquoi Marc David ne parlait-il pas le français? Qu'est-ce qui a changé cette situation? Que voudrait-il faire à l'avenir?

12. Quelle attitude les enseignants français et québécois ont-ils dû abandonner? Qu'est-ce qui est souhaitable selon Françoise Cloutier?

13. Comment le Québec est-il intervenu en Louisiane? Quels sont les signes encourageants?

14. Pourquoi la situation économique menace-t-elle le français?

15. Qu'est-ce que Françoise Cloutier trouve incroyable?

16. Peut-on être optimiste sur l'avenir du français en Louisiane?

APPROFONDISSEMENT

1. Résumez les progrès qui ont été accomplis dans la préservation du français et la façon dont les Cajuns sont traités en Louisiane.

2. D'après cet article, qu'est-ce qui pousse les Cajuns à maintenir l'usage du français? Leurs ambitions sont-elles réalistes ou idéalistes?

EXERCICES

I. *Complétez les phrases suivantes en utilisant les mots qui conviennent* :

1. En 1985, le Comité de l'enseignement primaire et secondaire de la Louisiane a rendu _____ l'enseignement d'une seconde langue de la 4e à la 8e année du primaire.

2. Certaines commissions scolaires plus pauvres ne disposent pas de _____ nécessaires à l'enseignement d'une seconde langue et sont exemptes du programme.

3. Au Lac-Charles, le programme d'immersion en langue française est si populaire qu'il y a une liste d' _____ .

4. Une vingtaine de radios privées _____ une centaine d'heures en français par semaine.

5. Il y a dix ans à peine, on devait se _____ pour parler le français en Louisiane.

6. Le Québec a offert aux Louisianais une dizaine de _____ d'études pour des stages d'immersion dans des universités québécoises.

II. *Faites de courtes phrases pour illustrer deux sens nettement différents des mots suivants* :

poste, monnaie, somme, planter, rejoindre, épargner

III. *Remplacez le ou les mots en italique par un synonyme choisi dans la liste suivante. Mettez-le à la forme qui convient.*

renvoyer, coercitif, facultatif, dépêcher, s'apprêter, militant

1. Le français fait partie des matières *qui ne sont pas obligatoires* en Louisiane.
2. Pour la cause du français en Louisiane, on retrouve plusieurs groupes *qui luttent*.
3. Ce n'est pas par une action *qui force à faire une chose* que l'on obtient nécessairement les résultats espérés.
4. Le conseil municipal de Lafayette *se prépare* à franciser le nom de certaines rues.
5. On *a congédié* les employés dont on n'était pas satisfait.
6. Je vais vous *envoyer* du personnel supplémentaire pour vous aider.

IV. *Complétez les expressions idiomatiques suivantes en vous aidant de la définition donnée et en choisissant, dans la liste ci-dessous, le mot qui convient.*

non, cœur, seul, main, sien, tout, faveur, tâche

1. Faire sa part, mettre de la bonne volonté : y mettre du _____
2. Commencer à travailler : se mettre à la _____
3. Avoir de disponible, avoir près de soi : avoir sous la _____
4. Y prendre un grand intérêt : avoir à _____
5. Être pour quelque chose : être en _____
6. De toute façon : qu'on le veuille ou _____
7. Ce n'est pas simple : ça ne va pas tout _____
8. Premièrement : d'abord et avant _____

CONVERSATIONS ET DÉBATS

1. Faut-il encourager les minorités linguistiques et culturelles à maintenir leur langue et leurs traditions? La diversité est-elle préférable à l'uniformité au sein d'une nation?

2. L'enseignement d'une seconde langue devrait-elle être obligatoire à l'école secondaire? À l'école primaire?

   À quel âge est-il préférable de commencer à apprendre une seconde langue? Quelle devrait être l'importance accordée à un tel apprentissage parmi les autres matières qui sont enseignées?

   Toutes les universités devraient-elles exiger la connaissance préalable d'une ou de plusieurs langues étrangères?

COMPOSITIONS

1. Retracez les origines des Cajuns et racontez comment ils se sont installés en Louisiane.

2. Mode de vie, traditions et folklore des Cajuns.

Le français « coast to coast »

Écrivain, commentatrice politique à la radio et à la télévision, pigiste pour les journaux Le Devoir *et* Dimanche Matin, *Solange Chaput-Rolland a été commissaire pour le Québec de la Commission de l'unité canadienne.*

espèce en voie de dispa-
rition *endangered species*

Depuis au moins cent ans, des pessimistes prédisent que les Francophones 1
du Canada sont une espèce en voie de disparition°. Tôt ou tard, la mer
assimilatrice de l'Amérique du Nord anglophone les engloutira. Rien
d'étonnant à ce que ces personnes soient les premières à prétendre que
la *Loi sur les langues officielles* ne fonctionne pas. Je ne partage pas cet
avis.

La *Loi sur les langues officielles* a beaucoup fait progresser la cause 2
du bilinguisme depuis le jour de son adoption par le Parlement canadien,
en 1969. Il faut être aveugle ou de mauvaise foi pour nier ce fait. Les
progrès sont lents, parfois même douloureux, mais ils sont bel et bien
réels. En outre, ils sont chargés de promesses.

Un nouveau visage

Laissons le temps faire son œuvre. Essayons, surtout, par tous les moyens 3
possible, de « dépolitiser » la question du bilinguisme. Pendant plus de vingt
ans, j'ai parcouru le Canada d'un bout à l'autre; j'ai vu la situation évoluer,
les mentalités se transformer. Je constate aujourd'hui avec joie que ceux
qui se montrèrent hostiles ou critiques à l'égard de la politique des langues
officielles reconnaissent maintenant l'importance du français au Canada
et de l'anglais au Québec. Tous les efforts consentis pour faire avancer
le bilinguisme officiel n'auront pas été vains.

Malgré ses « irritants », malgré la mauvaise humeur de plusieurs 4
fonctionnaires fédéraux obligés de travailler en français là où cette langue
prédomine, la *Loi sur les langues officielles* a donné au Canada un visage
nouveau, un style contemporain, une « allure » de fraternité qui, dans dix
ans se transformera peut-être en une véritable solidarité entre concitoyens
de langue française et de langue anglaise.

La diversité existe aussi parmi les Francophones du pays, qui ne forment 5
pas un bloc homogène comme on a peut-être tendance à le croire. Ceux

des provinces autres que le Québec n'habitent pas ces coins du pays pour prouver qu'ils sont capables de résister à l'assimilation, ou pour montrer leur courage d'y vivre individuellement et collectivement en français. Comme nous du Québec, ils bougent, ils se déplacent. Tous ces gens assument leur « francité »° chacun à leur manière et avec des convictions variables. Tous ne sont pas animés non plus du désir de déménager au Québec. Le Canadien français de Saint-Boniface est, selon moi, autant Manitobain que je suis Québécoise. La différence par rapport à moi et à mes enfants c'est que vivre en français lui est plus difficile. Ses luttes doivent être quotidiennes. Il lui faut aussi articuler plus clairement ses aspirations de Francophone et les rappeler fréquemment à son milieu, pas toujours disposé à l'écouter.

francité *Frenchness*

6   À cet égard, les groupes de Francophones vivant hors du Québec ont acquis une nouvelle assurance. Ce nouveau désir d'affirmation leur vient de la *Loi sur les langues officielles*, de l'extension du bilinguisme et de la recrudescence du régionalisme canadien.

7   Respectés par le gouvernement central, ceux qui n'osaient afficher leur identité, qui accrochaient leur langue au vestiaire pendant les heures de travail pour la remettre à l'honneur dans la sécurité du foyer, font désormais entendre leur voix avec force, écrivent des mémoires audacieux et incisifs, rappellent avec autorité des injustices séculaires et exigent le respect intégral non seulement de leur langue et de leur culture, mais surtout de leur droit inaliénable de vivre en français en sol canadien. Cette attitude positive est remplie d'espérance.

C'est pourquoi je n'aime guère l'expression « minorité de *langue* 8
officielle ». La francophonie n'est pas uniquement une affaire de langue.
Elle est étroitement liée à une vision du pays. La qualité de la vie culturelle
constitue l'essence d'un peuple : les textes de lois lui donnent un
encadrement politique.

En outre, lorsque je parle de minorités francophones, ces mots ne 9
recouvrent pas une masse de gens anonymes. Ils évoquent des visages,
des sourires, des amertumes, des maisons, des villes. Je compte des amis
parmi nos compatriotes qui cherchent à affirmer leur identité de
Francophones, à se faire respecter, et à se faire aimer aussi pour ce qu'ils
sont.

La troisième solitude

Nous savons d'expérience que la coercition en matière d'usage d'une ou 10
l'autre de nos deux langues officielles incite à la révolte, fait naître des
préjugés, entretient la mésentente, et parfois même conduit au racisme.
Dans notre pays de grandes et vastes solitudes—solitudes qui sont aussi
bien morales que géographiques—, le bilinguisme est encore trop souvent
une forme de conflit, de désaccord. On ne le voit pas encore assez comme
un enrichissement culturel.

Un Britannique parle français plus volontiers qu'un Anglo-Canadien. 11
Pour lui, le français est une langue universelle, écrite et parlée par de
grands écrivains, de grands artistes, de grands hommes d'État. Pour le
second, la langue française est une contrainte. Rares sont nos compatriotes
de langue maternelle anglaise qui manifestent beaucoup d'intérêt et
d'empressement à parler français avec nous.

Aussi, malgré les progrès indéniables du bilinguisme au pays, un fait 12
attristant demeure qu'il ne faut pas se cacher : les classes d'immersion
en français sont une excellente chose et elles profitent à ceux et celles
qui les fréquentent. Mais les Francophones des autres provinces ne sont
pour autant *for all that*   pas pour autant° respectés, écoutés ni invités à faire partie de la nouvelle
société des « parlants » français qui émergent de ces classes.

J'ai toujours été étonnée et déçue de constater que les parents de ces 13
enfants privilégiés pour qui parler, étudier, écrire et converser en français
est devenu un fait normal et quotidien vivent comme si, dans les provinces
où ils habitent et travaillent, les Canadiens français n'existaient pas. On
a dit qu'il y avait deux solitudes au Canada : les Canadiens français et
les Canadiens anglais. Il semble bien qu'une troisième soit en train de
se constituer : les enfants issus des classes d'immersion.

La voie de l'incitation

Je demeure convaincue que plus le gouvernement fédéral cherchera à diriger, 14
depuis Ottawa, la politique linguistique des provinces, plus les résistances
de celles-ci seront vives. L'Ontario en est un exemple frappant. Jusqu'au
moment de sa démission, le premier ministre Davis (qui rallia pourtant

le clan Trudeau durant les heures grises du rapatriement de la Constitution) n'a jamais voulu institutionnaliser le bilinguisme dans sa province comme le gouvernement libéral lui recommandait ardemment de faire. Il préféra accorder des privilèges, reconnaître des droits par la porte de service°. **par la porte de service** *through the back door*

15 Nos amis francophones de l'Ontario ont fait des gains réels de ce point de vue, mais ces gains sont dus uniquement au bon vouloir de ceux qui les dirigent. Leurs droits historiques, si chèrement acquis, ne jouissent toujours pas d'une reconnaissance officielle. Le jour où le *Premier of Ontario* prendra la parole *en français* dans l'enceinte législative° de Queen's Park, alors seulement la société francophone aura raison de pavoiser°. Elle pourra marcher la tête haute. La victoire sera acquise. **dans l'enceinte législative** *within the legislative assembly* **pavoiser** *to put out the flags, to rejoice*

16 Et je n'hésite pas à croire que les autres *Premiers* seraient tentés d'emboîter le pas° et de s'engager, eux aussi, sur la voie du bilinguisme que je me plais à qualifier de *naturel* plutôt qu'*officiel*. **emboîter le pas** *to follow suit*

17 La situation au Québec est cependant différente. La *Charte de la langue française*, qui a fait fuir tant de braves Anglo-Québécois vers la ville Reine, protège et rassure les Francophones québécois. Elle a donné à la langue de la majorité des Québécois une véritable reconnaissance officielle. Cette loi a été attaquée par des hommes et des femmes politiques qui, n'en connaissant pas la lettre, en ont critiqué l'esprit, aveuglément et avec passion. Amendée, cette loi est aujourd'hui mieux acceptée.

18 Et la télévision dans tout cela? Quelle est son influence sur la langue et la culture françaises au pays? Sert-elle ou dessert-elle° les intérêts des Francophones? Ici, mon diagnostic est plus sombre. **servir ou desservir** *to work for or against*

Sculpter l'âme canadienne

19 Durant les heures de grande écoute°, le public francophone accorde une place de choix aux émissions télévisées américaines. Les jeunes surtout. Il est navrant de constater qu'ils ne manifestent pas le goût de penser, de rêver, de lire, de danser, d'aimer, de s'habiller à la française ou même à la canadienne, selon l'ancienne acception de ce terme. Si tous les Francophones du Québec et d'ailleurs au pays se laissent influencer, même dominer par les productions américaines, aucune loi, si contraignante soit-elle, ne réussira à faire en sorte que la langue et la culture françaises s'épanouissent au Canada. **heures de grande écoute** *prime time*

20 Il y a lieu de rappeler que la télévision a aussi des effets néfastes sur la qualité de la langue anglaise de nos jeunes concitoyens. Alors qu'enfin au Québec le « joual » est en nette régression, au Canada anglais, le *slang* américain s'infiltre partout, sur les campus universitaires comme dans les discothèques. Il est fort difficile pour tous les Canadiens, qu'ils soient francophones, anglophones ou allophones, de résister à l'envahissement culturel de nos voisins. Non pas que les valeurs américaines soient mauvaises en soi, mais elles étouffent les nôtres.

21 Pour que soit préservée ce qu'on peut appeler l'*identité canadienne*, il m'apparaît essentiel que la télévision et la radio de chez nous intensifient

leur présence. J'espère que le nouveau gouvernement au pouvoir à Ottawa est conscient que la Société Radio-Canada / CBC est un des grands sculpteurs de l'âme des peuples qui cohabitent au pays. Ses artisans, **un rôle de premier plan** *primary role* employés, journalistes, directeurs ont joué un rôle de premier plan° dans l'histoire de l'unité canadienne en cultivant et diffusant les traits distinctifs de la nation canadienne.

Conclusion

L'avenir des minorités francophones et celui de notre pays tout entier se 22 définit par la communication. Et la qualité de cette communication repose sur la clarté des politiques économiques, sociales, linguistiques et culturelles. L'ambiguïté et les tergiversations ne font qu'entretenir la méfiance.

électoralisme *vote-catching manoeuvre*

Le jour où les premiers ministres anglophones des provinces seront 23 bilingues, qu'ils parleront français non pas par électoralisme°, mais par un souci de comprendre leurs compatriotes, les minorités n'auront plus besoin de lois, d'interventions, de subventions, de consolation. Quand nos **ordre** *level* élus de tous les ordres° de gouvernement seront capables de dialoguer avec leurs électeurs directement dans l'une ou l'autre des deux langues officielles du pays, le bilinguisme institutionnel aura franchi une nouvelle **être sur un pied d'éga-lité** *to be on an equal footing* étape; le français et l'anglais seront enfin sur un pied d'égalité°—pas avant.

Solange Chaput-Rolland—*Langue et Société*, Hiver 1985

PRÉ-LECTURE

1. Quel est l'équivalent français de l'expression « coast to coast »?
2. Quelle place le français occupe-t-il dans votre province (état ou pays)? Est-ce une langue que l'on entend :
   a) dans le milieu de travail;
   b) dans les médias;
   c) sur la rue;
   d) au cinéma et au théâtre;
   e) dans les écoles primaires ou secondaires;
   f) ailleurs?
3. Dans les conditions politiques et économiques actuelles, un Canada vraiment bilingue est-il réalisable, à votre avis?
4. « Des pessimistes prédisent que les Francophones du Canada sont une espèce en voie de disparition », écrit Mme Chaput-Rolland dans la première phrase du texte. Qu'en pensez-vous?

1. Que prédisent les pessimistes et pourquoi l'auteure de cet article n'est-elle pas de cet avis?

2. Quel est le conseil que donne cette dernière et sur quoi fonde-t-elle son optimisme?

3. Quels ont été les effets de la *Loi sur les langues officielles* et que laisse-t-elle espérer?

4. Quelles sont les perceptions fausses que l'on peut avoir des Francophones hors Québec?

5. En quoi ceux-ci sont-ils semblables aux Québécois et en quoi sont-ils différents d'eux?

6. À quoi tient la « nouvelle assurance » des Francophones hors Québec et comment se manifeste-t-elle?

7. Quel sens l'auteure accorde-t-elle aux termes « francophonie » et « minorités francophones »?

8. Comment le bilinguisme peut-il être une source de conflit?

9. Quelle différence voit-elle dans les attitudes respectives d'un Britannique et d'un Anglo-Canadien envers la langue française?

10. En quoi le phénomène des classes d'immersion peut-il sembler décevant et paradoxal?

11. À quoi est due selon l'auteure la résistance des provinces au bilinguisme?

12. Quelle est la situation des Franco-Ontariens et que faudrait-il qu'il arrive pour que cette situation change?

13. En quoi la situation est-elle différente au Québec?

14. Qu'est-ce que l'auteure déplore au sujet de l'influence de la télévision sur les jeunes Francophones et Anglophones?

15. Quelle opinion a-t-elle de l'influence américaine et qu'est-ce qu'elle recommande de faire pour y résister?

16. Quelle est pour l'auteure la seule solution qui puisse permettre d'assurer l'avenir des minorités francophones?

1. Précisez l'attitude de l'auteure envers l'avenir.

2. Que veut-elle dire par un bilinguisme « naturel » plutôt qu' « officiel »?

3. Si « la francophonie n'est pas uniquement une affaire de langue », qu'est-ce qu'elle est d'autre?

4. Trouvez-vous justifiée la critique que l'auteure adresse aux parents des enfants qui fréquentent les classes d'immersion? En quoi ces derniers pourraient-ils en venir à constituer une « troisième solitude »?

5. Commentez la phrase : « Il est navrant de penser que [les jeunes] ne manifestent pas le goût de penser, de rêver, de lire, de danser, d'aimer, de s'habiller à la française ou même à la canadienne, selon l'ancienne acception de ce terme. »

EXERCICES

I. *Complétez les phrases suivantes en utilisant l'adjectif qui convient.*

distinctif, vain, frappant, vif, néfaste

1. L'entreprise s'est soldée par un échec : tous nos efforts ont été _____.

2. L'influence _____ de la télévision se manifeste par un appauvrissement de la langue que parlent les jeunes.

3. Cette communauté francophone a offert de _____ résistances à l'assimilation.

4. Par quels traits _____ se définit la minorité francophone?

5. Le cas des Franco-Manitobains est un exemple _____ des luttes que doivent mener les minorités.

II. *Remplacez les mots en italique par un synonyme choisi dans la liste ci-dessous.*

navrant, désaccord, avis, pavoiser, amertume, hostile, sombre, jouir

1. Quelle est votre *opinion* à ce sujet?
2. L'avenir me semble *inquiétant*.
3. Ces étudiants *bénéficient* de certains avantages.
4. Ces gens-là sont *défavorables* à tout changement.
5. Les parents trouvent *attristant* que leurs enfants abandonnent les traditions familiales.
6. Les résultats que nous avons obtenus ne sont pas suffisants pour qu'on *se réjouisse*.
7. Son échec lui a causé un grand *découragement*.
8. La question linguistique est trop souvent un motif de *dissension*.

III. *Complétez les phrases suivantes en utilisant les mots qui conviennent.*

1. Il faut être patient et laisser le temps faire son _____.
2. Quelles sont les émissions télévisées les plus populaires aux heures de grande _____.
3. Le français n'est pas encore sur un pied _____ avec l'anglais partout au pays.
4. Ce ministre a joué un rôle de premier _____ dans l'élaboration d'une politique linguistique cohérente.
5. Le faucon pèlerin est une espèce en voie de _____.
6. J'ai laissé mon manteau au _____ avant d'entrer dans la salle.

IV. *Complétez les phrases suivantes en utilisant le substantif correspondant à l'un des verbes ci-dessous (insérez l'article qui convient s'il y a lieu).*

s'épanouir, prédominer, enrichir, afficher, étouffer, déménager

1. La liste des étudiants qui ont été reçus à l'examen a été épinglée au tableau de _____.
2. Plusieurs de nos meubles ont été endommagés au cours de notre _____.
3. _____ du français au Québec est-elle perçue comme une menace par les Anglo-Québécois?
4. Idéalement, l'école devrait avoir pour objectif _____ de l'enfant.
5. Certains croient que l'influence américaine risque de provoquer _____ des valeurs propres aux Canadiens.
6. Devenir bilingue, ou même polyglotte, est une forme certaine de _____ personnel.

V. *Faites de courtes phrases pour illustrer la différence entre les mots suivants :*

acception	et	*acceptation*
distinct	et	*distinctif*
s'épanouir	et	*s'évanouir*
préjugé	et	*préjudice*

CONVERSTIONS DÉBATS, ANALYSES

1. Discutez l'assertion : « Un Britannique parle français plus volontiers qu'un Anglo-Canadien. »
2. Croyez-vous comme l'auteure que la responsabilité de faire progresser le bilinguisme revienne désormais aux élus et que c'est à eux de donner l'exemple? Est-ce là une trop grande exigence?
3. Les valeurs américaines étouffent-elles les valeurs canadiennes?
4. Y a-t-il une recrudescence du régionalisme canadien? Percevez-vous le régionalisme comme une tendance positive ou négative?

COMPOSITIONS

1. « La qualité de la vie culturelle constitue l'essence d'un peuple. » Commentez et discutez en fonction du contexte canadien.
2. Quels sont pour vous les « traits distinctifs de la nation canadienne »?

C'est pas comme à Paris, mais…

Roch Carrier est l'un des écrivains québécois les plus traduits en anglais. Il a remporté le Prix littéraire de la province de Québec en 1964 et le Grand Prix littéraire de la ville de Montréal en 1980.

J'étais, l'autre jour, l'invité de gens bien sympathiques de la ville de Victoria, 1
en Colombie-Britannique.

« Ah! Monsieur est québécois! » s'étonna une Dame rousse avec ce 2
charmant accent anglais. « J'étais au Québec il y a quelques années.
Subitement, j'ai senti un petit problème dans ma voiture. J'étais au nord
de Montréal. Je me suis arrêtée à un garage. L'homme était tout couvert
de cambouis. J'ai dit : « J'ai un petit rateau° dans l'arrière-train°. » Il m'a
regardé avec des yeux étranges et il m'a répondu : « *Yes Mam' what's you'
problem?* » À son accent, j'ai reconnu un Québécois. Il ne m'avait pas
comprise quand je lui avais parlé français. *They don't speak French, I mean
the real French.* »

Le garagiste avait été poli. Je sentais que je ne le serais pas autant 3
que lui. Ce n'était pas la première fois que j'entendais le français de mon
pays être mis en accusation par quelqu'un qui ne le connaissait pas
parfaitement.

« Alors, poursuivit un autre invité, en anglais, si les Canadiens français 4
ne parlent pas français, pourquoi le bill 101 impose-t-il le français comme
langue officielle?

—Oh! *Dear*! dit la Dame rousse, ils parlent le français, mais non pas 5
le véritable français de France. »

Je ne pus me retenir de dire : 6
« Madame, le général de Gaulle parlait-il le vrai français de France?

—Mais certainement, mon cher. 7

—Lorsqu'il a parlé au balcon de l'Hôtel de Ville de Montréal, pensez- 8
vous que les Canadiens français ont compris son français de France? »

J'ai cru que le bateau sur lequel nous discutions allait couler tant mes 9
hôtes parurent secoués par mon argumentation un peu brutale.

Moi qui suis timide, je me mis à plaider comme si j'avais à défendre 10

rateau *rake*
arrière-train *bum*

ma vie... À bien y penser, c'était ma vie que je défendais. La vie d'un écrivain n'est que la vie des mots de sa langue.

11   J'affirmais d'abord que la langue française au Canada est une langue d'avant-garde. Nous avons vingt ans d'avance sur la langue française parlée en France. Des mots inconnus des Français étaient courants dans le français québécois en 1960. Aujourd'hui, en 1983, vous les entendez à Paris et ce sont des mots à la mode : *gadget, marketing, flipper, cool, look, gang, jet, brunch, flash, attaché-case.*

12   « *Dear*, ce ne sont pas des mots français.

13   —Si nous les utilisons, ils le deviennent, comme tant de mots français sont devenus anglais. Une langue vivante s'enrichit par l'emprunt de mots étrangers. Et comme nous vivons à proximité des États-Unis, il est normal que notre langue emprunte des mots américains.

14   —Dites-moi, dit un autre invité, parlez-vous français ou parlez-vous joual? »

15   La Dame rousse remplit mon verre avec application.

16   « Le joual n'est pas ce que vous pensez. C'est une langue de lettrés, une langue savante qui n'est parlée et écrite que dans les universités et les théâtres. Il faut connaître très bien le français pour apprécier le joual.

17   —Mais le vrai peuple, l'homme de la rue, parle le joual, assura la Dame rousse. Je me souviens de m'être assise à une terrasse au Westmount Square et d'avoir écouté le peuple parler joual. C'était charmant.

18   —C'est impossible, assurai-je. Le joual est une langue fabriquée, travaillée comme tout langage littéraire. Elle s'inspire du langage populaire, ce français un peu torturé par les ouvriers d'usines qui devaient travailler dans un milieu entièrement anglophone et dans une langue qui leur était étrangère. Mais ces gens ordinaires, lorsque Radio-Canada présente un télé-théâtre en joual, ils changent de chaîne car ils ne comprennent pas.

prendre... un bain de peuple *to rub shoulders with the working class*

Ce sont eux qui accusent Radio-Canada de vulgarité, et non pas les professeurs d'université qui prennent ce qu'ils croient être un bain de peuple°.

—Vous avez des expressions bien particulières à vous, n'est-ce pas, 19 *my dear*? Vous allez me le concéder.

je suis tanné *Q. I'm fed up*

—Quand j'habitais en France, je disais parfois : « Je suis tanné°. » J'étais 20 sûr d'être québécois jusqu'à la racine des cheveux. Pourtant le mot se trouve chez Balzac. Ou bien pour étonner les Parisiens, je mettais mes

claques *overshoes, rubbers*

claques°. Le mot est dans Flaubert. Maupassant emploie régulièrement des mots québécois, Madame! Beaucoup de nos mots que vous croirez souvent québécois appartiennent à la très pure langue française. Nous disons par exemple serrer dans le sens de ranger. Victor Hugo le dit aussi. C'est le plus grand poète de France (« hélas! »).

—On ne m'avait jamais dit... 21

—Il y a beaucoup de choses qu'on ne vous a pas dites, Madame. La 22 langue française n'a pas eu la vie facile au Canada. Vous ignorez probablement que, pour des raisons politiques, les collèges francophones ont été fermés pendant des années; vous ignorez que la première université francophone, pour les mêmes raisons politiques, n'a été autorisée qu'en 1852. Pour conserver sa langue française, le peuple a dû faire preuve de mémoire et aussi d'invention. Il fallait retenir les mots français de ce que nous connaissions. Il fallait inventer des noms pour ce que nous découvrions. Avant d'utiliser un mot, il n'était pas question de demander une autorisation à l'Académie française.

—Pourquoi ne nous apprend-on pas cela à l'école? 23

—Parce que l'école sert souvent à voiler la réalité plutôt qu'à la dévoiler. 24

—Si je vous comprends bien, alors il n'est pas vrai que vous parlez 25 l'ancien français du Vieux Régime.

—Ce vieux français fait aussi partie de la langue française. Quand 26 j'étais étudiant à la Sorbonne, je m'étais inscrit à un cours sur Montaigne. À la première leçon, je m'aperçus que je comprenais plus facilement que mes collègues français. Montaigne écrivait avec des mots que j'avais entendus dans la bouche de ma grand-mère, qui n'avait jamais lu Montaigne, mais dont les ancêtres français étaient venus au Québec avec Champlain. Cette longue tradition a conservé vivant l'apport de plusieurs provinces de France à notre langue. »

Mes hôtes avaient le regard de ceux qui ne comprennent pas. 27

« Buvons à la langue française du Québec! » proclama la Dame rousse. 28

Je la remerciai d'un salut, et j'ajoutai : 29

magané *Q. busted, wrecked, worn out*
enfirouâpé *Q. fooled*

« Votre garagiste, Madame, emploie des mots utilisés par Villon, mais il sait aussi des mots comme magané°, enfirouâpé°. Ce sont des mots aussi beaux que ceux inventés par Rabelais. Pour un écrivain, c'est une langue d'une richesse étonnante.

—Oh! Il me semble pourtant que c'est plus facile de parler anglais 30 que de parler français, sur ce continent américain... »

31   Cette remarque aurait pu me paraître perfide, mais il y avait la mer, la gentillesse de mes hôtes, le bateau qui tanguait doucement et ces verres qu'on ne réussissait pas à vider. Pourtant, malgré ma langueur, je dis :

32   « Il vous est sans doute plus facile de parler votre anglais que celui de Londres...

33   —...comme il vous est plus facile de parler, mon cher, votre français canadien si particulier. »

34   Ah! Cette Dame rousse! Que pouvais-je lui rétorquer?

35   À cet instant, un invité qui n'avait pas encore dit un mot, et que l'on m'avait présenté comme un courtier en immeubles°, réclama la parole. Il se leva avec solennité, portant son verre bien haut, et il déclara, dans un français étonnant :

courtier en immeubles
real-estate agent

36   « Vous avez adapté le français à son nouvel environnement, comme nous avons adapté l'anglais à notre milieu. Savoir adapter, c'est le génie canadien. Si vous avez eu ce génie, c'est la preuve que vous êtes canadiens, que vous le vouliez ou non.

37   —Américain du Nord, Canadien, Québécois, Beauceron, peu importe, ma langue est française et elle est comprise où l'on parle français.

38   —Comprendre ou ne pas comprendre, dit un autre monsieur, un Torontois qui n'avait pas encore parlé français, ce n'est pas toujours une affaire de langue. »

39   J'étais d'accord, et je demandai si on avait jamais étudié les effets positifs de l'alcool sur le bilinguisme dans ce pays...

40   Je ne vous raconterai pas la suite de notre discussion. Cela devint de plus en plus confus. Cela commençait à ressembler à un texte de loi sur les langues officielles.

Roch Carrier—*Langue et Société*, Printemps 1983

PRÉ-LECTURE

L'auteur de ce texte raconte un incident qui lui est arrivé en Colombie-Britannique durant une conversation sur la langue française. Au fait, quand on parle de français, de quoi parle-t-on exactement?

1. Donnez votre propre définition des termes suivants que l'on retrouve dans le texte.
   a) le vrai français
   b) le parisien
   c) le français de France
   d) le français canadien
   e) le joual
   f) le québécois
   g) le français standard
   h) le français international

2. Quel est le français que vous étudiez?

3. Quel est le français que vous aimeriez étudier? Pourquoi?

COMPRÉHENSION

1. Comment s'explique la phrase qu'a prononcée la dame rousse?
2. Pourquoi le garagiste l'a-t-il regardée avec des yeux étranges et pourquoi lui a-t-il répondu en anglais?
3. Caractérisez l'attitude de la dame rousse.
4. Expliquez la réaction de Roch Carrier.
5. Quel est le sens de l'allusion au général de Gaulle?
6. Comment Roch Carrier explique-t-il sa propre attitude?
7. Comment justifie-t-il l'emprunt de mots anglais?
8. Quelle définition donne-t-il du joual?
9. Quelle réponse donne-t-il à la dame rousse au sujet des « expressions bien particulières »?
10. Pourquoi ajoute-t-il « hélas! » après avoir mentionné Victor Hugo?
11. À quels facteurs historiques fait-il appel pour expliquer la façon dont a évolué la langue française au Canada?
12. Quelle est son opinion de l'école?
13. Expliquez « l'ancien français du Vieux Régime ».
14. Pourquoi comprenait-il Montaigne plus facilement que les étudiants français?
15. Qui sont Villon et Rabelais?
16. Les mots « magané » et « enfirouâpé » viennent-ils de France?
17. En quoi la remarque pourrait-elle être perfide et comment Roch Carrier y répond-il?
18. L'argumentation du courtier en immeubles est-elle logique?
19. Avec quoi Roch Carrier est-il d'accord?
20. À quoi tient l'humour de la conclusion?

APPROFONDISSEMENT

1. Dressez la liste des stéréotypes, clichés, idées toutes faites et préjugés qui sont évoqués dans ce texte.
2. À quelles catégories de mots employés par les Francophones au Canada mais divergeant du « français standard » Roch Carrier fait-il allusion? De quels arguments se sert-il pour justifier l'emploi de ces mots? Que cherche-t-il à établir dans l'ensemble?
3. Relevez les passages comiques et précisez les procédés humoristiques, en particulier dans les propos de la « Dame rousse ».

I. *Complétez les phrases à l'aide du substantif qui dérive de l'adjectif donné entre parenthèses.*

1. (étrange) On ressent une impression de _____ devant les tableaux de Magritte.
2. (gentil) Je vous remercie de votre _____.
3. (grand) La _____ de cet homme d'État est reconnue même par ses ennemis.
4. (brutal) La _____ de ses propos a choqué ses interlocuteurs.
5. (vieux) Bien des gens envisagent la _____ comme une calamité.
6. (perfide) La _____ de ses insinuations est à la mesure de son caractère mesquin et envieux.
7. (poli) « L'exactitude est la _____ des rois. »
8. (régulier) C'est un étudiant assidu qui fait preuve de _____ dans son travail.

II. *Donnez l'adjectif qui correspond à chacun des substantifs suivants :*

ancêtre	vulgarité
génie	particularité
langueur	solennité
immeuble	université

III. *Faites de courtes phrases pour illustrer deux sens nettement différents des mots suivants :*

> *substantifs* : peuple, génie
> *adjectifs* : confus, populaire
> *verbes* : ignorer, comprendre

IV. *Complétez les phrases à l'aide de la préposition qui convient.*

1. J'ai vu _____ son air qu'il était dépressif.
2. Je l'ai rencontré _____ le bateau au cours d'une croisière.
3. Nous étions déjà _____ le train quand elle s'est aperçue qu'elle avait oublié sa brosse à dents.
4. _____ bien y penser, c'est sans doute la meilleure décision à prendre.
5. Les Japonais ont cinq ans d'avance _____ nous dans ce domaine.
6. Elle s'est attablée _____ la terrasse d'un café.
7. Il m'accuse _____ malhonnêteté.
8. Elle se sent québécoise _____ la racine des cheveux.

9. Il m'a remercié _____ un sourire.
10. Mon frère s'est inscrit _____ un cours d'informatique.

V. *Remplacez les expressions verbales en italique par un synonyme choisi dans la liste suivante* :

voiler, faire preuve de, poursuivre, plaider, se retenir

1. Votre explication m'intéresse. *Continuez*, je vous en prie.
2. Je n'ai pas pu *m'empêcher* de rire en l'écoutant.
3. Ils *ont montré* beaucoup de courage.
4. Ses beaux discours n'arrivent pas à *masquer* son égoisme.
5. Il s'est mis à *défendre sa cause* comme s'il se sentait accusé.

CONVERSATIONS, DÉBATS, ANALYSES

1. Comment s'explique le reproche si souvent adressé aux Francophones du Canada et exprimé ici par la dame rousse : « ... ils parlent le français, mais non pas le véritable français de France »?

2. Roch Carrier défend et justifie les particularités du français qui s'emploie au Canada du point de vue d'un Québécois et aussi d'un écrivain. Y a-t-il des aspects de la question que soulèvent ces « particularités » qu'il n'aborde pas?

3. Discutez l'argument que présente Roch Carrier pour justifier les emprunts qui sont faits à l'anglais. Pourquoi la question des emprunts est-elle controversée? Pourquoi des organismes officiels, tant au Québec qu'en France, émettent-ils des recommandations qui visent à bannir les emprunts de mots anglais? Peut-on soutenir qu' « une langue vivante s'enrichit par l'emprunt de mots étrangers » dans tous les cas, et en particulier lorsque ces mots étrangers se substituent à des mots qui existaient déjà dans cette langue?

4. La comparaison entre « français de France » et « français québécois ou canadien » peut-elle être mise en parallèle avec celle entre « anglais d'Angleterre » et « anglais canadien »? La question se présente-t-elle de façon analogue dans les deux cas?

COMPOSITIONS

1. Lorsqu'on apprend le français au Canada (le français langue seconde), faut-il se limiter au « français de France »? Quels sont les avantages et les inconvénients de cette approche?

2. Que pensez-vous de l'opinion : « ... l'école sert souvent à voiler la réalité plutôt qu'à la dévoiler »?

6

DISTRACTIONS ET ÉVASIONS

Le grand amour à une cenne la page

édition *publishing*

Les Québécois lisent peu? Le monde de l'édition° s'écroule? L'avenir est 1
à la télévision? Balivernes! Les Québécois sont des mangeurs de livres
insatiables qui attendent impatiemment les nouveaux titres de leurs
collections préférées et certaines maisons d'édition ne fournissent plus

imprimé *the printed word*
à peu de frais pour peu
d'argent

devant cette boulimie de l'imprimé°!

Des milliers de Québécois s'évadent à peu de frais°. Dans la jungle 2
avec Camaru, l'homme de feu; en Iran où s'affrontent Karan l'autoritaire
et Violette l'indépendante; avec Ève, en Afrique, à la recherche d'un beau
soldat; aux Caraïbes, où Christina est victime d'un homme diabolique ou
vers des îles bien mystérieuses : l'île aux mille parfums, l'île de mam'selle
Crusoë, l'île magique de Kalinda...

Si la tendance persiste, les Québécois auront lu dix millions de romans 3
d'amour à la fin de 1991. Deux par citoyen pour ne pas vexer les féministes,
quatre par femme si on écoute les vendeurs. Les libraires se frottent les

tabagiste *Q.* débitant de
tabac

mains? Que non! Mais si vous parlez au « tabagiste »° du coin, il vous
apprendra fièrement qu'il est un important diffuseur de la littérature
populaire, puisque les Québécois lui achètent la moitié de leurs lectures...

Les fidèles clients d'Harlequin achèteront dix-huit romans par mois, 4
puisqu'on en offre dix-huit. Ceux de Barbara Cartland dévorent ses deux
nouveaux titres tous les mois. Les romans de Delly font fureur depuis
40 ans, les « nouveautés » de Guy des Cars sont vendues à 25 000
exemplaires! (Harlequin traduit de vieux titres d'auteurs anglais achetés
à Mills & Boon.)

harlequinomanes mot
forgé à partir de la collection Harlequin et du suffixe
-mane, comme dans toxico-
mane, etc. Donc, les dro-
gués de romans Harlequin

Les harlequinomanes° racontent tous (ou toutes!) la même histoire. 5
On tombe sur un roman par hasard. La publicité aidant, on se laisse attirer,
pourquoi pas, et on finit drogué à attendre impatiemment les nouveaux
titres.

« J'ai une cliente qui vient tous les jours », me dit Louis Dubé, le gérant 6
de la librairie Hugo. « J'ai beau lui annoncer que les nouveaux titres
n'arriveront pas avant deux semaines, elle revient. »

« On revoit souvent les mêmes visages », raconte le vendeur d'une 7
« tabagie » de la rue Sainte-Catherine. « Quand c'est un homme qui vient

acheter des romans Harlequin, il a toujours son petit papier à la main. C'est sa femme qui l'envoie chercher les numéros qui manquent à sa collection. »

8   « Les Québécois sont nos lecteurs les plus friands », dit Rémi Brault, directeur du réseau du livre aux distributions Éclair. Et ce n'est pas peu dire° quand on sait qu'Harlequin se vend maintenant en dix-huit langues et dans 80 pays, 50 de plus qu'il y a deux ans!

9   D'où vient ce succès fou? Pour Jacques Simard, directeur des ventes de la collection Toison d'or°, une recette « sentimentaleuse »° cuisinée par Hachette, le marché exceptionnel du roman d'amour au Québec est lié à l'éducation des gens : « Le Québécois veut lire des livres faciles. » Pour Fred Kerner, directeur du club du livre Harlequin, toutes les femmes rêvent encore aux princes charmants et ses romans cendrillonesques° atteignent l'inconscient collectif féminin dans ce qu'il a de plus profond : « Ce ne sont pas des romans pseudo-réalistes bourrés de divorces et de leucémies; nous offrons l'amour idéal : un conte de fées contemporain. »

10   L'amour idéal, à la sauce Harlequin, met en vedette une femme belle, pauvre et soumise qui rencontre, par hasard (ascenseur, métro, plage désert...), un homme beau, riche et arrogant. « L'héroïne sera plus jeune que son prince qui, lui, risque fortement d'être un avocat ou un P.-D.G.°, explique M. Kerner. Le scénario est simple : elle l'aime craintivement parce qu'elle n'est pas habituée aux mondanités. Il condescend à l'éduquer un peu et se laisse séduire par sa fraîcheur et son innocence. Ils se marient inévitablement. »

11   À la règle classique des grandes unités°, Harlequin a substitué ses trois commandements : pas d'érotisme audacieux, pas de violence et une fin heureuse.

12   Au Québec comme dans tout son empire, la maison Harlequin ne s'installe pas très discrètement. On étudie le marché, et, au moment propice, on passe à l'assaut publicitaire en règle° : un quart de million de dollars en un an! Dans une nouvelle annonce télévisée de 30 secondes intitulée « Lieux communs », se succèdent tour à tour, de douces images aux allures de souvenirs, d'amour, d'exotisme, de passion et d'aventure. Le texte de narration défile sur ces images.

13   La maison Harlequin a plus d'un tour dans son sac°. De la sollicitation dans *TV Hebdo* jusqu'aux offres promotionnelles. On sait attirer l'attention! À la fête des Mères, il y a quelques années, un roman Harlequin était servi gratuitement avec le « quart de livre° » chez MacDonald! Il y eut aussi le roman gratuit à côté du « pablum » dans les trousses° pour jeune maman, ou, tout simplement, dans un sac de chips gros format!

14   Qui sont les lecteurs de ces romans d'amour vendus à 1 200 000 exemplaires par an au Québec? « Des femmes prises avec cinq petits mongols°, et qui n'ont ni le temps ni l'argent pour se payer d'autres genres d'évasion », me dit une libraire. « Des femmes de tous les âges et de tous les métiers », affirme au contraire Fred Kerner, qui n'oublie jamais de

---

ce n'est pas peu dire *that's saying a lot*

Toison d'or *Golden Fleece*
sentimentaleuse l'adjonction du suffixe -euse a ici une valeur péjorative

cendrillonesque adjectif forgé à partir de Cendrillon, l'héroïne du conte de Perrault (*Cinderella*)

P.-D.G. président-directeur général (*chief executive officer and/or chairman of the board*)

la règle classique des grandes unités règle qui s'est imposée à la tragédie classique du XVIIe siècle; trois unités : unité d'action (une seule intrigue), unité de temps (l'action se déroule en un jour), unité de lieu (elle se déroule en un seul endroit). Cette allusion a ici un rôle manifestement ironique
assaut... en règle *a bona fide assault*
avoir plus d'un tour dans son sac *to have more than one trick up one's sleeve*
quart de livre *the "Quarter Pounder"*
trousse *kit*

prises... mongols *stuck with five little brats*

mentionner à tous les journalistes que sa femme, spécialiste de Rimbaud et de Baudelaire, lit, elle aussi, un roman Harlequin lorsqu'elle se fait chauffer la tête chez son coiffeur.

Pour fabriquer ses romans, il faut connaître ses clients. Les grandes 15 maisons paient des lecteurs professionnels pour contrôler la recette. Chacune a ses normes. Outre les tabous : sexe, violence, politique et parfois religion, les analystes ont découvert certaines faiblesses des lecteurs. Ainsi, les mordus de romans d'amour n'aiment pas que l'on sous-estime leur érudition : d'où la formule du roman assis sur un fond° historique. Ceux de Barbara Cartland, les plus grands succès de J'ai lu°, sont semés de notes résumant la vie des princes de Galles, George V et comtes divers qui les garnissent. Chez Harlequin aussi. « Les descriptions sont authentiques, affirme une lectrice. En visitant la Namibie, j'ai reconnu bien des détails mentionnés dans une histoire qui se déroulait dans ce pays. »

Le vocabulaire est artificiellement recherché. À chaque page, au moins, 16 on trouve une paire d'yeux ou de lèvres abondamment décrite. De temps en temps, aussi, s'ajoute une description détaillée des moquettes, canapés et vases de collection qui entourent les héros. Les lecteurs aiment ça. J'ai dû m'armer d'un dictionnaire, dès la deuxième page d'un roman de Cartland, honteuse de ne plus comprendre : « Le prince se dirige vers le phaéton » (phaéton : petite voiture du XVIIIᵉ siècle).

Toutes les collections se ressemblent, dira le non-initié, mais les habitués 17 de ces symphonies pathétiques savent très bien où trouver, selon leur humeur, une histoire d'amour un peu plus sensuelle, un peu moins jeune, un peu plus éthérée ou exotique. Les collections affichent leurs couleurs° sur les couvertures. Ainsi, la collection Turquoise fera « aimer, pleurer, partir et vivre des aventures hors du commun. » Par ailleurs, la collection Des Roses pour Anick offre « des romans d'amour ayant le goût de l'espoir et la saveur de la vie qui commence. » Harlequin promet pour sa part « à toutes celles qui aiment ou aimeraient aimer, un monde où les mots d'amour ont gardé tout leur sens… des histoires d'amour qui vous feront rencontrer des gens qui osent dire oui à l'amour. »

Plus c'est simple, plus c'est lu. « Ça se répète toujours, m'explique 18 Francine M. Parfois tout ce qui change d'un livre à l'autre, c'est que l'Italien est un Grec, que l'aventure se déroule à Athènes plutôt qu'à Venise, et que l'auteur s'appelle Janet au lieu de Mary. D'habitude, c'est l'histoire d'une femme qui tombe amoureuse. Le gars ne l'aime pas. Il la fait souffrir. Elle braille°. Ils se marient.

« On lit ça pour relaxer. C'est peut-être nos rêves dans le fond. Y'a 19 pas de honte à ça. On se met à la place de la fille et puis on met notre comédien préféré à la place du gars. Ça dure deux heures et ça fait du bien. »

Dominique Demers — *L'Actualité*, mai 1980

---

assis sur un fond *set against a background*
J'ai lu collection française comprenant entre autres des romans d'amour, dont ceux de Guy des Cars

les collections affichent leurs couleurs *they display or flaunt their colours*

brailler *Q.* pleurer, se lamenter

1. Dans quel genre de publication va-t-on trouver des histoires d'amour à bon marché? Donnez au moins deux exemples.

2. Les Québécois auront lu plus de dix millions de romans d'amour à la fin de 1980. Comment expliquez-vous la popularité de ce genre de romans?

3. Lisez-vous des romans Harlequin? Quand?

COMPRÉHENSION

1. Expliquez le titre. Qu'est-ce qui en fait l'humour?

2. Qu'est-ce qui a poussé l'auteur à choisir les questions qu'il pose au début de l'article? À quoi voit-on que sa réponse est ironique?

3. À quels stéréotypes les exemples donnés font-ils allusion (pourquoi « Karan l'autoritaire », les Caraïbes et « l'homme diabolique », etc.)?

4. Qu'est-ce qui pourrait vexer les féministes?

5. De quoi le tabagiste peut-il être fier? Pourquoi le compare-t-on au libraire?

6. En quoi « l'harlequinomanie » ressemble-t-elle à une drogue? Quels sont les exemples de ce comportement?

7. Pourquoi le commentaire de Rémi Brault est-il « impressionnant »?

8. Quelles explications donne-t-on de ce phénomène? Qu'y aurait-il de « plus profond » dans l'inconscient collectif féminin?

9. Analysez les ingrédients de la « sauce Harlequin » : pourquoi consti-
   tuent-ils un mélange idéal?

10. En quoi la publicité est-elle directe?

11. À quelles manœuvres publicitaires la maison Harlequin a-t-elle recours?

12. Qui sont les lectrices des romans d'amour? Pourquoi les deux réponses
    présentées sont-elles divergentes?

13. Quelles sont les normes et les conventions qui sont appliquées dans
    ces romans et pourquoi?

14. Comment les diverse collections se distinguent-elles les unes des autres?

15. Si les histoires se répètent toujours, comme le dit Francine M., pourquoi
    continue-t-elle à les lire?

APPROFONDISSEMENT

1. À partir des renseignements divers fournis dans le texte, quelle image
   vous faites-vous du public typique auquel s'adressent les romans
   d'amour?

2. Pensez-vous, comme Fred Kerner, qu'il existe un « inconscient collectif
   féminin » ou que celui-ci est inventé par les auteurs et les maisons
   d'édition?

3. La réussite commerciale des romans d'amour est indiscutable. Est-
   ce la preuve qu'ils répondent à un besoin, et dans ce cas, quelle serait
   la nature de ce besoin?

4. Comment expliquez-vous que « les mordus de romans d'amour n'aiment
   pas que l'on sous-estime leur érudition »?

5. Pourquoi ces tabous : « sexe, violence, politique et parfois religion »?

6. Relevez dans le texte les passages ironiques.

7. Dégagez l'attitude de l'auteur envers les divers aspects du phénomène
   Harlequin.

EXERCICES

I. *Complétez les phrases suivantes à l'aide de l'adjectif qui correspond au
   nom entre parenthèses.*

1. (crainte) C'est un enfant timide et _____.

2. (amour) Elle n'a jamais été _____.

3. (éther) C'est une histoire trop _____ à mon goût.

4. (publicité) As-tu vu la dernière annonce _____ pour cette
   marque de cigarettes?

5. (magie) Il rêve de faire une rencontre _____ et de découvrir
   la femme de sa vie.

6. (honte) Votre comportement est _____.
7. (diable) Quel esprit _____ vous avez!
8. (audace) Il est _____ et n'a peur de rien.
9. (fée) Quel paysage _____!

II. *Complétez par le mot qui convient.*

1. C'est le coup de foudre! Il est tombé _____ d'elle dès qu'il l'a aperçue.
2. Comme je n'ai pas beaucoup d'argent, je cherche à me distraire à peu de _____.
3. Ne soyez pas gêné d'être pauvre; il n'y a pas de _____ à ça.
4. Il se _____ les mains de contentement.
5. La marraine de Cendrillon était une _____ qui avait une baguette magique.
6. Essayez de vous mettre à ma _____ et vous comprendrez pourquoi je ne peux pas agir autrement.

III. *Faites de courtes phrases pour illustrer la différence entre les mots suivants :*

c'est beaucoup dire	et	*ce n'est pas peu dire*
conte	et	*comte*
humeur	et	*humour*
hasard	et	*chance*
faire fureur	et	*faire rage*

IV. *Complétez les phrases suivantes à l'aide d'un nom choisi dans la liste ci-dessous (ajoutez au besoin l'article qui convient).*

recette, évasion, héroïne, scénario, balivernes, tabou

1. On vous a raconté _____! N'y prêtez pas attention.
2. _____ de son roman s'appelle Marie Calumet.
3. Il suffit d'appliquer _____ pour écrire ce genre de romans.
4. Même à notre époque dite « libérée », il reste _____.
5. Je peux te résumer _____ de ce livre en trois lignes.
6. Tout le monde ressent un besoin de _____ après avoir beaucoup travaillé.

CONVERSATIONS, DÉBATS, ANALYSES

1. La popularité des romans d'amour auprès du public féminin est-elle la preuve que les femmes sont plus sentimentales que les hommes?
2. Comment peut-on expliquer que l'érotisme soit tabou dans les romans d'amour surtout destinés à être « consommés » par des femmes, alors qu'il est pour le moins courant dans les publications visant le public

masculin? La sentimentalité est-elle pour les femmes l'équivalent de ce qu'est l'érotisme pour les hommes? Y a-t-il là l'effet d'un conditionnement socio-culturel?

3. Pouvez-vous penser à des produits de grande consommation qui soient similaires au roman d'amour en ce sens qu'ils répondent au besoin d'évasion et de rêve?

COMPOSITIONS

1. Rédigez une scène d'amour (la rencontre, le premier baiser ou autre) à la manière « harlequinesque ».

2. Inventez ou résumez l'intrigue d'un roman d'amour typique.

3. « Vivre des aventures hors du commun » : racontez ce que serait l'aventure (sentimentale ou de tout autre nature) que vous aimeriez vivre.

Manifeste contre les encabanés°

les encabanés substantif à partir du participe passé du verbe *s'encabaner* qui désigne au Canada le fait de se renfermer chez soi, de se réfugier dans sa cabane, sa maison, pour y rester claustré

1 Les Québécois sont à plaindre… ou à battre, au choix. Ils n'aiment pas leur hiver. La grande majorité le déteste même cordialement et reluque sans arrêt vers le Sud…

2 C'est peut-être qu'il y a une conspiration contre notre hiver, ce mal-aimé. Avez-vous déjà entendu un animateur de radio ou de télévision (ne parlons pas des animatrices) qui applaudisse une chute de neige? Trois pauvres petits centimètres les mettent au désespoir et les font soupirer pour la Floride. Désolant. Agaçant. En tout cas, ça me tombe sur les nerfs. Si je n'avais pas des rudiments de politesse, je leur dirais : « Secouez-vous, tas d'andouilles! Chaussez vos skis, vos raquettes. Sortez, bon Dieu! Désaplatissez-vous° un peu, bande de lézards, devenez bipèdes, ne serait-ce qu'un petit week-end; vous n'en mourrez pas. Du moins pas tout à fait, hélas. »

désaplatissez-vous néologisme de l'auteur : le contraire de « s'aplatir » (*to lie down flat on the ground, to grovel*)

3 L'hiver, c'est pour moi la grande évasion. Autant les pluies d'automne nous encabanent, autant la neige nous libère, nous ouvre la forêt, les champs, les sous-bois, le pays entier, quoi. Le ski nordique, lui, c'est l'évasion horizontale, alors que le ski alpin, c'est la fuite vers le ciel. C'est du haut de Mont-Sainte-Anne, de Mont-Tremblant, de Mont-Orford, de Mont-Sutton et de Jay Peak° qu'on peut découvrir combien le pays enneigé est séduisant. La lumière se purifie étrangement, s'approche de l'éblouissement du feu. Et l'air? Le malheureux citadin qui s'asphyxie, rue Sainte-Catherine° ou aux abords des ponts, le vendredi soir à cinq heures, ignorera toujours ce que ses poumons éprouveraient de joie à respirer l'air du samedi matin en haut de Mont-Tremblant. Le skieur ne comprend pas qu'une seule personne puisse se priver de ces plaisirs incomparables.

Le Mont-Saint-Anne se trouve au nord de Québec, le Mont-Tremblant au nord de Montréal, les deux suivants dans les Cantons-de-l'Est, et Jay Peak au Vermont, près de la frontière. La rue Ste-Catherine est la rue principale du centre de Montréal.

4 Je ne suis pas d'accord non plus avec ceux qui dénigrent le ski alpin au profit du nordique. Les deux se complètent admirablement. Le ski alpin fait appel à toutes vos qualités athlétiques, en plus de votre sens du rythme. Je ne connais pas de plus belle, de plus élégante évolution que celle du très bon skieur alpin qui slalome à travers un champ de bosses; sauf la danse. Mais la danse se pratique sur le plat, entre quatre murs, alors que le ski alpin vous entraîne chaque fin de semaine plus loin, dans le

le Bas du Fleuve la région du Saint-Laurent située à l'est de Québec

Chamonix station de sports d'hiver située près du mont Blanc, dans les Alpes; l'aiguille du Midi et la pointe Hellbronner font partie du massif du mont Blanc
randonnée *ski run*

c'est de bonne guerre *it's only fair*

côte à vaches *beginners' trail (cow-slope)*

les Ménuires, Méribel et Courchevel les trois principales stations de sports d'hiver de la région des Trois-Vallées, en Savoie
chialer *Q.* se plaindre

beau pays de Charlevoix, dans le Bas du Fleuve° à Pâques, en Nouvelle-Angleterre, dans l'Ouest canadien. Il vous met en appétit de voyage et vous permet d'aborder les Alpes... par le haut. Savez-vous à quoi ressemble la splendide vallée de Chamonix° vue du haut du mont Blanc? Si vous ne faites pas de ski alpin, vous ne le saurez peut-être jamais. Vous ne saurez jamais en tout cas l'intensité presque diabolique du plaisir qu'on éprouve à débarquer de la télécabine suspendue entre l'aiguille de Midi et la pointe Hellbronner, à chausser ses skis, à s'engager sur le petit sentier de chèvres qui vous amène au départ de la randonnée° divine menant à travers la Vallée Blanche jusqu'aux rues de Chamonix... Après cela, impossible de dire la moindre chose contre l'hiver ou de se plaindre de quelques flocons.

J'ai commencé par la fin, c'est de bonne guerre°. Mais je ne vous cacherai   5
pas que mes premiers pas à skis, je les ai faits sur une petite pente, une « côte à vaches° », comme on dit, aménagée au pied du modeste mont Saint-Bruno. Je ne sais même plus si cette piste existe encore. Mais je sais que le mont Blanc est encore là, et que j'y rêve à chaque retour du temps froid, et que vous pourriez y être en moins de trois ans après avoir effectué vos premiers virages sur la Obergergl de Mont-Gabriel ou la familiale de Mont-Orford. Après cinq leçons d'un moniteur compétent et quelques dizaines de journées de ski, il n'y a pas une seule montagne du Québec, de la Nouvelle-Angleterre ou de l'Ouest canadien qui vous serait interdite. Et toutes les Alpes françaises, sans une seule exception, vous seront devenues abordables, sans peur, sans danger. J'ai vu des skieuses de deuxième année faire les Ménuires, Méribel et Courchevel° dans la même journée, sans autre mal qu'une spectaculaire chute inoffensive dans la poudreuse fraîche.

Essayez cela. Et vous viendrez me dire ensuite si l'hiver est aussi désolant   6
que le prétendent neuf Québécois sur dix. Et si vous avez encore à chialer° devant moi contre l'hiver, faites-le discrètement, car, je vous préviens, j'ai aussi des notions de boxe.

Yves Létourneau—*L'Actualité*, févr. 1984

PRÉ-LECTURE

1. Qu'est-ce qu'un manifeste? Ce terme est-il bien choisi? Que suggère-t-il? Pourquoi l'auteur l'a-t-il choisi?

2. Dans ce texte, l'auteur nous parle de l'attitude des Québécois face à l'hiver. Et vous, aimez-vous l'hiver?

3. L'hiver vous préférez :
   a) rester devant un feu de foyer;
   b) pratiquer un sport d'hiver;
   c) aller dans le sud?

1. Qu'est-ce que l'auteur reproche aux Québécois?
2. Quels exemples donne-t-il de l'attitude de ces derniers envers l'hiver?
3. Expliquez le choix des mots « andouilles », « désaplatir », « lézards », « bipèdes ».
4. Pourquoi l'auteur ajoute-t-il : « Du moins pas tout à fait, hélas »?

5. Que représentent la neige et le ski pour l'auteur? Quels sont les mots qui communiquent son enthousiasme?

6. Pourquoi fait-il l'éloge du ski alpin en particulier?

7. En quoi le ski alpin peut-il être comparé à la danse? En quoi est-il supérieur à cette dernière, selon l'auteur?

8. Qu'est-ce que l'apprentissage du ski rend accessible?

9. Expliquez à quoi tient le plaisir dont parle l'auteur.

10. Par quelle « fin » l'auteur a-t-il commencé?

11. Comment s'y prend-il pour encourager les lecteurs qui n'auraient jamais fait de ski alpin?

12. Expliquez la dernière phrase du texte : quel effet l'auteur veut-il produire?

APPROFONDISSEMENT

1. Le texte justifie-t-il le titre qui lui est donné? Peut-on dire qu'il s'agit bien d'un manifeste?

2. Quels sont les procédés de style qu'emploie l'auteur lorsqu'il parle des gens qui n'aiment pas l'hiver? Quelle(s) réaction(s) veut-il susciter?

3. Relevez les adjectifs et les adverbes à valeur méliorative et hyperbolique qui contribuent au lyrisme de certains passages.

4. Relevez les adjectifs à valeur atténuative (comme *petit*) et dites pour chaque emploi quelle en est la fonction.

5. Qu'est que l'auteur cherche à faire lorsqu'il utilise « je » et « vous »?

EXERCICES

I. *Complétez les phrases suivantes à l'aide d'un substantif tiré de la liste ci-dessous.*

bosse, pente, vallée, poudreuse, chute, raquette, sentier, flocon

1. Il ne fait pas de ski, mais lorsqu'il veut se promener dans le sous-bois enneigés, il chausse des _____.

2. La meilleure neige pour le ski, c'est _____.

3. La neige tombe à gros _____.

4. Elle a descendu _____ à toute vitesse.

5. J'ai gravi cette montagne en passant par de petits _____ étroits.

6. Tu risques de faire beaucoup de _____ si tu ne parviens pas à éviter les _____.

7. Du haut du mont Blanc, on voit _____ de Chamonix.

II. *Complétez les phrases suivantes à l'aide du substantif qui correspond à l'un des verbes ci-dessous.*

dénigrer, fuir, retourner, éblouir, plaindre, s'évader

1. Il attend avec impatience le _____ de l'hiver.
2. Cette _____ d'un condamné à mort a surpris tout le monde.
3. Lorsqu'on roule la nuit, la lumière des phares d'une voiture venant en sens inverse cause souvent un _____ momentané.
4. Le chien a pris la _____ quand je m'en suis approché(e).
5. Le _____ semble une activité favorite des gens qui n'accomplissent rien eux-mêmes.
6. Les voisins ont adressé plusieurs _____ à la police parce qu'il faisait trop de bruit.

III. *Complétez par le mot qui convient.*

1. Les _____ ne connaissent que la ville et ignorent tout de la campagne.
2. Les bonnes odeurs qui viennent de la cuisine m'ont mis(e) en _____.
3. Les élucubrations de ce prétentieux me tombent sur les _____.
4. Du sommet, on aperçoit le village tout en bas, au _____ de la montagne.
5. J'ai demandé à un _____ de ski de me donner des leçons particulières.

IV. *Complétez les phrases suivantes à l'aide d'un verbe choisi dans la liste ci-dessous.*

asphyxier, soupirer, priver, prévenir, libérer, agacer, chausser, désoler

1. Avant que tu ne t'inscrives, laisse-moi te _____ que le cours est très difficile.
2. Cesse de te plaindre! Tu me _____.
3. Ne cours pas pieds nus, _____ tes sandales!
4. Leur mère les a _____ de dessert.
5. La pollution des villes _____ les citadins.
6. Quelle tristesse de voir ces gens s'encabaner; ça me _____.
7. La venue du printemps nous _____ de la tyrannie de l'hiver.
8. Je crois qu'il est amoureux : il _____ continuellement!

V. *Complétez les phrases suivantes à l'aide de l'adjectif qui correspond au nom donné entre parenthèses.*

1. (rudiment) Ses connaissances en astronomie sont _____.
2. (pluie) Il fait un temps _____ depuis quelques jours.

3. (politesse) Je vous prierai de rester _____.
4. (dieu) Cette musique me procure un plaisir _____.
5. (famille) C'est un petit hôtel où règne une ambiance très _____.
6. (cité) Je ne suis pas fait(e) pour la vie _____.

CONVERSATIONS, DÉBATS, ANALYSES

1. Est-ce que vous détestez l'hiver ou est-ce que vous essayez d'en profiter? Est-ce que vous vous enfermez chez vous ou est-ce que vous avez des activités à l'extérieur?
2. Quel(s) sport(s) faites-vous en hiver? Faites-vous du ski, de la raquette, du patinage? Qu'est-ce que ces sports vous apportent et qu'est-ce qu'ils représentent pour vous?
3. Êtes-vous attiré(e) par les régions montagneuses? Laquelle souhaiteriez-vous visiter en particulier?
4. Faites l'éloge de votre sport favori en essayant de convaincre vos camarades qu'ils (elles) devraient l'essayer.
5. Quel groupe de gens vous « tombe sur les nerfs » et pourquoi?

COMPOSITIONS

1. Racontez une excursion dans la nature qui vous a particulièrement impressionné(e).
2. Rédigez un manifeste contre une catégorie de gens qui vous irritent, tout en faisant valoir les avantages qu'ils trouveraient à se rallier à votre point de vue.

g is an assembly procedure.
gatives, halftones, color-
ons and any other components
positioned. This includes line
the paste-up and its overlays
created to allow certain colors to
be blocked out); the assembly
nal cyan, magenta, yellow and
egatives; and the exposure of line
egatives to create the final
lm. Becoming a

ding the
nd in some cases the
ion) of mechanical pre-press
es such as stripping and multiple
ts. Electronic stripping accuracy
recise positioning the same
sed to produce the final output.
ctronic files can be edited
standard page template
s a new page by "pouring" new
ments into it, and electronic
ages can be edited in ways that
ossible through non-electronic
. Another major advantage of
ic pre-press is that PostScript
be produced on relatively
sive Macs and printed on a
f machines, ranging from low

7

L'ESPRIT,
LA SCIENCE

On peut développer son intelligence par la gymnastique du cerveau

On sait maintenant que le cerveau humain se compose de milliards de [1]
neurones reliés entre eux par un immense réseau de câbles et de connexions
et que dans ces « fils » circulent des impulsions électriques ou chimiques
qui se décrivent en termes moléculaires.

Est-il suffisant de connaître l'existence de ces circuits pour expliquer [2]
l'intelligence? Non, mais cela permet en tout cas de poser certaines
hypothèses quant au fonctionnement du cerveau : les fonctions mentales
forment un système global et il n'y a pas d'aire cervicale° spécifique à
l'intelligence. Pourtant, il faut bien qu'elle existe, cette faculté dont l'humain
est si fier?

aire cervicale région du
cerveau

Le test du quotient intellectuel, désormais dépassé
Dans les années vingt, des chercheurs ont élaboré un test qui devait [3]
permettre d'évaluer le quotient intellectuel (QI) des gens. Ce test était conçu
pour évaluer « la capacité—mesurée par des tests de culture générale, de
vocabulaire, d'histoires en images, etc.—de résoudre des problèmes
verbaux », précise Adrien Pinard, l'un de nos grands spécialistes dans le
domaine de l'intelligence, professeur au module de psychologie de l'UQAM°.
« L'objectif de ce test, poursuit-il, est essentiellement de prédire, l'adaptation
personnelle, scolaire ou professionnelle des individus. »

UQAM Université du
Québec à Montréal

Ce que le professeur Pinard lui reproche, c'est qu'il ne tient pas compte [4]
du fait qui des personnes de niveaux d'intelligence comparables—des
chimistes, des ingénieurs et des artistes, par exemple—n'ont pas
nécessairement la même forme d'intelligence.

Une enfant brillante et créatrice peut donner des réponses apparemment [5]
inadéquates, parce qu'imprévues et innovatrices, mais somme toute très
intelligentes. Peut-être bien qu'Einstein ou Picasso auraient échoué au test

de QI, qui sait? D'autres opposants au test précisent que l'enfant qui maîtrise bien le langage est nettement avantagé, ce qui ne veut pas dire qu'un autre, plus visuel, par exemple, mais qui n'est pas aussi articulé sur le plan verbal, soit moins intelligent. De plus en plus contesté, ce test est désormais dépassé.

L'intelligence, ce serait la capacité de comprendre le pourquoi de ses actions

6 Les théories de Piaget sur la psychologie de l'intelligence ont marqué les années cinquante. Partant d'une conception de l'intelligence définie comme l'adaptation aux conditions extérieures pour aboutir finalement à une théorie où prime la capacité de raisonnement, Piaget a tenté de démontrer que l'intelligence évolue avec l'âge du sujet et que cette évolution plafonne à l'adolescence.

7 Aujourd'hui, les psycho-pédagogues croient que les possibilités sont infiniment plus vastes... heureusement pour tous ceux qui ont depuis longtemps franchi le cap° de l'adolescence! Ainsi, nombre de chercheurs reconnaissent le développement progressif de l'intelligence et sont convaincus qu'elle peut continuer d'évoluer même à l'âge adulte, ce que confirment par ailleurs les études menées par Adrien Pinard. Il considère que l'intelligence des adultes se caractérise par la capacité de comprendre les mécanismes nous poussant à agir de telle ou telle manière.

> **franchir le cap de l'ado-lescence** dépasser l'âge de l'adolescence

8 Si l'enfant attend le *feed-back* de son entourage, l'adulte s'appuie au contraire sur son propre jugement pour évaluer la pertinence de sa démarche. Le fameux « connais-toi toi-même » du philosophe Socrate est à la base de cette recherche. Ainsi, l'ouverture d'esprit, la souplesse, et la capacité de se remettre en question seraient les principales caractéristiques de l'être en progression vers une plus grande maturité, celui qui sait relever les défis et stimuler sa créativité.

On peut développer son intelligence

9 On définit maintenant l'intelligence comme la capacité d'expliquer le « pourquoi » de ses actions, de porter un jugement critique sur sa propre démarche et de se fixer des objectifs. Dans cette optique, on peut augmenter ses capacités intellectuelles car, comme toute autre partie du corps humain, le cerveau se développe par l'exercice. C'est ainsi qu'un environnement stimulant favorise l'apprentissage—celui des jeunes comme celui des aînés.

10 Ragan Callaway, un professeur de l'Université de Toronto, souligne que les mécanismes mis en jeu sont les mêmes, « qu'il s'agisse des cellules d'un muscle soumis à l'exercice, des cellules d'une peau en train de cicatriser ou de celles du cerveau engagées dans l'effort d'apprendre. »

11 Le fait que le cerveau se modifie selon l'usage qu'on en fait, selon Callaway, démolit certaines croyances qui faisaient jadis figure° de véritables dogmes, entre autres l'idée que la structure du système nerveux central, une fois formée, est définitive. Ainsi, le développement de l'intelligence serait pratiquement sans limite, finalement.

> **faire figure de** paraître, être considéré comme

Une gymnastique pour le cerveau...

● *Des exercices de concentration*

On suggère aux gens de se soumettre à des exercices de concentration   12
comme les échecs, les jeux vidéo, etc. qui stimulent leur capacité à élaborer
des stratégies, à résoudre des problèmes et exigent de la concentration.

● *Le retour aux études*

Pourquoi ne pas retourner aux études, c'est-à-dire dans un cadre qui   13
incite à la confrontation des idées et à la réflexion. Les milieux universitaires
fournissent généralement un environnement favorisant l'analyse, la remise
en question et l'esprit de synthèse.

● *La méditation favorise intuition et créativité*

Une trop forte tension nuit au travail intellectuel. Quand il n'est pas   14
gêné par les inquiétudes et les préoccupations, le cerveau a une capacité
pratiquement illimitée d'assimiler, puis de se rappeler l'information. Or,
non seulement la méditation est-elle reconnue pour favoriser la détente
et améliorer le pouvoir de concentration, mais de plus, elle permet de
développer intuition et créativité.

Ce dernier phénomène s'explique par la production de rythmes cérébraux   15
particuliers que l'électro-encéphalogramme identifie clairement. Les ondes
bêta sont associées à l'activité et à la concentration. Les ondes alpha,
remarquablement régulières, apparaissent lorsque le sujet est en état de
relaxation profonde. Elles procurent un grand bien-être. Les ondes thêta
correspondent à la phase de sommeil profond et les ondes delta, extrêmement
lentes, ont pu être observées chez des gens gravement malades, au seuil
de la mort... mais c'est également la longueur d'ondes des fakirs pendant
leurs transes.

L'onde alpha est directement liée au monde de l'inconscient, à l'intuition.   16
Or, de nombreuses découvertes sont nées de l'intuition des chercheurs.
Einstein lui-même a dit un jour que sa première intuition de la théorie
de la relativité, il l'avait eue à la suite d'une sensation physique ineffable,
plutôt que par le jeu des idées. Mais cela ne signifie pas que la méditation
ou la détente rende une personne plus intelligente. Le cerveau, en effet,
ne peut traiter que l'information dont il dispose.

● *Cultiver l'ouverture d'esprit*

On comprend pourquoi une variété d'expériences enrichissantes, un   17
vaste éventail de sensations sont autant d'outils de développement de la
créativité. Il ne faut donc pas avoir peur d'explorer et d'expérimenter.
Explorer, c'est tolérer l'incertitude. C'est aussi la capacité de réévaluer
ses idées à la lumière de données nouvelles.

Pour développer la souplesse de votre cerveau, exercez-vous à changer   18
de point de vue à l'occasion. Par exemple, si vous croyez fermement à

l'importance de faire des études très avancées pour réussir dans la vie, essayez de trouver des arguments en faveur de l'autodidacte. Préoccupez-vous davantage d'avoir raison que d'avoir eu raison.

Être doué, qu'est-ce que cela signifie?

19 Janine Flessas, neuropsychologue à l'hôpital Sainte-Justine, définit l'intelligence comme la résultante du bon fonctionnement des cellules cérébrales et il ne fait aucun doute à ses yeux que la capacité de réflexion peut progresser la vie durant. C'est l'activation en mosaïque de toutes les régions du cerveau qui permet un bon fonctionnement intellectuel. « L'éducation ne fait qu'amplifier les aptitudes naturelles », précise-t-elle. En ce sens, ce qu'on appelle un don correspondrait à un ensemble complexe de prédispositions innées. Mais Janine Flessas explique que plusieurs talents demeurent cachés sans la présence de conditions propices à leur épanouissement. Cela expliquerait l'apparition inattendue de dons à un âge avancé, pour la musique par exemple, ou la peinture.

Intelligence ou intelligences?

Dans notre société, le langage est l'outil de communication le plus développé [20] et on y associe souvent l'intelligence. Mais celle-ci se manifeste sous différentes formes, affirme la neurobiologiste Guillemette Isnard, qui doit publier sous peu un ouvrage sur la mémoire aux Éditions Le Méridien. Selon elle, l'intelligence se définit à plusieurs niveaux, chacun de nos sens a sa propre intelligence et chaque rythme cérébral engendre de nouvelles perceptions. La neurobiologiste affirme catégoriquement que le langage n'est pas l'intelligence. Il ne serait qu'une forme d'expression de celle-ci. Pour sa part, le docteur Gardner affirme, dans son livre intitulé *Frames of Mind: The Theory of Multiple Intelligence*, l'existence de sept intelligences différentes. Selon sa théorie, seules trois d'entre elles—les intelligences linguistique, logique-mathématique et spatiale—seraient proprement « intellectuelles ». Les quatre autres, la corporelle-kinesthésique, la musicale, la sociale et celle qui se rapporte à la connaissance de soi, ont suscité plus de controverse. Mais le spécialiste soutient que chacune de ces intelligences est bien réelle et même, qu'elles peuvent être carrément détruites à la suite de lésions en des endroits spécifiques du cerveau.

La discipline de son émotivité

Notre intelligence, tout comme notre mémoire, sont intimement liées à [21] notre émotivité, au dire de Guillemette Isnard et, à ce titre, l'intelligence se transforme tout au long de notre vie. Peut-être serait-elle même réversible : un être intelligent pourrait devenir bête, et vice versa. Guillemette Isnard croit donc que l'on doit discipliner son émotivité pour favoriser un développement plus harmonieux de l'intelligence. À ce chapitre, la méditation serait un bon outil de développement du cerveau.

Clode de Guise—*Santé*, nov. 1988

PRÉ-LECTURE

Le texte répond à un certain nombre de questions qu'on se pose sur l'intelligence :

1. Où se trouve l'intelligence?

2. Est-elle héréditaire ou est-ce quelque chose que l'on acquiert?

3. Naît-on intelligent?

4. Un génie a-t-il exercé son cerveau plus que les autres?

5. Est-ce possible de l'exercer? Comment?

   Répondez à ces questions selon vos connaissances, puis vérifiez si vos opinions étaient fondées, en lisant le texte.

1. De quoi se compose le cerveau humain?
2. Quelle hypothèse peut-on maintenant faire sur le fonctionnement du cerveau?
3. Sur quoi portait le test d'évaluation du quotient intellectuel? Quel en était l'objectif?
4. Qu'est-ce que le professeur Pinard reproche à ce test?
5. Quelles autres critiques a-t-on formulées contre ce test?
6. Quels étaient les points essentiels des théories de Piaget?
7. Les psycho-pédagogues actuels continuent-ils à partager les idées de Piaget?
8. Comment Adrien Pinard définit-il l'intelligence des adultes?
9. En quoi l'adulte diffère-t-il de l'enfant?
10. Qu'est-ce qui caractérise l'adulte qui progresse vers une plus grande maturité?
11. Quelle est la définition que l'on donne actuellement de l'intelligence?
12. Sur quelles analogies le professeur Callaway fait-il reposer l'idée que le cerveau se développe par l'exercice?
13. Quel dogme en particulier la nouvelle théorie contredit-elle?
14. En quoi le point de vue actuel sur le développement du cerveau est-il optimiste?
15. Que peut-on faire pour exercer et stimuler son cerveau?
16. Comment la méditation contribue-t-elle à faciliter le travail intellectuel?
17. Quels sont les types d'ondes que le cerveau peut produire? À quelles activités mentales ces diverses ondes sont-elles associées?
18. À quoi l'intuition donne-t-elle parfois naissance?
19. La méditation conduit-elle automatiquement au développement de l'intelligence?
20. Quels sont les bénéfices de l'ouverture d'esprit et de l'expérimentation? À quel genre d'exercice peut-on se livrer pour cultiver la souplesse d'esprit?
21. Qu'est-ce qui permet le bon fonctionnement intellectuel selon Janine Flessas?
22. Qu'est-ce qu'un don? Qu'est-ce qui est nécessaire à son épanouissement?
23. À quoi associe-t-on l'intelligence dans notre société? Quelle est l'opinion de Guillemette Isnard à ce sujet?
24. Quelle théorie de l'intelligence Gardner a-t-il proposée? Quelle preuve avance-t-il pour justifier sa théorie?

25. Comment Guillemette Isnard explique-t-elle le fait que l'intelligence puisse se développer? Qu'est-ce qui est nécessaire à ce développement?

APPROFONDISSEMENT

1. Résumez l'évolution des théories de l'intelligence depuis celle qui a donné naissance aux tests de Q.I., en passant par Piaget, jusqu'aux théories actuelles.

2. Précisez quels étaient les postulats fondamentaux quant au fonctionnement du cerveau et à la nature de l'intelligence sur lesquels reposaient les tests de Q.I. et qui sont maintenant jugés erronés. Pourquoi est-il encore nécessaire aujourd'hui d'en faire la critique?

3. Quelles sont les principales conclusions que l'on peut tirer des théories contemporaines? Quelles peuvent en être les applications dans le domaine de la pédagogie et du développement individuel?

EXERCICES

I. *Illustrez la différence entre les mots suivants en les employant dans de courtes phrases.*

la marche	et	*la démarche*
la capacité	et	*l'aptitude*
le sens	et	*la sensation*

II. *Refaites les phrases suivantes en remplaçant l'expression en italique par un adjectif synonyme.*

propice, dépassé, imprévu, inné, doué

1. L'intelligence est-elle un don *que l'on possède à la naissance*?
2. Plusieurs théories sur le fonctionnement du cerveau se révèlent tout à fait *inacceptables parce que trop anciennes.*
3. Ce jeune garçon semble *jouir d'un talent spécial* pour la musique.
4. Nos recherches ont produit des résultats *que l'on ne prévoyait pas.*
5. Il faut trouver le moment *favorable* pour le leur demander.

III. *Trouvez les verbes qui correspondent aux substantifs suivants :*

la réflexion	la créativité
la détente	l'émotivité
l'expérience	le chercheur
le raisonnement	la croyance
l'exercice	l'échec

IV. *Complétez les phrases suivantes à l'aide du verbe qui convient.*

fournir, procurer, relier, nuire, aboutir, franchir

1. Les recherches du docteur Gardner ont _____ à la conclusion qu'il existait bel et bien sept intelligences différentes.
2. Grâce à son cerveau, l'homme peut _____ tous les obstacles, toutes les limites... ou presque.
3. La méditation nous _____ une sensation de détente.
4. Il est prouvé que l'alcool et les drogues _____ à notre capacité de concentration.
5. Pourriez-vous me _____ des explications sur le rôle des ondes alpha?
6. Le développement verbal et l'intelligence ne sont pas nécessairement _____.

CONVERSATIONS ET DÉBATS

1. Croyez-vous aux bienfaits de la méditation?
2. Que pensez-vous des tests de quotient intellectuel au plan
   a) de leur utilité; b) de leur validité; c) de l'usage qui est fait des résultats de ces tests?
3. Dressez une liste des méthodes qui vous semblent les plus efficaces pour développer les facultés intellectuelles, de l'enfant d'abord, de l'adulte ensuite.
4. Quelle vous semble être la part des facteurs socio-économiques dans le développement de l'intelligence?
5. Quelle place occupe l'intelligence parmi les attributs et qualités de l'être humain que vous estimez le plus?

COMPOSITIONS

1. Quels sont les domaines d'activité dans lesquels vous vous sentez particulièrement intelligent(e)? Quels sont ceux dans lesquels vous vous croyez inepte? À quoi attribuez-vous ces différences?
2. Espérez-vous pouvoir développer votre intelligence tout au long de votre vie? Quels projets élaborez-vous dans ce sens? À quelles méthodes pensez-vous recourir?

Au nom de la raison

« Vampires », projet ultra secret des Forces armées américaines, avait pour 1
but de vérifier la possibilité de détruire les missiles soviétiques en brûlant
une photo de ces engins. Il a fallu six millions de dollars pour se rendre
à l'évidence : le projet n'avait réussi qu'à saigner les contribuables.

Napoléon évitait les dîners regroupant treize personnes à table. Franklin 2
Roosevelt annulait tous les voyages prévus le treize du mois. La « tris-
kaidekaphobie », la peur du chiffre 13, coûte en moyenne un milliard de
dollars chaque année, aux États-Unis, en absentéisme, en annulations de
billets de train ou d'avion, et en baisse du chiffre d'affaires° le treize de
chaque mois.

Des évangélistes guérissent certains hommes du cancer de l'utérus. 3
Des compagnies n'hésitent pas à vérifier le signe astrologique d'un futur
employé...

Les « sceptiques », ces gens qui ne croient pas aux phénomènes 4
paranormaux, sont en guerre contre ce genre de croyances. Depuis vingt
ans, James Randi, un Canadien, exhibe un chèque de 10 000 $ qu'il offre
à quiconque pourra lui démontrer l'existence de pouvoirs psychiques,
occultes ou paranormaux. Après 600 réclamations, James Randi, l'un des
meilleurs magiciens de l'Amérique du Nord, a toujours ses 10 000 $. « La
différence entre tous ces gens et moi, explique-t-il, c'est que moi, j'admets
que je suis un charlatan. Pas eux. »

Les sceptiques se sont engagés dans une lutte féroce : celle de la 5
rationalité opposée au besoin de croire. Ils font face à un problème quasi
insurmontable : divers sondages américains confirment que la croyance
aux phénomènes paranormaux, dans ce siècle de la science et de la
technologie, reste forte et solide. La revue du Committee for the Scientific
Investigation of the Claims of the Paranormal (CSICOP), le *Skeptical
Inquirer*, publie régulièrement une centaine de pages d'articles et de
reportages sur divers phénomènes paranormaux. Mais cette revue, qui
tire à 20 000 exemplaires, passe presque inaperçue à coté des 5,5 millions
d'exemplaires du *National Inquirer*, son farouche adversaire, qui, souvent,
traite des mêmes sujets, mais sous un angle totalement différent. Pourquoi,
malgré le manque de preuves évidentes, des millions de personnes se
tournent-elles vers de telles croyances?

« Les gens ont besoin de croire », explique le professeur Yves Galifret, 6
spécialiste en neurosciences, un des responsables du Comité français pour

baisse du chiffre d'af-
faires   *decrease in business*

l'étude des phénomènes paranormaux. « On a beau° leur démontrer de toutes les façons possibles, preuves en main, que tout ça, c'est du bidon°, il y a un tel besoin de croire que les gens n'en tiennent pas compte. »

on a beau on peut bien s'efforcer de
du bidon des choses fausses, des supercheries

La boule de cristal fait boule de neige

7 Depuis quelques années, les sceptiques font face à une recrudescence des phénomènes paranormaux. Ils l'expliquent ainsi : « L'approche de la fin d'un millénaire semble inciter les gens à penser à la fin du monde. » Ainsi, à l'aube de l'an mille, les gens se seraient tournés vers les sciences occultes pour apaiser leurs angoisses. Toutefois, M. Jean Delumeau, professeur au Collège de France, remarquait récemment que « les peurs, les terreurs de l'an mille n'ont pas existé, que c'est une légende. Nous espérons que les journaux parleront moins des peurs de l'an deux mille, parce qu'ils ne trouveront aucune référence historique à ces peurs de l'an mille. » Mais l'approche du troisième millénaire n'est pas la seule explication.

8 Le *Skeptical Inquirer* a publié une étude qui démontrait que les pseudo-sciences pullulent là où décline la foi religieuse. Aussi, tous les sceptiques s'entendent pour dire que la pauvreté de l'enseignement des sciences et de leur histoire entraîne la recrudescence des « autres » croyances. Sans une compréhension fondamentale des lois de la nature, expliquent-ils, les gens sont plus portés à croire à des phénomènes paranormaux. « Les esprits des futurs adultes devraient être formés à reconnaître, pour les déjouer, les pièges du faux savoir et du charlatanisme », écrit M. Michel Rouzé, rédacteur en chef de *Science... et pseudo-science*, de l'Association française pour l'information scientifique, qui a pour devise : « La diffusion de la science, c'est aussi la dénonciation des pseudo-scientifiques ». « Si c'est là l'une des tâches les plus nobles et les plus nécessaires qui échoient aux enseignants de tout niveau, poursuit M. Rouzé, on est en droit d'exiger d'eux qu'ils transmettent l'esprit critique. »

La guerre des étoiles

9 Chaque jour, en Amérique du Nord, 1800 journaux publient des horoscopes. Le CSICOP a écrit en leur demandant d'insérer, avant l'horoscope, un petit chapeau indiquant que « cette rubrique est là simplement pour vous amuser et qu'elle n'a aucun fondement scientifique », une espèce d'« éviter d'inhaler », comme sur les paquets de cigarettes. Rapidement, les journaux répondirent par lettres d'injures accusant les membres du CSICOP d'être des « esprits étroits », etc. Même les quelques journaux qui leur donnaient entièrement raison précisaient : « Si je dis ça, mon chiffre de ventes va s'effondrer. Ne me demandez pas de brûler ma boutique. »

10 Le sondage Tremblay-Roy révèle que 60,2% des Québécois croient que l'astrologie est une science. Selon un autre sondage, celui de Léger et Léger, préparé pour le *Journal de Montréal*, 94% des gens au Québec connaissent leur signe astrologique. Ce même sondage révèle, de plus, que près des trois quarts des Québécois lisent de temps à autre leur horoscope. Et, blague à part°, les personnes nées sous le signe du Poisson sont celles

blague à part *all joking aside*

qui croient le plus à l'astrologie et aux superstitions. À l'opposé, les plus incrédules seraient les Taureaux, les Lions et les Scorpions...

En France, 60% des gens consultent régulièrement leur horoscope et 11 25% disent y croire. À Paris, en 10 ans, le nombre des voyants et adeptes des sciences occultes a quadruplé. Aussi, huit millions de Français consultent, chaque année, 40 000 cabinets de voyance°.

cabinet de voyance
clairvoyant's "office"

« Une des choses qui poussent les gens à croire à l'astrologie ou aux 12 phénomènes paranormaux, explique M. Yves Galifret, est la difficulté de reconnaître, parmi la multitude d'expériences quotidiennes, les événements reliés au hasard. Les prévisions annuelles faites par les voyants sont toujours vérifiées et c'est un fiasco total... « sauf quelques coïncidences. »

L'astrologue a parfois raison, certes. L'idée est de savoir s'il a raison 13 plus souvent qu'à son tour. « Aucune des tendances astrologiques n'a dépassé le stade de la preuve statistique, une fois soumise à un test sérieux », précise M. Gilles Beaudet, professeur de physique à l'Université de Montréal. « Pourtant, en 2000 ans d'existence, l'astrologie aurait eu tout le temps voulu pour faire ses preuves. »

Don d'observation

Rien de plus simple, selon les sceptiques, que de devenir astrologue, 14 cartomancien, diseur de bonne aventure ou autre « conteur d'histoires ». « Ils n'ont pas la moindre idée de votre avenir — ni de votre passé, d'ailleurs. Mais ils peuvent deviner pas mal de choses et c'est là l'essentiel de leur art : deviner la vérité à partir de vos attitudes et réactions. »

15   D'abord, la méthode utilisée n'a aucune importance, selon les sceptiques. Le voyant ou l'astrologue (que nous appellerons « psi ») peut lire l'avenir sur un pied, dans la main, les deux yeux fermés, pourvu qu'on le laisse étudier le client avant de se bander les yeux. Le psi est un observateur hors pair°, qui remarque tout de suite l'âge du client, son style, ses manières, son vocabulaire, son accent et son tempérament.

hors pair exceptionnel

16   Le psi sait qu'à peu près tout être humain devient amoureux, se querelle, se réconcilie, perd un être cher, etc. À s'en tenir à ce genre de prédictions, on aura toujours raison. Ray Hyman, psychologue à l'Université de l'Oregon, donne un exemple.

17   « Une jeune femme âgée entre 28 et 33 ans rend visite à un psi. Elle porte des bijoux dispendieux, une alliance et une robe noire d'une étoffe de pauvre qualité. Le psi remarque qu'elle porte des souliers destinés aux personnes ayant des problèmes de pieds.

18   « Le psi suppose que cette cliente est venue le voir, comme la plupart de ses clientes, à cause de problèmes d'amour ou d'argent. La robe noire et la bague indiquent que son mari est probablement mort récemment. Les bijoux dispendieux suggèrent qu'elle était financièrement à l'aise durant son mariage, mais l'étoffe de pauvre qualité indique que son mari l'a laissée sans le sou. Les souliers thérapeutiques signifient qu'elle est debout plus souvent qu'avant. Il en déduit qu'elle travaille depuis la mort de son mari. » Observation à la Sherlock Holmes quoi! Ce dernier aurait d'ailleurs fait un excellent diseur de bonne aventure.

19   « Le déterminisme astrologique est extrêmement sécurisant pour les gens un peu démunis devant la complexité du monde moderne », reconnaît Gilles Beaudet. Sauf que la montée de l'irrationnel ne touche pas seulement les « naïfs ». Elle trouble aussi des milieux qu'on aurait crus à l'abri°. Certains boursiers paient l'astrologue ou le cartomancien jusqu'à 1000 $ pour savoir où, quand, comment et combien investir. La CIA dépense l'argent des contribuables américains pour vérifier si les sous-marins soviétiques seraient repérables par la pensée. Des dizaines de compagnies québécoises (dont les noms en surprendraient plus d'un s'ils étaient rendus publics) consultent des astrologues pour obtenir des conseils.

des milieux... à l'abri
social circles one might have thought were immune to it

20   « Les dirigeants ou membres de la direction des compagnies doivent prendre des décisions angoissantes », confie M. Philippe Thiriart, professeur de psychologie et membre de l'Association des sceptiques du Québec. « Cela ne m'étonnerait pas que ces gens se rendent en cachette consulter des astrologues ou autres pseudo-scientifiques, tout simplement pour apaiser leur angoisse. »

21   Mais les sceptiques s'attardent moins aux « superstitions bénignes » qu'à d'autres croyances beaucoup plus malignes.

Des miracles prémédités

22   Les prédicateurs attirent dix millions de téléspectateurs chaque semaine aux États-Unis. L'un d'eux, Pat Robertson, se présente même comme candidat à la présidence des États-Unis!

Le magicien Randi, récipiendaire du prix de la MacArthur Foundation   23
de Chicago—272 000 $ pour cinq ans—se demandait comment des
« télévangélistes », tel Peter Popoff, pouvaient guérir *miraculeusement* les
malades qui assistent à leurs spectacles. Il décida d'enquêter.

Armé d'un équipement électronique et aidé d'un ami déguisé en femme   24
et simulant un cancer des ovaires!—Randi se rend à un spectacle de Popoff.
Tout de suite, il remarque que le prédicateur porte un audiophone. Randi
trouve curieux que Popoff, qui guérit même le cancer, ait besoin d'un tel
appareil. Avec son détecteur d'ondes, Randi découvre qu'il s'agit en fait
d'un récepteur. Il intercepte un message curieux concernant son complice
déguisé : « La prochaine personne, celle avec le gros derrière et la poitrine
fournie, c'est Mme X. Elle a un cancer de l'utérus… » La voix du message
intercepté était celle de Mme Popoff. Installée dans une camionnette, à
l'extérieur de l'enceinte, elle suit le spectacle retransmis en circuit fermé
et dicte à son mari les noms, adresses et maladies des candidats à la guérison,
de même que les noms de leurs médecins, détails qu'elle avait recueillis
avant le spectacle. Le rôle de Mme Popoff est justement de s'entretenir
avec les spectateurs tout en leur posant des petites questions pour « faire
la conversation ». Les réponses à ces questions donneront à son mari de
« grands pouvoirs ».

Randi prétend que personne, à ce jour, n'a été guéri de quelque maladie   25
que ce soit. Comment expliquer, alors, que les gens se lèvent de leur fauteuil
roulant après la bénédiction du prédicateur? Tous ces « miraculés »,
remarque Randi, se lèvent d'une même marque de fauteuils roulants…
loués. Lorsque les gens entrent dans la salle Mme Popoff leur demande
s'ils voudraient bien s'asseoir dans un fauteuil roulant et se lever lorsque
embarquer *Q. to play*   le « Maître » le leur demandera. « Les gens « embarquent° », dit Randi.
along   Certains se doutent bien qu'ils jouent un jeu, mais ils « embarquent » quand
même. »

Mais certains autres jouent le jeu sans le savoir. Randi donne l'exemple   26
d'une personne souffrant d'arthrite. « On a démontré scientifiquement
qu'une personne ne sent plus son arthrite lorsqu'un Oral Roberts ou un
Peter Popoff, la saisit, la secoue et lui donne une taloche en plein front. »
Le mal disparaît grâce à une poussée d'adrénaline. « Il faut comprendre,
explique Randi, que la personne en question est devant son idole, pour
ne pas dire son dieu, sous les caméras de télévision, entourée de 20 000
personnes. Il est évident qu'elle ne sentira plus rien : elle est trop excitée. »
À la fin du spectacle, toutefois, ces mêmes « miraculés », se retrouvent
recroquevillés, pleurant et criant de douleur.

Crise de foi

La croyance aux phénomènes paranormaux n'est pas dommageable en soi.   27
« Ce sont les effets sur la société qui le sont », avertit le président du
CSICOP, M. Paul Kurtz. En effet, certaines croyances peuvent mener à
des vrais dangers physiques ou psychologiques.

28   À Toronto, une femme a déboursé 10 000 $ pour qu'une diseuse de bonne aventure guérisse son fils schizophrène. Une autre a payé 7000 $ pour avoir un pot de « potion magique », contenant, en fait, de l'eau colorée, qu'elle mettait sous son lit le soir, confiante que son cancer disparaîtrait. Peter Sellers est mort, semble-t-il, parce qu'il est allé voir un de ces guérisseurs miraculeux aux Philippines, au lieu de se faire opérer pour le cœur.

29   C'est certes sans exagération que nous parlons de croyances mortelles. Le pasteur Jim Jones a entraîné des centaines de disciples dans la mort. Le magicien Randi a rencontré un scientifique qui croyait, sans réserve, à Uri Geller et à son pouvoir de tordre des cuillers. Lorsque Randi lui a dévoilé le secret, le scientifique a tenté de se suicider.

30   Par ailleurs, on peut se demander qu'est-ce qui est le plus « meurtrier » : la croyance ou la connaissance scientifique? M Yves Galifret admet que le travail des sceptiques n'est pas très excitant, « parce que c'est toujours de la critique que nous faisons. Nous sommes perçus comme des trouble-fête°. »

trouble-fête   *party pooper*

31   Au contraire de ce qu'affirmait Descartes dans son célèbre *Discours de la méthode*, le bon sens n'est peut-être pas la chose du monde la mieux partagée.

Lucie Pagé — *Québec Science*, avr. 1988

PRÉ-LECTURE

1. Ce titre est accrocheur. Quand vous pensez à l'expression « au nom de… » qu'est-ce qui vous vient à l'esprit?

2. Lisez maintenant la première phrase :
   Vampires : Que pensez-vous de ce nom pour un projet ultra secret?

3. Quel jeu de mots emploie l'auteure dans le premier paragraphe?

4. Dans ce texte, on traite de phénomènes occultes. Qu'est-ce qu'un phénomène paranormal? Donnez des exemples.

5. Avez-vous déjà vécu un tel phénomène ou eu recours à quelqu'un qui se spécialisait dans ce domaine?

COMPRÉHENSION

1. Quel était l'objectif du projet « Vampires » et quel en a été le résultat?

2. Est-ce que la peur du chiffre 13 est très répandue? Quelles en sont les conséquences?

3. Citez un exemple particulièrement absurde de phénomène paranormal.

4. Qui est James Randi? Qu'est-ce que son « expérience » semble indiquer?

5. Qu'est-ce que les sceptiques combattent? Pourquoi est-ce un combat difficile?

6. Quelle différence y a-t-il entre le *Skeptical Inquirer* et le *National Inquirer*?

7. Comment explique-t-on la croyance aux phénomènes paranormaux?

8. Selon les sceptiques, à quoi est due la recrudescence de l'intérêt pour les phénomènes paranormaux?

9. Pourquoi Jean Delumeau estime-t-il que cette explication n'est pas valable?

10. Quel rapport existe-t-il entre l'intérêt pour les pseudo-sciences et la religion d'une part, la science d'autre part?

11. Quel devrait être le rôle de l'enseignement à l'égard des pseudo-sciences?

12. Quelle a été la réaction des journaux à la demande de la CSICOP?

13. Que révèlent les sondages au Québec et en France sur les attitudes envers l'astrologie et la voyance?

14. Qu'est-ce qui pousse les gens à croire que les prévisions des voyants et des astrologues se réalisent effectivement? Cette croyance a-t-elle un fondement réel?

15. En quoi consiste, selon les sceptiques, l'art des « psi »?

16. À quoi se limitent les prédictions des « psi » et pourquoi ce genre de prédictions se vérifie-t-il toujours?

17. Comment procède le « psi » avec la jeune femme dans l'exemple donné par Ray Hyman?

18. Qu'est-ce que le déterminisme astrologique apporte aux gens qui y croient?

19. En quoi la composition de la clientèle des « psi » est-elle surprenante?

20. Qu'est-ce qui peut pousser des dirigeants d'entreprise à consulter des « psi »?

21. Qu'est-ce qui témoigne de la popularité des télévangélistes? Qu'est-ce que certains d'entre eux prétendent accomplir?

22. Comment Randi a-t-il découvert la « méthode » de Peter Popoff?

23. Qu'est-ce qui explique les « guérisons » des individus en fauteuil roulant?

24. Quels sont les vrais dangers que peut entraîner la croyance aux phénomènes paranormaux? Pourquoi peut-on parler de croyance « mortelle »?

25. Quel reproche adresse-t-on aux sceptiques?

APPROFONDISSEMENT

1. De quel point de vue et dans quel but l'article a-t-il été écrit?

2. La critique des pseudo-sciences et des diverses croyances au paranormal est-elle bien nécessaire? Ne fait-on que convaincre ceux qui sont déjà convaincus ou peut-on réussir à démystifier ces croyances pour le grand public?

3. Quelles sont d'après l'article les composantes psychologiques de la confiance qu'accorde une certaine partie du public aux charlatans de toute sorte?

EXERCICES

I. *Illustrez la différence entre les expressions suivantes en les employant dans de courtes phrases.*

douter	et	*se douter de*
engager	et	*s'engager*
tenir à	et	*s'en tenir à*
tenir compte de	et	*se rendre compte de*
pauvre	et	*démuni*

II. *Refaites les phrases suivantes en remplaçant l'expression en italique par une expression synonyme.*

charlatan, adepte, contribuable, dirigeant, prédicateur, sondage

1. Plusieurs *personnes qui gouvernent* font appel à des voyants pour les aider à prendre des décisions importantes.

2. Certains guérisseurs prétendent soigner des maladies incurables mais ne sont en réalité que des *imposteurs*.

3. *Les enquêtes en vue de faire des statistiques* ont démontré l'intérêt que la population porte aux phénomènes occultes.

4. Aux États-Unis, plusieurs scandales ont miné la crédibilité des *personnes qui prêchaient une doctrine ou une religion nouvelle*.

5. Voyants, cartomanciennes, diseurs et diseuses de bonne aventure comptent des *gens qui les croient et les suivent* partout dans le monde et leur influence va croissant.

III. *Remplacez l'expression en italique par un antonyme choisi dans la liste suivante. Faites les changements qui s'imposent.*

sécurisant, foi, multitude, recrudescence, passer inaperçu, malin, être à l'abri

1. On assiste depuis quelque temps à *une diminution* des manifestations dites « paranormales ».

2. Rien ne changera *mon incrédulité* vis-à vis cet homme.
3. Par ses paroles, elle sait créer une atmosphère *angoissante* autour d'elle.
4. Les guérisseurs des Philippines seraient capables selon les dires de certains de faire disparaître les tumeurs *bénignes*.
5. *Une poignée* de gens liraient leur horoscope chaque jour.
6. Les complices des charlatans *se font remarquer* quand ils circulent dans la foule.
7. Vous *n'êtes pas protégés* contre le mauvais sort.

IV. *Complétez les phrases suivantes à l'aide d'une des locutions suivantes.*

se rendre à l'évidence, tenir compte de, avoir beau, faire boule de neige, faire ses preuves

1. Vous _____ dire que vous n'êtes pas superstitieux, vous ne passez jamais sous une échelle.
2. Cette potion magique _____, elle est garantie!
3. Il faudra _____ leurs attentes pour mieux les satisfaire.
4. Ses problèmes personnels, ses difficultés financières et sa maladie _____, c'est ce qui explique sa dépression actuelle.
5. Nous devons nous _____ que les diseuses de bonne aventure ont une clientèle croissante et qu'elles répondent à un besoin du public.

CONVERSATIONS ET DÉBATS

1. Connaissez-vous des gens à qui il arrive d'être superstitieux? Dans quelles circonstances le sont-ils? Comment vous expliquez-vous leurs superstitions?
2. L'astrologie. Connaissez-vous votre signe du zodiaque et ses caractéristiques? Lisez-vous parfois ou régulièrement votre horoscope? Avez-vous parfois trouvé des coïncidences entre des prédictions astrologiques et ce qui vous est arrivé?
3. Quelle est votre attitude envers la parapsychologie? Croyez-vous qu'il soit légitime d'y consacrer de l'argent à des recherches?
4. «Les gens ont besoin de croire.» Trouvez d'autres exemples d'« industries » dont la réussite repose sur l'exploitation de ce besoin.

COMPOSITIONS

1. Menez une enquête sur une pseudo-science actuellement en vogue et présentez-en les dangers.
2. La critique des pseudo-sciences devrait-elle faire partie de l'enseignement dispensé dans les écoles secondaires?

La vie intelligente extraterrestre

1   La question qui intrigue depuis longtemps l'humanité—sommes-nous seuls dans l'Univers?—devient à présent une véritable science, l'exobiologie, dont l'objet est l'étude de la vie sous toutes ses formes dans le cosmos. Ce regain d'intérêt pour les extraterrestres est le fruit de la mise au point de nouvelles techniques et fait suite à un certain nombre de résultats encourageants.

2   En effet, au fil des ans, astrophysiciens et biologistes ont accumulé— et accumulent encore—une à une les données constituant le puzzle de la vie extraterrestre. Déjà, nous avons repéré dans l'espace interstellaire de longues molécules chimiques nécessaires pour construire des chaînes biochimiques. Dans nos laboratoires, à partir d'une « soupe primitive » soumise aux conditions que l'on imagine avoir régné aux premiers jours de la Terre, nous obtenons quantité de matériaux organiques. Les plus récentes recherches astronomiques indiquent, par ailleurs, que la formation de planètes autour des étoiles serait la règle plutôt que l'exception.

3   Au cours des prochaines années, les astronomes ont bon espoir de repérer les premières planètes hors de notre système solaire. Parallèlement, on poursuit sans relâche la recherche d'émissions radio d'origine artificielle, à l'aide de radiotélescopes, aux États-Unis et en Union soviétique.

Aucune trace, mais beaucoup d'indices

4   L'idée qu'une vie intelligente puisse exister ailleurs que sur la Terre fait rêver depuis toujours. Cependant, à ce jour, la centaine de sondes automatiques qui ont fait le tour du système solaire n'en ont révélé aucune trace sur les mondes voisins : Vénus, Mars, Mercure et la Lune sont apparemment trop chaudes ou trop exposées aux radiations ultra-violettes pour qu'une vie de type terrestre ait pu s'y développer. Adieu! Donc, Vénusiens, Martiens, Mercuriens et Sélénites… Joel Levine, l'un des spécialistes de la question à la NASA, trace le bilan suivant : « Le fait demeure que nous n'avons aucune évidence convaincante de vie dans l'Univers ailleurs que sur la Terre. »

5   Par contre, John Billingham, également de la NASA, considère que « Le succès de la vie sur Terre est l'argument le plus convaincant de son existence

ailleurs. » En effet, bon nombre de biologistes, constatant avec quelle rapidité la vie s'est implantée sur la Terre (à peine 800 millions d'années après la condensation de la planète), estiment que l'émergence de la vie serait pratiquement inévitable sur un astre bénéficiant des conditions appropriées. Naît ainsi l'impression que la vie, loin d'être une anomalie, serait plutôt l'aboutissement d'un processus chimique sur lequel nous ne savons pratiquement rien.

Soulignons cependant que plusieurs spécialistes demeurent sceptiques 6 et se demandent sérieusement si l'apparition de la vie sur Terre ne résulterait pas, au contraire, d'un ensemble de circonstances tout à fait exceptionnelles, qui ont très peu de chances de se retrouver réunies dans un autre système planétaire.

Dans leurs études, les exobiologistes tentent de tirer parti le plus possible 7 du seul exemple connu de planète habitée. Ainsi, ils pensent que le développement d'espèces intelligentes nécessite un environnement qui, à l'image de la Terre, demeure passablement stable durant plusieurs milliards d'années—ce que seule une planète peut offrir. Ils décrivent un monde idéal ni trop chaud, ni trop froid, ni trop grand, ni trop petit, muni d'une atmosphère semblable à la nôtre et disposant d'eau en abondance.

Ils considèrent, en général, qu'une telle planète doit se trouver à 8 proximité (mais pas trop près) d'une étoile se consumant assez lentement pour donner tout le temps nécessaire à l'organisation chimique de la vie— somme toute, une étoile assez semblable au Soleil. Ces hypothèses aident les astronomes à concentrer leurs recherches sur un nombre relativement restreint d'étoiles—probablement quelques milliards!—parmi la centaine de milliards qui composent notre Galaxie.

On tente également de déterminer si la formation d'une planète habitable 9 est le résultat d'une série de coups de chance extraordinaires ou un événement probable, voire inéluctable. Encore là, à défaut d'autres exemples, les spécialistes se rabattent sur une hypothèse : la naissance du Soleil (et de son cortège de satellites) ne diffère pas de celle des autres étoiles. Évidemment, on peut imaginer de multiples raisons pour considérer cette hypothèse comme totalement erronée. Ainsi, peut-être que le nuage de poussière à partir duquel se condense une étoile doit avoir une masse, une composition, une température, une vitesse de rotation, etc., très particulières pour donner naissance à des planètes.

À l'écoute des extraterrestres

Le problème de la recherche de vie intelligente peut être abordé par le 10 biais de l'hypothèse « ultime » : s'il existe d'autres civilisations comparables à la nôtre, celles-ci pourraient signaler leur présence en émettant des messages. Nous-mêmes, d'ailleurs, diffusons abondamment et involontaire-ment depuis une bonne quarantaine d'années, avec nos émetteurs de télévision et nos systèmes de surveillance par radar. C'est dire que, s'il se trouve des êtres évolués dans un périmètre d'une vingtaine d'années-lumière, ceux-ci pourraient déjà avoir détecté notre présence et retourné la communication! Il s'agirait donc, simplement, de se mettre à l'écoute des étoiles grâce aux grandes antennes paraboliques des radio-télescopes.

11   Idée simple, mais difficile à mettre en œuvre, car, comme le calculent les experts, même s'il y avait un million de sociétés technologiques dans la Galaxie, il nous faudrait probablement examiner plus de cent mille étoiles avant d'en entendre une! En fait, le défi réside non pas tant dans la réception d'un signal artificiel, mais dans notre habileté à le distinguer parmi la myriade d'émissions en provenance d'une grande variété de sources naturelles. « Notre situation se compare un peu à celle de quelqu'un qui cherche un ami dans une grande ville, raconte Samuel Gulkis, responsable scientifique des recherches d'extraterrestres de la NASA. C'est facile de le reconnaître une fois que vous savez à quel endroit regarder—sinon, bonne chance... Puis, les circonstances sont considérablement plus compliquées pour nos recherches puisque nous nous devons, en plus, d'imaginer à quelle fréquence écouter. »

12   Ce problème, en effet, est de taille, étant donné l'étendue de la gamme des ondes électromagnétiques. Logiquement, la meilleure fréquence serait celle à laquelle la conversation interstellaire se ferait le plus efficacement et où les bruits parasites sont les moindres, c'est-à-dire, selon de nombreux experts, la bande des micro-ondes (eh oui! celle qu'utilise votre four à micro-ondes). Ce registre nous laisse cependant avec un vaste éventail de fréquences possibles—un peu comme si vous tentiez de capter votre émission° favorite parmi des milliards de canaux de télévision disponibles!

émission   *broadcast*

13   « Heureusement, note John Wolfe, autre spécialiste de la NASA, les [hypothétiques] extraterrestres sont très probablement conscients de ce problème et, s'ils veulent se faire entendre, ils feront en sorte° que ce soit facile pour nous. » Les spécialistes pensent d'ailleurs avoir repéré quelques fréquences particulières, dont celle sur laquelle émettent naturellement les atomes d'hydrogène neutre. « Parce que cette fréquence est produite par l'atome le plus simple et le plus abondant de l'Univers, explique Paul Horowitz, physicien de l'université Harvard et ardent chasseur de signaux extraterrestres, elle doit être connue de tous les radio-astronomes de la Galaxie. Il paraît donc raisonnable que cette fréquence—ou les quelques autres du même genre—soit le lieu privilégié d'échange parmi le vaste éventail des ondes radios. »

faire en sorte que   agir de telle manière que

14   L'écoute des étoiles débuta peu après la Seconde Guerre mondiale et fit rapidement découvrir un univers rempli d'émissions variées (mais toutes d'origine naturelle). C'est au mois d'avril 1960 que Frank Drake procéda à la première tentative de détection de signaux artificiels—son célèbre projet « Ozma ». Le 8, Drake repéra une émission d'origine inconnu! Il s'avéra par la suite qu'elle provenait d'une expérience militaire ultrasecrète...

Fausses alertes

De fausses alertes, il y en a d'ailleurs eu de nombreuses autres par la   15
suite. Ainsi, en 1967, des radio-astronomes britanniques captèrent un signal
provenant de l'espace et qui différait totalement de tous ceux détectés
jusqu'alors : il était aussi régulier que le tic-tac d'une horloge. S'agissait-
il d'une bouée cosmique servant à la navigation interstellaire? Eh non!
On venait de découvrir le premier pulsar—une étoile tournant sur elle-
même plusieurs fois par seconde, tout en émettant des ondes électromagnétiques, dont des ondes radios. (Les plus rapides de ces « toupies
célestes » ne mettent que quelques millisecondes à effectuer un tour complet
sur elles-mêmes.)

De la quarantaine de programmes d'écoute réalisés à ce jour, la plupart   16
ont été de courte durée et n'ont scruté, au total, qu'à peine quelques milliers
d'étoiles. En effet, pour des raisons techniques et par mesure d'économie,
on devait se contenter d'écouter les étoiles une à une et sur une seule
longueur d'onde. Frank Drake compare ces tentatives ponctuelles à la
recherche d'une aiguille dans une botte de foin par « quelqu'un qui ne
passerait que de temps à autre devant son tas de foin »... Il estime cependant
que ces sondages ont eu le grand mérite d'éliminer la possibilité que notre
galaxie pétille de vie et de signaux radios.

Aux yeux d'Horowitz, « ces travaux mettent en lumière l'énormité de   17
la tâche et leur conclusion [négative] ne doit en rien nous décourager. »
Il rapporte que l'ensemble des spécialistes croient que, pour avoir une chance
raisonnable de détecter une autre civilisation, nous devrons examiner un
bon million d'étoiles. Ces dernières années, les programmes de recherche
d'émissions intelligentes connaissent une activité soutenue.

Le 7 mars 1983, une équipe dirigée par Paul Horowitz inaugurait la   18
première étude d'étoiles sur plusieurs longueurs d'ondes à la fois, grâce
à de l'équipement électronique sophistiqué. Dans le cadre de ce projet
Sentinel, une antenne parabolique de 25 mètres de diamètre de l'université
Harvard scrute attentivement le ciel de Massachusetts à l'écoute simultanée
de 128 000 canaux centrés sur la longueur d'onde de l'hydrogène.

À partir de 1985, le groupe d'Horowitz mit en service un nouveau   19
récepteur radio multicanal baptisé META (pour Megachannel Extrater-
restrial Assay), capable de recevoir et de distinguer 8,4 millions de canaux
à la fois. « S'il y a des civilisations technologiques dans notre Galaxie qui
veulent communiquer par les micro-ondes, META devrait être l'instrument
pour les détecter », déclare Horowitz. Au fil des ans, ce programme passe
le ciel au peigne fin, sans relâche, à l'affût de tout extraterrestre.

Un autre programme est réalisé depuis 1973, sous la direction de Robert   20
Dixon, à l'aide d'une antenne appartenant à l'Université de l'Ohio. Plus
de 30 000 signaux différents ont été répertoriés, mais aucun d'entre eux
ne semble provenir de source intelligente.

Le premier programme directement financé par le gouvernement   21
américain devrait être finalement mis en œuvre par la NASA, au début

des années 90. Comme d'habitude, l'Agence spatiale envisage de faire les choses en grand° : aux dires° des responsables, leur recherche couvrira dix millions de fois plus de « territoire » que tout ce qui a été réalisé jusqu'à ce jour. Ils procéderont selon deux stratégies. D'une part, 773 étoiles semblables au Soleil et se trouvant à moins de 80 années-lumière de nous— ainsi que quelques régions particulièrement intéressantes (dont le centre de notre Galaxie)—seront écoutées sur des longueurs d'onde voisines de celle de l'hydrogène. D'autre part, tout le ciel sera balayé à l'aide d'un appareillage capable de traiter séparément des millions de canaux de fréquences radios, à chaque seconde et en temps réel. « Ce relevé du ciel augmentera la probabilité que tous les sites potentiels de vie intelligente soient observés, bien que superficiellement », déclare Samuel Gulkis.

faire les choses en grand *to proceed on a large scale*
aux dires de d'après ce que disent

Nous méfier des extraterrestres… ou de nous-mêmes?

Nous n'avons aucun moyen de savoir si toutes ces recherches nous permettront un jour de dire si nous sommes seuls dans l'Univers. Si nous ne détectons pas de signaux intelligents, cela indiquera au moins qu'il n'y a pas un grand nombre de civilisations émettrices. Par contre, si nous réussissons à intercepter un message, son impact pourrait avoir des conséquences inattendues sur notre vie… Ainsi, se demandait l'astrophysicien Sebastian von Hoerner, « comment expliquerons-nous notre société à « des petits hommes verts »? Comment leur faire comprendre qu'une

espèce « intelligente » fabrique et maintient prêt à servir l'équivalent de trois tonnes de TNT pour chacun de ses représentants? »

La plupart d'entre nous et des scientifiques, se basant sur les 23
raisonnements et les hypothèses probables mentionnés ci-dessus, considèrent aujourd'hui comme évidente la présence de la vie dans l'Univers. Mais, attention! au siècle dernier, l'opinion était tout aussi répandue que les proches planètes étaient toutes habitées. Dans un volume publié en 1848 et intitulé *The Solar System*, Thomas Dick écrivait qu'il ne fait « aucun doute » que la Lune « est un monde rempli d'habitants » car, estimait-il, il serait « hautement improbable que le Créateur laisse un globe dont la surface égale quinze millions de milles carrés sans créatures sensibles et intelligentes! »

Comment seront jugés nos raisonnements—tous aussi « logiques »— 24
dans 140 ans? Méfions-nous donc de trop prendre nos désirs pour des réalités : ce n'est pas parce qu'une hypothèse est logique qu'elle est vraie!

Claude Lafleur—*Québec Science*, janv. 1988

PRÉ-LECTURE

1. Croyez-vous à l'existence d'extraterrestres?

2. S'ils existent, croyez-vous :
   a) qu'ils sont plus intelligents que nous;
   b) qu'ils sont moins intelligents que nous;
   c) qu'ils sont aussi intelligents que nous?

3. Laquelle de ces affirmations correspond le mieux à votre opinion?
   a) Ils ont essayé de communiquer avec nous mais nous ne les avons pas captés.
   b) Ils n'ont pas envie de communiquer avec nous car nous sommes des êtres inférieurs.
   c) Ils ont communiqué avec nous mais les gouvernements nous le cachent.
   d) Ils sont parmi nous et nous ne les repérons pas.

COMPRÉHENSION

1. Qu'est-ce que l'exobiologie? Comment s'explique le regain d'intérêt dont témoigne cette science?

2. Qu'est-ce que les recherches astronomiques ont permis de repérer? Qu'est-ce qu'on a réussi à obtenir en laboratoire? Qu'est-ce que ces découvertes semblent indiquer sur les origines de la vie?

3. Que pensent maintenant les astronomes sur la formation des planètes? Qu'est-ce qu'ils espèrent découvrir dans un proche avenir? Quelles autres recherches mènent-ils?

4. Qu'est-ce qui explique l'absence de vie sur les autres planètes du système solaire?

5. Quel est le bilan des recherches entreprises dans notre système solaire?

6. Sur quoi se fonde l'optimisme de ceux qui croient à la probabilité de la vie extraterrestre? Quel est l'argument contraire?

7. Qu'est-ce qui guide les exobiologistes dans leurs études? À quoi leurs hypothèses les aident-elles?

8. Quelle hypothèse sur la formation des étoiles les exobiologistes adoptent-ils? Quelles sont les questions que soulève cette hypothèse?

9. En quoi consiste l'hypothèse « ultime »?

10. Quelles sont les difficultés qui se posent à l'écoute des signaux extraterrestres?

11. Pourquoi le problème de la fréquence est-il le plus difficile?

12. Quelle hypothése autorise John Wolfe et Paul Horowitz à rester optimistes?

13. Quand a-t-on commencé à « écouter les étoiles »? Quel a été le résultat du projet Ozma?

14. Comment a-t-on découvert les pulsars?

15. Quels ont été les résultats des programmes d'écoute jusqu'à présent et comment s'expliquent-ils?

16. Pourquoi Horowitz ne se décourage-t-il pas?

17. En quoi a consisté le projet Sentinel? Quel progrès META représente-t-il?

18. Quels seront les avantages du projet de la NASA? En quoi consistent les deux stratégies prévues?

19. Est-ce que les recherches entreprises permettront d'en arriver à une certitude?

20. Que se passerait-il si nous interceptions un message extraterrestre?

21. Pourquoi la croyance actuelle de nombreux scientifiques en l'existence de la vie extraterrestre doit-elle être soumise à la prudence?

APPROFONDISSEMENT

1. L'hypothèse de l'existence d'une vie intelligente extraterrestre suppose d'autres hypothèses logiquement préalables : retrouvez ces autres hypothèses telles qu'elles sont exposées dans la première partie de l'article.

2. La possibilité d'une vie intelligente extraterrestre étant admise, le fait de construire des appareils pour capter d'éventuels messages d'origine extraterrestre suppose également une autre série d'hypothèses : retrouvez celles-ci dans la seconde partie de l'article.

3. Si l'on suppose qu'une civilisation extraterrestre existe et diffuse des messages, à quoi tiendrait la difficulté de capter ces messages? Quelles sont les solutions proposées pour vaincre cette difficulté?

EXERCICES

I. *Expliquez le sens des mots en italique dans le contexte donné. Puis, trouvez-leur un autre sens et composez une phrase pour illustrer celui-ci.*

1. On *poursuit* sans relâche la recherche d'émissions radio d'origine artificielle.
2. Le problème de la recherche de vie intelligente peut être *abordé* par le biais de l'hypothèse « ultime ».
3. C'est facile de *reconnaître* un ami une fois que vous savez à quel endroit regarder.
4. Il y a un vaste *éventail* d'ondes radio.
5. Tout le ciel sera *balayé* à l'aide d'un appareillage très sensible.
6. Au siècle dernier, l'opinion était *répandue* que les proches planètes étaient toutes habitées.

II. *Complétez les phrases suivantes à l'aide de l'adjectif correspondant aux verbes ou aux substantifs entre parenthèses.*

1. (énormité) L'humanité a fait des progrès _____ dans les recherches astronomiques.
2. (émettre) Grâce à des antennes _____, nous envoyons des messages dans l'univers.
3. (planète) Des êtres extraterrestres visitent-ils notre système _____?
4. (convaincre) Les explications _____ que nous fournissent certains spécialistes pour prouver l'existence des « petits hommes verts » ne me suffisent pas. Je demeure sceptique.
5. (titre) Des livres _____ : *Les extraterrestres atterrissent* ou *Des extraterrestres parmi nous* ne manquent pas d'avoir du succès en librairie.
6. (repérer) Le télescope Hubble devrait permettre aux savants de voir des détails qui n'étaient pas _____ de la Terre.
7. (erreur) Si nos hypothèses étaient exactes, comment sommes-nous arrivés à des conclusions _____?

III. *Complétez les phrases suivantes à l'aide du substantif qui convient. Faites les accords nécessaires.*

processus, site, trace, donnée, onde, défi, bilan, indice

1. Les sons voyagent par _____.

2. Les « détectives » de l'espace cherchent des _____ qui prouveraient l'existence d'une vie intelligente dans le cosmos.

3. Dans les champs, une soucoupe volante a laissé des _____ de son atterrissage sur la terre.

4. Après avoir consulté toutes les recherches et les études sur le sujet, nous allons faire un _____.

5. Les chercheurs se demandent, entre autres, s'il faut toujours suivre le même _____ pour aboutir à l'apparition de la vie.

6. L'être humain n'est jamais satisfait; il veut sans cesse aller plus loin et chercher de nouveaux _____.

7. D'après les _____ que nous possédons, il n'y a pas de vie semblable à la nôtre sur Mars.

8. Selon des témoins, certains _____ sont des pistes d'atterrissage pour ovnis.

CONVERSATIONS ET DÉBATS

1. Devrait-on maintenir, diminuer ou augmenter les budgets alloués aux recherches en exobiologie?

2. L'exobiologie repose sur un ensemble d'hypothèses controversées : peut-on dire qu'il s'agit vraiment d'une science? N'est-ce pas plutôt une croyance?

3. Sommes-nous seuls dans l'Univers? Qu'y a-t-il derrière cette question : curiosité, angoisse, espoir?

4. « Comment expliquerons-nous notre société à des petits hommes verts? »—Imaginez quelles seraient les questions que nous poseraient ces derniers sur les bizarreries et les contradictions les plus évidentes de l'humanité à l'heure actuelle.

COMPOSITIONS

1. Quelles sont, dans notre culture, les images les plus répandues des « extraterrestres »? Quelles attitudes de notre part ces images reflètent-elles?

2. Si l'on interceptait un message d'origine extraterrestre, attestant ainsi l'existence d'une vie intelligente « ailleurs », à quelles réflexions, à quelles questions seriez-vous alors personnellement amené(e)?

8

LA PLANÈTE

La planète en péril

Si les savants voient juste, notre bonne vieille planète sera bientôt un ¹
endroit plutôt inhospitalier. Non seulement le réchauffement du climat
aura transformé les régions agricoles les plus riches, prédisent-ils, en quasi-
désert, mais l'élévation du niveau des océans noiera les régions côtières,
à moins que les gouvernements ne consacrent des milliards de dollars à
la construction de digues. Et ces océans envahissants seront de véritables

brouet soupe

égouts. L'été dernier, dans la mer du Nord, un brouet° toxique composé
d'eaux d'égouts, de fertilisants et de produits chimiques rejetés par les
industries côtières et les navires a tué près de la moitié de la population
de phoques. Sur la côte de la Nouvelle-Angleterre, on a trouvé plus de
750 dauphins morts. Et on sait désormais que ce sont les contaminants
chimiques des Grands Lacs et du Saguenay qui menacent les bélugas ou
baleines blanches d'extinction.

Deux années de recherches sur la pollution de la baie de Chesapeake, ²
un gigantesque estuaire qui sépare la Virginie et le Maryland du New
Jersey, ont montré que 25% de l'azote de la baie vient des pluies acides.
Mais c'est surtout la pollution terrestre qui est l'essentiel du problème,
en particulier les résidus de la fertilisation des terres, ainsi que des pesticides
et des déchets urbains. Les grandes villes, avec leurs masses pauvres, ne
sont pas les seules responsables. Même la coquette et prétentieuse cité
de Victoria, sur l'île de Vancouver, déverse chaque jour plus de 4,5 milliards
de litres d'eaux usées non traitées dans le détroit de Juan de Fuca!

Pis encore, cette planète sinistrée que décrivent les prospectivistes sera ³
peuplée d'ici 50 ans de plus de onze milliards de personnes, qui devront
se partager des ressources de plus en plus rares.

Cette perspective est d'autant plus angoissante que cet avenir n'est ⁴
pas si lointain. La plupart des experts estiment que le drame est déjà
commencé. Selon Irving Mintzer, du World Resource Institute, un *think-
tank* de Washington spécialisé en environnement : « Nous sommes à un
point tournant. L'avenir de la planète est en jeu. »

Une chose est claire : il y a une limite aux abus que l'on peut commettre. ⁵
À moins que les gouvernements n'agissent vite pour limiter les effets de
l'industrialisation sur les estuaires et les grands fleuves, les océans eux-
mêmes sont peut-être en danger. Selon le biologiste Robert Cook, directeur
de la station biologique du ministère des Pêches et des Océans à St. Andrews,

au Nouveau-Brunswick, « Les océans peuvent en prendre°, mais la société doit donner une petite chance à la nature. »

en prendre supporter beaucoup de choses

6   Beaucoup de savants estiment que les températures anormalement élevées et la sécheresse qui ont sévi l'été dernier sur une partie importante du continent, d'Edmonton à Mexico, ainsi qu'en Chine, sont un avant-goût de ce que l'on appelle « l'effet de serre », ce linceul invisible de gaz carbonique, de méthane et de fluorocarbone qui entoure le globe et qui pourrait augmenter la température terrestre de plus de quatre degrés en 50 ans. Aussi demandent-ils une réduction draconienne de l'utilisation du gaz naturel et des combustibles fossiles, pétrole, essence et charbon. Chaque année, ce sont cinq milliards de tonnes métriques de carbone qui sont rejetées dans l'atmosphère terrestre. Certains de ces gaz non seulement contribuent à l'effet de serre mais détruisent l'ozone qui nous protège contre les rayons ultraviolets du soleil.

7   Si alarmante que soit cette catastrophique prévision, elle ne constitue toujours qu'un élément de la longue liste des dangers qui menacent la planète et la race humaine. De plus en plus, les écologistes s'inquiètent des dommages importants qu'une population en explosion inflige à la planète, minée et labourée jusqu'à l'épuisement. Les dernières grandes forêts, qui jouent un rôle vital dans l'absorption du gaz carbonique et la production d'oxygène, sont rasées pour l'agriculture. Une industrialisation souvent primitive empoisonne la mince enveloppe d'air qui maintient la vie sur Terre. Déjà, les montagnes de déchets malodorants d'une cinquantaine de méga-bidonvilles et la pollution des mers ont fait de la planète un dépotoir.

8   C'est dans le Tiers-Monde que la situation est la plus désespérée. Endettés de plus de 1000 milliards de dollars, les pays pauvres d'Amérique latine, d'Afrique et d'Asie détruisent leurs forêts pour augmenter leur production, pillent leurs ressources naturelles et développent l'industrie sans se soucier des conséquences sur l'environnement. Des centaines de millions de petits fermiers brûlent les forêts et épuisent leurs terres pour nourrir leurs familles.

9   On estime qu'en 100 ans, près de la moitié des deux milliards d'hectares de forêt équatoriale ont été détruits. Au Brésil seulement, 20% de la jungle amazonienne a déjà disparu devant les nouveaux colons, qui ont substitué le feu à la charrue. On estime que les torrents de fumée de ces incendies produisent le dixième de tout le gaz carbonique produit dans le monde.

10   Les forêts reculent aussi devant le désert. Le processus de désertification détruit rapidement les terres agricoles du Sahel, en Afrique de l'Ouest, où les habitants de sept nations particulièrement pauvres mènent une existence précaire. Au Mali, en moins de 21 ans, les cultures intenses ont drainé les sols de leurs éléments nutritifs et étendu le Sahara de plus de 350 km vers le sud. Selon le Worldwatch Institue, de Washington, les mauvaises pratiques agricoles contribuent annuellement à la création de près de quinze millions d'acres de nouveaux déserts dans le monde! Ces

mêmes techniques causent la perte de 26 milliards de tonnes d'humus chaque année.

Heureusement, une des premières conséquences de l'effet de serre a 11 été de réveiller une opinion jusqu'à présent ignorante ou inerte. L'inquiétude des savants devant les effets possibles de la concentration du gaz carbonique, des oxydes nitreux, du méthane et d'autres gaz s'est répandue. C'est que, cette fois, les effets ne sont plus locaux mais à l'échelle du globe : l'accroissement de la température est le changement de l'environnement le plus radical que la planète ait connu depuis 100 000 ans. Il n'est certainement pas trop tard pour agir et, cette fois encore—mais dans le bon sens—les pays industrialisés et riches doivent prendre l'initiative.

Un médecin de Mexico, qui a vu des oiseaux tomber du ciel en plein 12 vol dans le brouillard de pollution qui couvre la ville, en a fait analyser plusieurs au laboratoire de l'Université nationale. Les biologistes ont découvert que les cadavres de ces oiseaux contenaient des quantités mortelles de plomb, de mercure et d'autres métaux toxiques! Le spectacle des oiseaux tombant du ciel, empoisonnés, est non seulement un signe de pollution, mais des pressions démographiques qui en sont l'une des causes. Près de dix-huit millions de personnes vivent dans le Grand Mexico, et les trois millions de véhicules qui y roulent, ainsi que les 120 000 manufactures et usines qu'abrite cette mégacité, en font une des régions les plus polluées du monde.

De plus en plus, ces cancers urbains que sont les mégalopoles attirent 13 une population mondiale dont la croissance n'a guère ralenti. Aujourd'hui de 5,1 milliards d'habitants, elle sera en effet de huit à onze milliards au début du prochain millénaire. Elle augmente au taux hallucinant de plus de 1,5 million d'âmes par semaine! Avec lui, ce cavalier de l'Apocalypse promène la pauvreté, la misère et la destruction de l'environnement. Les taux de croissance les plus élevés se trouvent dans les nations les plus pauvres du Tiers-Monde. D'autres, comme la Chine, la Corée du Sud, la Thaïlande ou Singapour, ont réussi à freiner leur croissance. Mais d'ici 30 ans, le Bangladesh et le Nigeria auront doublé leur population (à plus de 200 millions d'habitants chacun). Or, déjà, malgré le pillage des forêts, des terres et des autres ressources, ces pays sont incapables de nourrir, de loger et de donner du travail à leurs populations.

14   Le monde industrialisé ne compte que deux de ces mégacités : New York, avec seize millions d'habitants, et Tokyo-Yokohama, avec dix-huit millions. Ni l'une ni l'autre ne connaîtra de croissance au cours de la prochaine décennie. Dans les pays sous-développés, par contre, l'urbanisation crée de nouveaux géants. En l'an 2000, São Paulo, au Brésil, aura ajouté huit millions d'habitants à une population qui en compte déjà quatorze. Et Mexico pourrait fort bien compter plus de 25 millions d'âmes. Or, déjà, la vie y est un combat désespéré. À Mexico près de la moitié des seize millions de résidants habitent dans des bidonvilles et ne survivent que de justesse. Le chômage y atteint 30% et le taux de criminalité augmente sans cesse. On compte cinq hold-up par heure.

15   La capitale du Mexique est située sur un plateau, à plus de 2000 m d'altitude, où l'air contient 20% moins d'oxygène qu'au niveau de la mer. Les égouts concentrent les eaux usées dans un lac desséché et le vent retourne les polluants et les excréments en poussière sur la ville. Malgré tout, ce sont les automobiles qui sont responsables des quatre cinquièmes de la pollution. La plupart des voitures n'ont pas de système anti-pollution et brûlent de l'essence au plomb, avec le résultat que 70% des bébés de la capitale, selon l'Institut pour la recherche écologique, un organisme privé, souffrent à des degrés divers de saturnisme, ou empoisonnement par le plomb, pouvant causer des dommages cérébraux.

16   Calcutta, avec une population de près de onze millions de personnes, a des problèmes de pollution encore plus grands. Aux prises avec un taux de natalité élevé, une mortalité infantile désormais réduite et l'arrivée chaque jour de près de 2000 immigrants ruraux, la cité tout entière est devenue un gigantesque taudis. La nuit, près d'un quart de million de personnes dorment dehors, sur les trottoirs et dans les ruelles. Dans certains bidonvilles, la densité de population atteint 106 000 personnes au mille carré. Ce n'est que la plus encombrée des villes de l'Inde. Avec 817 millions d'habitants, ce pays compte désormais douze villes de plus d'un million, dont Bombay qui en a onze.

17   Souvent, ce sont les politiques économiques, comme la concentration des industries dans les zones urbaines, qui contribuent le plus à la croissance rapide de ces villes. À New Delhi (qui compte elle-même environ dix millions

de personnes), les planificateurs ont décidé d'orienter le flot des immigrants vers 102 villes plus modestes. Mais avec 1,3 milliard d'Indiens vers l'an 2020, plusieurs de ces cités satellites deviendront elles-mêmes des mégalopoles.

Les démographes nous assurent pourtant que les gouvernements 18 peuvent contenir cette explosion démographique. La Chine, le pays le plus populeux de la planète avec plus d'un milliard d'habitants, en a fait une démonstration spectaculaire, mais au prix d'atteintes graves aux libertés des citoyens : perte des allocations familiales au deuxième enfant et amendes et perte de l'emploi au troisième! Aujourd'hui, la Chine a presque stabilisé sa population.

Au Pakistan voisin, par contre, malgré une campagne de contraception, 19 la population, aujourd'hui de 107 millions, atteindra, selon les projections, 242 millions en 2020. L'Afrique est elle aussi une zone de croissance démographique galopante. Environ 508 millions de personnes habitent au sud du Sahara. Dans les 47 pays de ce territoire, la population augmente d'environ 3% par an, ce qui signifie qu'elle doublera en 30 ans. La plupart des gouvernements sont conscients du problème mais ne disposent pas des ressources nécessaires pour éduquer la population et diffuser les méthodes de contraception modernes. On dépense pourtant déjà trois milliards de dollars par an pour propager les méthodes contraceptives, mais on estime qu'il en faudrait encore deux fois autant.

Mark Nichols—*L'Actualité*, févr. 1989

PRÉ-LECTURE

1. Notre planète est-elle vraiment en danger? Qu'est-ce qui la menace le plus, à votre avis?
   a) les problèmes liés à la pollution industrielle;
   b) une guerre nucléaire;
   c) les pluies acides;
   d) la disparition des espèces en voie d'extinction;
   e) l'effet de serre?

2. Est-elle plus ou moins en péril qu'il y a dix ans? Pourquoi?

COMPRÉHENSION

1. Quelles seront les deux conséquences du réchauffement du climat?

2. Quels genres de polluants sont déversés dans les fleuves et les océans? Quelles espèces animales en sont les victimes?

3. D'où provient l'essentiel de la pollution qui envahit les océans?

4. Quel facteur autre que la pollution rend l'avenir angoissant?

5. En quoi consiste l'effet de serre? Quelles en sont les causes?

6. Quels autres problèmes menacent la planète?

7. Que se passe-t-il dans les pays du Tiers-Monde?

8. Comment et à quel rythme la forêt équatoriale est-elle détruite?

9. Qu'est-ce qui cause la désertification?

10. Pourquoi l'inquiétude des savants face à l'effet de serre s'est-elle répandue dans l'opinion?

11. Quel phénomène fait voir l'importance de la pollution à Mexico? Quelles sont les causes de cette pollution?

12. Quel est le rythme de croissance de la population mondiale? Quelle situation est-ce que cela entraînera dans les pays du Tiers-Monde?

13. Quelles sont les mégacités qui vont continuer à grandir?

14. Quels sont les divers facteurs qui accentuent la pollution à Mexico? Quel est l'effet de celle-ci sur la population infantile?

15. Pourquoi dit-on que Calcutta est un gigantesque taudis?

16. À quoi est due la croissance des villes en Inde?

17. Comment la Chine a-t-elle procédé pour stabiliser sa population?

18. Pourquoi les gouvernements ne parviennent-ils pas à arrêter la croissance démographique en Afrique?

APPROFONDISSEMENT

1. L'article fait apparaître une série de problèmes—présents et à venir— qui résultent plus ou moins directement de la surpopulation : précisez quels sont ces problèmes.

2. Quels autres dangers sont évoqués dans l'article et par quoi sont-ils causés?

3. Parmi les diverses prévisions alarmantes, quelle est celle que vous trouvez la plus inquiétante et pourquoi?

EXERCICES

I. *Associez les verbes de la première colonne aux mots de la deuxième colonne pour retrouver des expressions utilisées dans le texte :*

consacrer	des dommages importants
traiter	une existence tranquille
commettre	de nombreux habitants
infliger	un abus
mener	de l'argent
compter	les eaux usées

II. *Trouvez dans le texte le mot ou l'expression qui correspond à la définition; employez ensuite ce mot ou cette expression dans une courte phrase.*

1. Qui n'est pas accueillant, qui ne pratique pas l'hospitalité;
2. Qui se rapporte à l'agriculture;
3. Qui est proche de la côte;
4. Qui vit sur la Terre;
5. Se dit d'une substance qui agit comme un poison;
6. Qui se rapporte à la ville;
7. Qui a une mauvaise odeur;
8. Qui a des dettes;
9. Qui se rapporte à l'écologie;
10. Qui concerne la vie à la campagne.

III. *Complétez les phrases suivantes à l'aide du mot qui convient.*

sécheresse, épuisement, brouillard, déverser, bidonville, dépotoir, menace, déchet, égout, amende

1. Dans les villes, ce sont les _____ qui recueillent les eaux usées mais, trop souvent encore, ils les _____ telles quelles, sans les traiter, dans les fleuves et les rivières.
2. Dans une société de consommation comme la nôtre, nous jetons tout et nos _____ s'entassent. Quand les _____ seront pleins, où allons-nous entreposer nos détritus?
3. La destruction des forêts entraîne comme conséquence inévitable le _____ du sol.
4. Quand une industrie est coupable d'avoir pollué l'environnement, elle devrait payer une grosse _____ et réparer les dégâts.
5. Certains pays connaissent la _____ depuis plusieurs années, il n'y pleut pratiquement jamais.
6. On retrouve de plus en plus de _____ où habitent les plus pauvres et les plus démunis dans des conditions misérables.
7. La pollution _____ notre santé à tous et le _____ causé par la pollution recouvre déjà plusieurs grandes villes.

CONVERSATIONS ET DÉBATS

1. Comment réduire le taux des naissances et l'explosion démographique? Les divers pays concernés devraient-ils recourir à des mesures coercitives comme celles qui sont appliquées en Chine?
2. L'espèce humaine est-elle en train de s'auto-détruire?
3. Quelles mesures concrètes pensez-vous que puissent prendre les pays développés pour éviter la catastrophe?

4. Quelles sont à moyen et à long terme les conséquences prévisibles de l'effet de serre?

COMPOSITION

Imaginez que vous vivez une journée dans un quartier pauvre d'une ville telle que Mexico ou Calcutta.

James Lovelock :
Gaïa nous survivra

Vivons-nous, oui ou non, sur le dos d'un poulpe géant? Mieux : en faisons- 1
nous partie? Ce poulpe s'appellerait Gaïa, du nom que lui a donné le savant
anglais James Lovelock. Depuis près de quatre milliards d'années, il
recouvrirait toute la planète, la malaxant en permanence de sa peau
élastique. Tous les océans seraient régulièrement recyclés à l'intérieur de
ses cellules, et nos tempêtes seraient ses soupirs. Mais notre rôle exact
sur Gaïa ne serait pas des plus clairs. Depuis quelques décennies (pour
elle une fraction d'instant), nos activités industrielles auraient tendance
à faire changer sa peau de couleur, et nous nous en inquiéterions soudain
beaucoup...

Le poulpe n'est peut-être pas la meilleure image. Quand nous sommes 2
allés voir James Lovelock dans son petit pavillon, à Londres, nous avons
demandé au père de la plus célèbre hypothèse écologique comment il se
représentait Gaïa, personnellement. Il nous a répondu : « Comme un séquoia
géant! » En fait, Gaïa peut présenter une multitude de visages. Dans un
de ses livres, Lovelock dit qu'elle lui fait penser à une grosse fourrure
de chat. Et ailleurs, dans un article : « Quand on me dit : « La vie sur
terre est fragile! »—comme on disait, au XIXe siècle : « Les femmes sont
fragiles »—ça me fait chaque fois penser à ma terrible grand-mère
victorienne, et j'éclate de rire! Gaïa, c'est ça : une grand-mère victorienne,
qu'on dit fragile et qui est en réalité d'une résistance sidérante! »

En tous cas, séquoia, grand-mère ou fourrure de chat—c'est en bonne 3
partie grâce à Lovelock si, dans le vaste mouvement de prise de conscience
écologique qui s'est levé depuis quelques mois, la planète commence à être
perçue comme un être vivant. Pas au sens allégorique ou symbolique, non :
physiologique! La Terre serait réellement une entité vivante. Fonctionnant
comme un seul être, faramineux, gigantesque. Le seul être global de ce
genre connu, pour l'instant dans l'univers proche. Et Vénus, et Mars?
Ce sont des cailloux brûlants ou glacés. Sans vie.

4   Comment Lovelock, que rien a priori ne destinait à pareille aventure, est-il tombé sur la géante? À la fois biologiste, physicien, chimiste (donc pas un académicien), il avait réussi, après vingt ans de loyaux services à l'Institut national britannique de la santé, à devenir un chercheur indépendant. Le « free-lance » prit pour principe de ne plus jamais accepter le moindre travail ennuyeux, éloigné de sa recherche. Il put se payer ce luxe, car c'est un bricoleur de génie—c'est lui qui a inventé le premier capteur stratosphérique à ozone. Le prototype est là, chez lui, sur sa bibliothèque. On dirait un vélo d'enfant.

5   « Un scientifique n'a pas besoin d'un matériel coûteux et sophistiqué. Il a besoin d'avoir du temps pour penser, dit Lovelock. »

6   Dans les années soixante, la NASA loue ses services, au sein d'un programme fabuleux : la préparation de l'exploitation de Mars. Le grand espoir de l'époque, c'est qu'on va trouver de la vie sur la planète rouge, et les savants s'escriment à convaincre le Congrès de voter un énorme budget pour ça. Lovelock est vivement intéressé, mais vite étonné par l'aveuglement enthousiaste des gens de l'espace : ils mettent au point des détecteurs à bactéries hyperperfectionnés (pour les futures sondes Viking), sans s'être jamais tenu au préalable le moindre raisonnement théorique global, du genre : qu'est-ce que la vie?

7   Car on ne sait toujours pas! Sinon que ça ressemble à une force qui s'oppose à l'entropie, donc qui restructure et redifférencie en permanence tout ce que la loi physique inexorable de l'univers réduit en poussière homogène. Lovelock se dit alors très simplement : s'il y a de la vie sur Mars, on doit forcément y découvrir une forme de « réduction d'entropie ». Laquelle? Qu'est-ce que l'observation astrophysique de Mars peut déjà nous en dire?

8   Mais à la NASA, ils n'aiment pas ses « élucubrations », et Lovelock se moque de leur rusticité. Il en plaisante, même ouvertement dans les couloirs du Jet Propulsion Laboratory, qui l'emploie, à Pasadena : autant envoyer sur Mars des pièges à puces, sous prétexte que la surface de cette planète est désertique, et que dans les déserts, il y a toujours des chameaux, porteurs de puces! Les gens de la NASA ne rient pas. Ils lui rappellent sa mission : tout de suite, concrètement, essayer de prouver que la vie sur l'astre rouge existe.

9   Lovelock imagine alors l'expérience fictive suivante : que ferait un Martien qui, avec les mêmes moyens que nous, observerait la terre de loin? Il constaterait vite que cette planète bleue a une atmosphère hautement improbable; un mélange d'azote, d'oxygène, de gaz carbonique, de méthane absolument unique dans le système solaire. Reconstitué en concentré par le Martien dans son labo, ça donnera même un explosif! Le plus étrange se dirait-il, c'est que ce mélange atmosphérique terrien ultra-fragile soit stabilisé à 21% d'oxygène : en-dessous du niveau de déflagration, juste assez élevé pour qu'une combustion continue soit possible. Après avoir longuement réfléchi, le chercheur martien conclurait qu'il existe sur la

planète Terre un phénomène X, inconnu ailleurs et irréductible à la pure physique—toutes les autres planètes sont « monogaz », nimbées d'atmosphères archistables, soit de gaz carbonique (comme Mars), soit de méthane (comme Jupiter).

James Lovelock raconte ses souvenirs d'une petite voix amusée : « Il 10 était clair que pour nous, Terriens, le « phénomène X » du savant martien portait un nom : la vie. Nous savions fort bien, en particulier, que ce sont les bactéries et les organismes à chlorophylle qui fabriquent l'oxygène. Ou que le méthane produit au cours des processus de décomposition organique vient régler, en sens inverse, les excès d'oxygène, etc. Mais la NASA n'apprécia pas du tout mon expérience imaginaire!

—Pourquoi?   11

—Elle montrait cruellement qu'il n'existait aucune trace de vie sur 12 Mars. Tout le contraire de ce que j'étais chargé de démontrer! Ça n'a pas manqué : ils m'ont vidé° du projet Viking et collé° sur autre chose. Mais j'avais mis le doigt dans l'engrenage. Maintenant, j'étais obsédé par cette question : comment expliquer la stabilité hautement improbable de notre atmosphère?

—Mais que disait la thèse officielle?   13

—Pas grand-chose. On pensait que les grands équilibres atmosphériques 14 devaient être comme les résultantes automatiques de processus locaux. Mais plus j'avançais dans ma recherche—j'avais économisé de quoi me retirer en Angleterre et me consacrer à ma passion—, plus cette explication me semblait faible. Parce que d'autres constantes époustouflantes ont fait leur apparition : la température de la planète, qui a très faiblement oscillé autour d'une constante, alors que le soleil, en vieillissant, chauffe de plus en plus. Le taux de salinité de l'eau qui, depuis des centaines de millions d'années, est resté stable. Aucune théorie physico-chimique ne peut l'expliquer. On avait visiblement affaire à des phénomènes d'auto-régulation globaux! Comme dans un organisme vivant. Il ne pouvait pas y avoir « un peu » de vie, sur une planète. C'était tout ou rien. J'ai alors commencé à pensé à Gaïa. J'ignorais totalement que d'autres, Huton notamment, au XVIIIᵉ siècle, y avaient déjà pensé.

L'un des tout premiers scientifiques à avoir sérieusement travaillé sur 15 cette hypothèse était russe. Il s'appelait Vladimir Vernadsky et développa, pendant toute la première moitié du siècle, en URSS, sa thèse sur la « biosphère », c'est-à-dire sur la surface de la planète conçue comme un être s'auto-régulant.

Quarante-cinq ans après sa mort, Vernadsky commence à être reconnu. 16 Il venait trop tôt : les grands équilibres écologiques et atmosphériques n'étaient pas encore menacés par nos industries. Or rien n'évolue, ni les espèces, ni les idées, que sous la pression crue de la nécessité. »

Avec son « hypothèse Gaïa », James Lovelock, lui, va arriver juste au 17 bon moment. D'abord, il apporte à l'idée de la Terre-être-vivant de nouveaux arguments chiffrés troublants, mais le mythe comptera au moins autant

m'ont vidé m'ont retiré
m'ont collé sur autre
chose m'ont affecté à un
autre projet

que la science. Cette idée géniale de donner un nom à la planète, ou plutôt de redécouvrir son nom antique : Gaïa! C'est son ami et voisin, l'écrivain William Golding, qui donne à James Lovelock l'idée de reprendre le nom de la déesse grecque de l'origine du monde. Mère de tous les dieux. Première patronne de Delphes, où l'on venait se coucher dans le temple, l'oreille plaquée contre le sol de pierre, pour qu'elle vous parle et vous guide.

18   Après des années de recherches isolées, l'hypothèse de James Lovelock commence à trouver, à l'aube des années quatre-vingt, des partisans de poids. La biologiste américaine Lynn Margulis s'associe à ses travaux et les enrichit. « La théorie de Gaïa, explique-t-elle, nous oblige à penser comme une globalité les interactions entre les hommes, les végétaux, les animaux et la vie bactérienne. Prenez un termite, écrit-elle avec humour : cet organisme qui grignote le bois, contient, entre autre, des milliers de microbes capables de digérer et recycler la cellulose. Gaïa est une entité de même nature , mais d'une complexité phénoménale. »

19   Toute la matière vivante et non vivante, en décomposition ou en accroissement, connaît des échanges à tous les niveaux, des symbioses, des associations en chaînes, des cycles, etc. Aucun phénomène vivant ne peut être analysé de façon déconnectée. En ce sens, l'hypothèse Gaïa est une idée « heuristique » puissante : elle permet de lancer des recherches transversales qui relèvent autant de la climatologie, de la géologie, de la biologie que de l'étude de la vie sauvage. Elle nous oblige à penser l'humanité comme une des composantes de Gaïa, enracinée dans un tissu vivant, et responsable de ses actions de destruction et de recyclage.

20   Pour Lynn Margulis et Lovelock, les critiques les plus sérieuses de Gaïa manquent totalement d'ampleur de vue. Prenez le géochimiste A.D. Holland : il reproche à Lovelock de s'émerveiller béatement de la régulation thermique de la Terre au cours des derniers millions d'années.

21   Lovelock, comment se défend-il? Tout aussi ardemment. Mais avec des modèles concernant les pâquerettes! « Des biologistes ont critiqué Gaïa sur le thème : à écouter Lovelock, on va finir par croire que les différentes espèces terrestres se consultent régulièrement pour régler le climat et organisent des séminaires prévisionnels.° Pour leur répondre, j'ai établi des modèles d'environnement. L'un d'entre eux s'appelait « Daisy World ». J'y montrai un monde tout simple, peuplé de deux variétés de pâquerettes, l'une noire, l'autre blanche. Eh bien, elles influençaient jusqu'au climat en libérant du carbone et en entrant en symbiose avec les gaz et la chaleur existante! »

séminaire provisionnel réunion de travail entre chercheurs, destinée à formuler des prévisions sur l'évolution d'une situation

22   Depuis plusieurs années, les amis de l'hypothèse Gaïa se sont regroupés et se réunissent régulièrement. Ils comptent quelques savants de renom, comme le biologiste Henri Atlan, les neurobiologistes Humberto Maturana et Francisco Varela, tous très préoccupés par les phénomènes d'auto-organisation du vivant, d'écosystème, etc. Mais aussi des économistes écologistes, des écrivains de ˙science-fiction, des historiens, des éditeurs, des activistes verts.

Parmi eux, on rencontrait, avant 1980, le grand Gregory Bateson, qui 23
passa sa vie à appliquer les théories de la cybernétique—donc de l'auto-
régulation—et de la communication au vivant. Bateson, une des têtes
chercheuses de notre siècle.

De lui, Lovelock dit : « S'il y a une personne dont je me sens proche, 24
c'est bien lui. L'hypothèse Gaïa développe les thèses fondamentales de
Bateson sur l'écologie de l'esprit. »

L'« esprit », l'esprit de la nature selon Bateson. Ne croyez surtout pas 25
qu'il s'agit d'une vision mystique, ou vitaliste. Mais d'une théorie très
élaborée de la connaissance, nourrie des théories de la seconde révolution
cybernétique de Heinz von Foester. Prenez le séquoia, auquel Lovelock
compare Gaïa. Bateson a écrit des pages admirables sur l'esprit des séquoias
dans *Vers une écologie de l'esprit*. Considérez une forêt de séquoias, ou un
récif de corail. Pour prospérer, chaque arbre développe bien vite une
communication intense avec les arbres alentour et crée bientôt avec eux
une situation d'équilibre afin de capter le soleil, développer ses branches,

marchent de pair vont
ensemble

etc. Compétition et association marchent de pair°. Même histoire dans
un récif de corail. Il existe bien, explique Bateson, une entente, une
communication entre les « esprits » des arbres pour former un écosystème,
une forêt, et éviter l'autodestruction. Ce qui lui fait dire, non sans ironie :
l'homme devrait penser comme un séquoia.

les grandes pointures
les gens connus, qui font
autorité en matière scientifique
se fendre de se décider à
offrir, consentir à présenter

Les grandes pointures° scientifiques qui se sont intéressées à l'hypothèse 26
Gaïa ont publié aux États-Unis un livre d'essais intitulé *Gaïa, une méthode
de connaissance*. Bateson s'y est fendu° d'un petit texte intitulé « Les
hommes sont de l'herbe ». Il s'y interroge sur le fait que bien des fleurs
possèdent cinq pétales et des pistils à cinq branches. Cette régularité du
chiffre cinq dans le monde végétal, dit-il, n'est pas seulement quantitative.
Elle indique la présence d'une mathématique du vivant. D'une recherche
de forme précise. D'un esprit. « Je me suis intéressé toute ma vie à ce
royaume des formes, ou des nombres, ou des processus mentaux, dans
ce que nous appelons le royaume biologique. »

Gaïa n'a pas seulement donné naissance à un vif courant de recherches 27
scientifiques, mais aussi politiques, économiques, mythologiques. Une
encyclopédie Gaïa existe déjà, qui s'intéresse autant à la guerre de la pêche
industrielle qu'à l'analyse minutieuse de la croûte terrestre, à la densité
des antennes télégraphiques dans le monde, à la relation entre le tonnage
de papier imprimé au Nord et le kilométrage carré des forêts coupées au
Sud, tout en passant en revue les plans de réaménagements écologiques,
ou prônant les accords internationaux sur la pollution, le Global Change
etc.

« L'ancienne Gaïa, dit Lovelock, la vieille déesse Terre, possède les 28
mêmes vertus que celles de toutes les autres divinités mythologiques de
l'Antiquité : c'est une créature généreuse, maternelle, féminine, mais aussi
extrêmement sévère. Elle ne tolère pas qu'on trangresse ses lois. Personne
n'a le droit de nuire à sa fécondité. »

29   Bien sûr, Lovelock se délecte du mythe, et il ironise. Mais tout autour de lui, bien des littéraires, des honnêtes hommes, des journaux développent bel et bien son hypothèse Gaïa comme la mythologie des temps modernes. Ils plantent un totem magnifique. Pour conjurer un danger mortel. Comme dans toutes les mythologies. Leur texte sacré nous dit : ou nous reprenons le dialogue avec Gaïa. Ou elle s'en chargera.

30   Exagèrent-ils? Qu'en pense Lovelock? Il voit tout cela de très haut.

31   « Toutes les discussions en cours sur l'évolution de Gaïa me semblent relever de l'ineffable. Je ne suis pas certain qu'elles mèneront quelque part. C'est curieux, mais, je suis beaucoup plus passionné par tout ce que font les gens ordinaires pour vivre dans une ville, prendre conscience de leur action sur l'environnement... Voyez-vous, nous sommes une des multiples espèces de la Terre qui utilisent de l'oxygène et rejettent du dioxyde de carbone. Ce qui ravit le monde végétal. Nous avons certes inventé des réacteurs nucléaires, mais bien des micro-organismes dissèquent aussi les atomes.

32   « Gaïa se sert du chaos—dans le climat par exemple, qui est très imprédictible, qui connaît des sautes d'humeur colossales—mais elle le maintient toujours dans les limites d'un « attracteur étrange »° qui le discipline. Prenez l'herbe mangée par les lapins dans une campagne. Et les lapins mangés par les renards, et ces renards chassés par les belettes, etc. Ces modèles sont tout à fait chaotiques; en théorie, ils mènent à des situations aberrantes; et pourtant tout cela s'équilibre, un système d'attraction se met en place. Nous ne savons pas ce qui se passe en réalité. Il y a sur Gaïa des écosystèmes énormes, des machineries cybernétiques qui n'ont pas changé depuis des millénaires. Gaïa possède une puissance de régulation gigantesque. Nous parlons de la violence des armes atomiques. Gaïa a connu bien pire. Tous les cent mille ans environ, elle reçoit un gros météorite. La puissance d'impact du dernier tombé, il y a environ 60 000 ans, fut à peu près celle de trente bombes d'Hiroshima au mille carré.

attracteur étrange
"strange attractor" in mathematical chaos theory

33   « Toute la fascination apeurée que nous ressentons en ce moment pour la Terre ne m'étonne pas. Car pour la première fois dans l'histoire, nous sommes confrontés à des priorités absolues : l'épuisement des forêts tropicales peut être dramatique, car elles ne se renouvelleront pas, comme dans nos régions au sol riche, aux climats tempérés. Trop souvent l'agriculture mène au désert, c'est vrai. C'est grave. Car nous risquerons d'effrayants problèmes d'alimentation. Il faut que les pays du Sud le comprennent. Et cela leur est très difficile, car ils veulent se développer, ils courent après les profits immédiats. Ils nous disent : « Vous avez connu la révolution industrielle, vous vous êtes enrichis, et maintenant vous voulez nous empêcher d'en faire autant! » Ils vivent cela comme une nouvelle forme de colonialisme. Comment leur faire comprendre le danger? On a calculé qu'un milliard d'habitants des Tropiques coupaient l'équivalent de la surface de la Grande-Bretagne chaque année. À ce rythme, toutes

les forêts auront disparu au début du siècle prochain. On ne peut pas
faire vivre un milliard de personnes dans des pays désertiques. »

    Face à ces dégâts monstrueux, Lovelock défend l'idée d'une nouvelle   34
science, décisive pour notre temps : la géophysiologie planétaire, la médecine
de Gaïa! Elle nécessite que nous affinions nos diagnostics, que nous
choisissions nos remèdes, de cheval°, ou homéopatiques.

de cheval drastique

    « Il nous faut apprendre à vivre avec notre environnement, comme des   35
vieux médecins de famille, dit Lovelock. Ces vieux docteurs savaient qu'ils
étaient ignorants, mais ils connaissaient les grosses recettes pour les grosses
maladies. Au siècle dernier, nous n'avions pas besoin d'experts en
microbiologie pour savoir que celui qui buvait de l'eau polluée, ou stagnante,
risquait d'attraper la typhoïde. Dans la plupart des grandes villes
européennes, les habitants ont trouvé les moyens d'améliorer leur santé
en dépit d'agressions miltiples, d'une proximité massive d'épidémies, etc.
Par tâtonnement, empirisme, apprentissage. Nous sommes en train
d'apprendre que si nous coupons les arbres, cela va nous nuire, tout à
fait comme nous avons intégré les règles d'hygiène de Pasteur. »

    Gaïa souffre de plusieurs maladies, plus ou moins parasitaires, ou   36
épidermiques. Par exemple, elle connaît en ce moment en Europe un cas

grave d'indigestion d'acide, à la suite des retombées des pluies polluées. Mais quels en sont les constituants les plus néfastes? Après prélèvement des gaz constituants, Lovelock pense qu'il faut surtout combattre la prolifération du dioxyde de sulfure. C'est son diagnostic. Le remède relève d'une politique économique, d'accords européens, de la législation.

37   De la même manière, il faut considér le phénomène d'altération de la couche d'ozone, comme un problème « dermatologique ».

38   La géophysiologie de Gaïa est encore balbutiante. Elle a besoin de quelques grands généralistes, capables d'analyser avec précision ses souffrances et de proposer des traitements appropriés.

39   Dans une nouvelle de science-fiction Lovelock raconte la future colonisation de Mars. Celle-ci est menée par un flibustier intersidéral. Ce trafiquant d'armes plutôt zonard°, mais retors, a une idée de génie : il rachète aux Russes et aux Américains des milliers de missiles désaffectés après le désarmement et les remplit de déchets de toutes sortes, polluants, aérosols, hydrocarbures, sels de mercure, boues rouges, algues contaminées, etc. Puis il bazarde° le tout sur Mars en se faisant payer à prix d'or.

zonard   marginal, individu qui se tient à la périphérie de la société établie

40   Le résultat va surprendre tout le monde : voilà que sur la planète rouge et glacée, sous l'influence des bactéries rejetées, à la suite de l'effet de serre fulgurant produit par les chlorofluorocarbones, la vie va commencer à rayonner et à réchauffer l'atmosphère martienne, faisant fondre les eaux gelées.

bazarder   se débarrasser rapidement de quelque chose

41   Quand on demande à Lovelock pourquoi il a écrit cette fable, il vous répond : « Prenez la sonde Viking qui est restée sur Mars. Voici un des premiers fossiles de Gaïa déposé sur une autre planète. Il n'y a aucune chance qu'il fertilise quoi que ce soit dans ce désert. »

42   Une vision très Monty Python, très *British*. C'est tout Lovelock.

Patrice Van Eersel et Frédéric Joignot — *L'Actuel*, mai 1989

PRÉ-LECTURE

1. Qui est Gaïa selon vous?
   a) C'est le nom d'une divinité grecque.
   b) C'est le nom de l'héroïne d'un roman de science-fiction.
   c) C'est le nom d'une étoile.
   d) C'est le nom de la planète Terre.
   e) C'est autre chose.
   (Vous vérifierez votre réponse. Elle se trouve dans le texte.)

2. Lisez la première phrase. D'après vous, s'agit-il ici d'un texte
   a) de science-fiction;
   b) mythologique;

    c) scientifique;

    d) surréaliste?

COMPRÉHENSION

1. À quoi les auteurs comparent-ils Gaïa?

2. Quelles sont les autres images utilisées par Lovelock lui-même?

3. Quelle représentation nouvelle de la planète Lovelock a-t-il apportée?

4. Résumez la « carrière » de Lovelock. Qu'est-ce qui lui a permis de devenir un chercheur indépendant?

5. Quel était le grand projet de la NASA au moment où elle engagea Lovelock? Qu'est-ce qui a étonné celui-ci?

6. Comment Lovelock a-t-il abordé la question de la présence de la vie sur Mars? Qu'est-ce qui l'oppose aux gens de la NASA?

7. À quelle conclusion serait amené un hypothétique chercheur martien observant la Terre?

8. Comment la NASA a-t-elle réagi à l'expérience imaginaire de Lovelock et pourquoi?

9. Dans quel « engrenage » Lovelock avait-il mis le doigt?

10. Quelle était l'explication officielle de la stabilité de l'atmosphère? Pourquoi Lovelock a-t-il trouvé cette explication insatisfaisante?

11. Qu'est-ce qui a amené Lovelock à penser à Gaïa comme un organisme vivant? Était-ce une idée tout à fait nouvelle?

12. Pourquoi la thèse de Vernadsky n'avait-elle pas été reconnue?

13. Comment s'explique le succès qu'a connu l'hypothèse Gaïa de Lovelock?

14. Comment la théorie de Gaïa nous oblige-t-elle à penser la vie, la matière et l'humanité?

15. Comment Lovelock a-t-il répondu à ses critiques?

16. Qui sont les partisans de l'hypothèse Gaïa?

17. Qui était Gregory Bateson?

18. Quelle signification Bateson donnait-il au mot « esprit » en prenant l'exemple des séquoias?

19. Quels phénomènes sont répertoriés dans l'encyclopédie Gaïa?

20. Quelles sont les caractéristiques mythiques de Gaïa? Pourquoi certains veulent-ils en faire un mythe des temps modernes?

21. Quels exemples Lovelock donne-t-il de la puissance d'auto-régulation de Gaïa?

22. Quelle va être la conséquence de l'épuisement des forêts tropicales pour les populations des pays du Sud?

23. Quelle est la nouvelle science dont nous avons besoin? À quoi sera-t-elle analogue?

24. Quels exemples peut-on donner d'applications de cette nouvelle science?

25. Quelle est la fable qu'a écrite Lovelock et pourquoi l'a-t-il écrite?

APPROFONDISSEMENT

1. En quoi consiste essentiellement « l'hypothèse Gaïa »?

2. Quelle image de James Lovelock en tant qu'homme et que chercheur se dégage de cet article?

EXERCICES

I. *Illustrez la différence entre les expressions suivantes en les employant dans de courtes phrases.*

le matériel	et	*le matériau*
un équilibre	et	*une balance*
un argument	et	*une dispute*
charger	et	*se charger de*
sentir	et	*ressentir*
manquer à	et	*manquer de*

II. *Complétez les phrases suivantes à l'aide du verbe qui convient.*

louer, prôner, nuire à, se servir de, faire partie de, tomber sur, se consacrer

1. Les étudiants _____ un dictionnaire pour vérifier le sens des mots nouveaux.

2. Son manque de concentration _____ son travail.

3. Si, par hasard, vous _____ des ouvriers incompétents, vous ne serez pas satisfait des résultats.

4. Elle _____ exclusivement à ses recherches et ce, douze heures par jour.

5. Vous êtes chanceux car vous _____ une équipe dynamique.

6. Notre président _____ l'essai d'une méthode tout à fait différente de celle de nos concurrents.

7. Tout le monde _____ la compétence et le génie de cet expert.

III. *Complétez le tableau suivant en retrouvant le nom ou le verbe de la même famille que le mot donné. Ces mots se trouvent dans le texte.*

NOM	VERBE
aveuglement	_____

réduction	_____
stabilité	_____
	recycler
_____	
destruction	_____
	chauffer
_____	connaître
_____	s'entendre
_____	
obsession	_____
évolution	_____
attraction	_____
puissance	_____

IV. *Refaites les phrases suivantes en remplaçant le mot ou l'expression en italique par une expression synonyme choisie dans la liste ci-dessous.*

au sein de, au cours de, en cours, de pair, bel et bien, près de, a priori, à la fois

1. En 100 ans, *environ* la moitié des deux milliards d'hectares de la forêt équatoriale ont été détruits.
2. Selon certains biologistes, il faut considérer la terre *en même temps* comme une seule entité et comme une multitude d'organismes vivants.
3. Nous devrions avoir une conscience écologique *à l'intérieur* même de notre milieu de travail.
4. Durant l'expérience *qui se déroule*, vous êtes priés de garder le silence.
5. *Durant* les années quatre-vingt-dix, nous devrons trouver des moyens de diminuer les pluies acides.
6. Personne ne croyait, *au premier abord*, que l'on pourrait polluer les océans à ce point.
7. On a remarqué qu'il y avait *véritablement* un phénomène d'auto-régulation dans la nature.
8. La santé de notre planète et notre survie vont *ensemble*.

CONVERSATIONS ET DÉBATS

1. Gaïa : une hypothèse scientifique, un mythe ou les deux à la fois?
2. Quel intérêt peut-il y avoir, au plan théorique et au plan pratique, à percevoir la planète comme un être vivant?
3. « Gaïa nous survivra. » Cette perspective vous semble-t-elle réconfortante?

COMPOSITION

Identifiez certaines des « maladies » de la terre et prescrivez des remèdes.

Une interview avec Hubert Reeves

Né à Montréal, docteur en astrophysique nucléaire et directeur de recherches au Centre national de la recherche scientifique (CNRS/France), Hubert Reeves a fait une entrée remarquée dans le monde de l'édition scientifique avec la publication, en 1981, de son livre Patience dans l'azur. *Il proposait alors une grande fresque de quinze milliards d'années d'évolution cosmique qui, d'emblée, a séduit les publics français et québécois. Trois ans plus tard, il récidive avec* Poussières d'étoiles. *Puis, en 1986, dans* L'heure de s'enivrer, *l'auteur pousse encore plus loin sa réflexion sur le sens de l'univers. Il livre ici sa pensée sur l'évolution des conditions de vie sur la Terre.*

L'habitabilité de la planète

Forces : Hubert Reeves, la Terre est-elle actuellement une planète en bonne santé?

Hubert Reeves : Elle l'était. Sa santé se détériore progressivement. Cette détérioration est attribuable à l'activité humaine, et la nature n'arrive plus à se régénérer. Cela nous place dans une situation inquiétante. L'habitabilité de la planète est très sérieusement menacée. Dans combien de temps aurons-nous une planète inhabitable?

Forces : Les êtres humains n'ont-ils pas depuis toujours agi sur leur milieu?

Hubert Reeves : Depuis au moins dix mille ans, il existe ce mouvement très ancien, l'interaction de l'être humain avec la planète. Globalement, cette interaction est passablement négative. Au paléolithique, lorsque les hommes étaient chasseurs et cueilleurs, la situation n'était pas très grave. Mais, dès qu'ils sont devenus agriculteurs, on a assisté à la disparition d'un très grand nombre d'espèces animales ou à la désertification très importante de vastes régions de la planète. Les îles de la Méditerranée, par exemple, étaient très riches en animaux exotiques : on y trouvait notamment des petits éléphants et des hippopotames, et tout cela est disparu probablement entre 10 000 et 8000 ans avant J.C. Aussitôt que l'on commence à cultiver le sol, on change complètement l'habitat et certaines espèces ne peuvent survivre.

Forces : Aujourd'hui sommes-nous davantage conscients des effets néfastes sur l'environnement de toute la production de notre nourriture?

Hubert Reeves : Je ne suis pas sûr que les premiers êtres humains agriculteurs aient pris conscience de quoi que ce soit à cette période. Je crois que la conscience de l'environnement à protéger, de l'environnement comme quelque chose de fragile, est un concept relativement nouveau, datant de notre siècle. Auparavant, nous n'avons pas beaucoup de raisons de penser que les gens se soient souciés du fait qu'ils pouvaient être perdants à la suite d'une utilisation abusive de la nature. La désertification du sud des États-Unis ou du nord de l'Inde, par exemple, des régions si fertiles il n'y a pas si longtemps, résulte d'actions entreprises au siècle dernier. Personne ne se préoccupait des conséquences de la disparition des forêts. Par contre, aujourd'hui, si l'on construit un barrage ou une ligne électrique dans le Grand Nord, on s'interroge au sujet des répercussions sur les grandes migrations. Cette conscience est relativement moderne.

Forces : N'est-ce pas paradoxal qu'il n'y ait que les êtres humains sur la Terre à avoir une influence aussi négative?

Hubert Reeves : Nous sommes une espèce très spéciale! Nous sommes incomparablement plus nocifs pour notre environnement que n'importe quelle autre espèce simplement parce que nous sommes beaucoup plus puissants. Aucun autre animal ne peut faire de l'agriculture, aucun autre animal ne peut changer le cours des fleuves ou le cours des cycles. Cette situation est problématique. Notre grande puissance nous a permis de nous multiplier de sorte que, maintenant, nous agissons partout sur la planète.

Forces : La surpopulation n'est-elle pas aussi un facteur de déséquilibre écologique?

Hubert Reeves : Mais certainement. Elle est un très grave facteur de déséquilibre et qui s'ajoute à l'action particulièrement néfaste de la civilisation occidentale. Les Indiens d'Amérique, par exemple, avaient un sens écologique très développé. Si vous lisez *Peids nus sur la terre sacrée*, ce très beau recueil d'anciens textes indiens, vous apprenez que jamais les Indiens ne creusaient un trou sans le reboucher, jamais ils n'arrachaient un arbre pour le seul plaisir. Ils possédaient ce sens de l'interaction, ce respect de la Terre. On peut y lire : « La Terre se venge… mais le Blanc est un sauvage. » Ils ont raison, le Blanc est un sauvage. Il fait n'importe quoi, il creuse des trous, il arrache des arbres. En ce sens, la technologie de la civilisation occidentale a eu un effet particulièrement nuisible sur l'environnement et sur la planète. La menace est présente aujourd'hui, la nature a commencé à se venger.

Forces : Quels sont, à votre avis, les principaux motifs d'inquiétude?

Hubert Reeves : Un des problèmes majeurs est le déséquilibre grandissant de l'atmosphère qui contient de plus en plus de gaz carbonique et de moins en moins d'oxygène. La déforestation, qui empêche la production d'oxygène par les plantes, est la principale cause de ce déséquilibre. Et l'importance des rejets de gaz carbonique par nos systèmes de chauffage ou nos automobiles aggrave encore la situation. Il en résulte un réchauffement de la planète et il est certain que la nature à elle seule ne peut plus maintenir l'équilibre. La destruction de la couche d'ozone est un autre problème important et si, jusqu'à tout récemment, on ignorait le rôle des êtres humains dans cette destruction, aujourd'hui, il ne fait plus aucun doute. La radioactivité et les pluies acides ne doivent pas non plus être oubliées.

À propos du nucléaire°

Forces : Étudiant, vous étiez en principe favorable au nucléaire et une compagnie américaine vous a embauché pour défendre l'installation d'une centrale° près de Chicago. Après avoir examiné le dossier, vous avez constaté des dangers réels et vous avez démissionné. Cela demande-t-il beaucoup de courage pour changer d'idée?

Hubert Reeves : Cela ne m'a pas pris un très grand courage. C'était un travail d'étudiant et, à l'époque, les problèmes de chômage n'étant pas aussi aigus qu'ils le sont aujourd'hui, je n'ai pas eu trop de problèmes pour trouver un autre emploi. Malgré cela, le surgénérateur a finalement été installé et un accident majeur s'est produit, sur le lac Sinclair. La tuyauterie s'est bloquée, le niveau de radioactivité a commencé à monter, et, pendant toute une nuit, on était sur le point d'évacuer la ville de Détroit parce que le tout menaçait de sauter. Heureusement, par miracle, cela n'a pas sauté. Le surgénérateur a été condamné… sur une très jolie île au milieu du lac où les gens venaient faire des pique-niques : seule la radioactivité y a désormais droit de cité°.

Forces : L'humanité devra donc faire un acte d'humilité?

Hubert Reeves : Je le pense, et dans tous les domaines. Au début d'une expérience, tout est toujours minutieusement contrôlé, mais on devient vite négligent. On l'a bien constaté d'ailleurs pour la NASA, avec Challenger. Au début, les gens sont extra, ils vérifient tout. Mais la routine s'installe : les gens veulent partir le vendredi, veulent aller à la pêche… Les êtres humains en général sont peu soucieux, plutôt brouillons.

Forces : L'industrie devra-t-elle accepter de ne plus prendre de tels risques?

Hubert Reeves : En réalité, cela ne se passera pas. Rares sont ceux qui hésitent lorsqu'il s'agit de gagner de l'argent. Les gouvernements non, mais l'industrie privée prend des risques pour augmenter la rentabilité. En pratique, après quelques belles années, la nature humaine reprend toujours le dessus.

Des écologistes rêveurs… aux décideurs politiques

Forces : Lors de la cinquième Conférence internationale de droit constitutionnel consacrée à l'environnement, tenue l'automne dernier à

le nucléaire l'utilisation de l'énergie nucléaire

une centrale *nuclear reactor*

y a droit de cité a le droit d'y être

Marguerite Yourcenar
écrivain français qui a
milité en faveur de l'environnement

prendre de vitesse *to*
catch up with

Québec et à laquelle vous avez participé, Marguerite Yourcenar° lançait un vibrant plaidoyer pour la survie de la planète. Elle déclarait cependant en parlant de la Terre : « Le malade est mourant, ce qui ne veut pas dire qu'il mourra. » Est-ce que vous partagez cet espoir?

Hubert Reeves :   Aujourd'hui, on observe deux tendances : d'une part, ce mouvement d'interaction négative qui existe depuis dix mille ans et qui a pris une ampleur considérable depuis le XIXe siècle avec le développement de la technologie; d'autre part, un mouvement de prise de conscience, beaucoup plus jeune et qui prend rapidement de l'ampleur. La question reste de savoir si ce dernier arrivera à prendre de vitesse° le bulldozer de l'autre. Personne n'a de réponse et la partie n'est pas gagnée d'avance. C'est un peu ce que disait Marguerite Yourcenar. Rien n'est encore perdu, mais les efforts qu'il faudra consentir pour contrer le désastre devront être énormes. La très récente prise de conscience est un élément encourageant, optimisant. Les gens réalisent de plus en plus qu'on ne peut plus détruire l'environnement, qu'il faut réagir.

Forces :   Croyez-vous que ce sont les bonnes personnes, c'est-à-dire les décideurs, qui possèdent maintenant cette conscience?

Hubert Reeves :   Dans ce domaine aussi, on constate une évolution. Par exemple, à la Conférence de Québec, il n'y avait pas seulement des écologistes rêveurs. L'époque des poètes que l'on écoutait d'une oreille sympathique pour ensuite faire n'importe quoi est révolue. J'ai trouvé ces rencontres assez sympathiques et j'espère que cela ira plus loin. On y trouvait des juristes, des membres du gouvernement et surtout des représentants de compagnies pollueuses. Le fait que ces gens possédant un pouvoir législatif, exécutif, se rassemblent, est certes un élément très positif. Mais il ne faut pas oublier que ce mouvement est très nouveau : il date de cette année ou de l'an dernier.

L'expansion à tout prix?
Forces :   Certains objecteront que des pays comme le nôtre, où la situation économique est relativement confortable, peuvent se permettre des solutions coûteuses. Mais que dire des pays sous-développés ou en voie de développement? Le Brésil, par exemple, pays importateur de pétrole avec une dette extérieure énorme, vient de découvrir d'importants réservoirs d'huile et de pétrole dans ses forêts. Comment faire pour concilier écologie et développement?

Hubert Reeves :   Voilà l'autre problème : celui des pays sous-développés ou en voie de développement! Je crois que l'action ne se situe qu'au plan individuel : elle suppose une prise de conscience des gens qui ne permettront plus que l'on fasse n'importe quoi. Un article comme celui que vous faites dans votre revue par exemple, c'est quelque chose de valable. Je ne crois pas du tout aux actions politiques à grand éclat. Vous ne pouvez pas attendre quelque chose du gouvernement brésilien. Celui-ci ne réagira dans un sens écologique que si la population l'exige.

Forces :   Mais la population brésilienne est-elle en mesure d'exiger que l'on se soucie de la protection de l'environnement?

Hubert Reeves :   Il est vrai que le retard est énorme. Dans ces conditions, on peut être assez pessimistes. Par ailleurs, à cette Conférence de Québec, on nous a rappelé qu'en 1974, des pays en voie de développement se sont réunis : ils ont manifesté leur intention de prendre des leçons auprès des pays développés de manière à éviter les mêmes erreurs. Les problèmes causés par le développement illimité des pays riches pourraient leur servir de phare, de feu rouge. Est-ce que tous les pays en voie de développement écouteront cette sagesse? Je parie que non. Je pense que tout ce qu'on peut faire, c'est essayer d'éveiller les gens. Il faut leur faire comprendre qu'il ne sert à rien d'avoir beaucoup de confort, beaucoup de puissance, beaucoup d'électricité, beaucoup d'argent si leur pays est inhabitable. Une planète de béton, d'asphalte, d'air irrespirable et d'eau polluée où personne ne peut se baigner, c'est une planète invivable. Inutile d'avoir une autoroute si vous n'avez pas, au bout de l'autoroute, un endroit où aller vous baigner, à la campagne, dans une eau qui n'est pas un dépôt d'ordures. Malheureusement, cette situation est de plus en plus répandue.

Forces :   Vous dites, dans un de vos livres, que la nature finit toujours par prendre les bonnes décisions, mais au prix d'accepter parfois un certain recul. Pour avoir une planète en bonne santé, jusqu'où l'humanité devrait-elle reculer?

Hubert Reeves :   Nous devons remettre en question le produit national brut comme objectif maximum. Remettre en question l'expansion à tout prix. Remettre en question nos objectifs et, finalement, s'interroger sur ce que l'on désire réellement : beaucoup d'argent ou une vie agréable sur une planète qui reste jolie? Pour revenir au problème des pluies acides, on voit que l'industrie du sirop d'érable est menacée. La pollution commence à faire mal même au porte-monnaie et cela est important. Les gens sont aussi de plus en plus sensibles à la beauté des paysages. Il faut donc se soucier de l'esthétique et ne pas miser sur la simple rentabilité en lui sacrifiant tout.

Partage Nord-Sud
Forces :   La remise en question par les pays riches de la rentabilité pourrait-elle conduire à une solution pour les pays moins favorisés?

Hubert Reeves :   Certainement, car le vrai problème demeure le partage des richesses. Le vrai problème est Nord-Sud, il n'est plus Est-Ouest. L'absence de partage des richesses constitue une menace. Des pays riches, par exemple, sont obligés de détruire des stocks de marchandise et de nourriture pour ne pas faire baisser le marché, pendant que d'autres pays sont aux prises° avec des famines. L'énorme gaspillage par les pays riches face à l'appauvrissement continu de certains autres provoquera une situation forcément instable sur le plan politique. Vous ne pouvez pas avoir un petit groupe de moins en moins nombreux et qui vit très richement face à un autre groupe plus important qui ne possède rien. Sans un réajustement du partage des biens, par exemple au niveau des dettes des pays d'Amérique du Sud, de graves problèmes surgiront certainement. Le vrai problème se situe essentiellement dans la coexistence des êtres humains.

Forces :   La solution se trouve donc sur le plan politique?

Hubert Reeves :   Je pense que le problème est un problème politique, un problème de partage entre les pays du Nord et les pays du Sud. Pour que les pays du Sud vivent mieux, ceux du Nord doivent accepter de vivre un peu moins bien et, à la longue, ils y gagneront. On ne peut pas sans cesse exploiter le Tiers-Monde impunément. Prenez la Chine. La Chine est un pays que l'on a exploité à fond. Alors, elle s'est révoltée pour devenir une république communiste. L'Union soviétique aussi. Tous ceux qui ont pensé pouvoir exploiter des populations indéfiniment ont tôt ou tard dû admettre leur échec. Mais est-ce que les gens apprennent?

L'espace : un dépotoir?
Forces :   L'humanité a réussi tout récemment à échapper à l'attraction terrestre et à meubler l'espace de ses engins. Est-ce que l'on peut déjà parler de pollution de l'espace?

être aux prises avec combattre, lutter contre

Hubert Reeves : Certainement. L'espace est devenu un véritable dépotoir. Plusieurs milliers d'objets sont en orbite autour de la Terre. Certains retombent, mais d'autres peuvent rester là des milliers et des milliers d'années. Les problèmes ont déjà commencé, des appareils ont été endommagés, des collisions se sont produites. La navette spatiale, par exemple, présente d'énormes marques que l'on soupçonne provenir de simples écailles de peinture d'un autre appareil : alors, que dire d'un caillou de la grosseur d'un pois? À de telles vitesses, une collision serait catastrophique. La situation s'aggrave sans cesse, d'autant plus que les risques de collision sont augmentés depuis que tous les appareils ne tournent plus dans le même sens. Le danger pour les plates-formes habitées est très réel et on ne possède pas encore de solution.

Forces : À la limite, si la race humaine réussissait à quitter une Terre polluée, vidée de ses ressources pour s'installer ailleurs, serait-ce une solution?

Hubert Reeves : Je n'y crois pas. Même si les êtres humains quittent la Terre, je pense qu'ils transporteront les problèmes ailleurs. S'ils n'ont pas été capables de vivre sur la planète, le fait d'être ailleurs n'y changera rien. C'est ce qui s'est passé quand les gens ont quitté l'Europe pour fuir les conflits, ils les ont transportés ailleurs. Les êtres humains voyagent avec leurs conflits. Il faut viser comme objectif que la planète soit habitable. Si nous sommes ici pour vivre, aussi bien le faire de la façon la plus agréable possible. Même si nous ne savons pas très bien quel est le sens de la vie, il est important que cette vie se passe de la façon la plus plaisante possible pour le plus de gens possible, voilà le but ultime.

Terriens... avant tout

Forces : Qu'est-ce que chacun de nous peut faire dans sa vie personnelle?

Hubert Reeves : Tout d'abord, réduire le gaspillage. Aujourd'hui, par exemple, en Amérique, la quantité d'énergie consommée est de l'ordre de deux kilowatts par personne ou à peu près alors qu'en Scandinavie ou en Suisse, où la vie est tout à fait aussi confortable, les gens prennent trois à quatre fois moins d'énergie. On peut réduire passablement sans vraiment perdre de choses essentielles, loin de là. Une vie confortable doit pouvoir comporter des gratifications comme le plaisir de se balader à la campagne : s'il faut pour cela diminuer la température de votre appartement de quelques degrés, cela en vaut la peine. Il faut voir ces aspects à long terme et vous poser la question : qu'est-ce que vous aimez dans la vie? Par ailleurs, il faudra investir dans des sources d'énergie renouvelables, la seule étant évidemment le soleil. Mais le soleil, malheureusement, ce n'est pas rentable pour l'instant. Et l'énergie solaire n'est pas rentable surtout parce qu'on ne l'a pas développée. Et on ne l'a pas développée parce que le développement solaire n'implique pas de « Big Business », avec des milliards de dollars. Nous savons qu'avec l'énergie solaire, la planète pourrait faire vivre mille fois plus d'habitants qu'elle n'en compte actuellement.

Forces : Les conférences et les colloques sur les pluies acides, les produits toxiques ou les autres sources de pollution se multiplient. N'est-ce pas là une bonne façon de rapprocher et d'unifier les peuples?

Hubert Reeves :   Oui, certainement, la protection de la nature et les problèmes écologiques sont internationaux : ils ne respectent aucune frontière. Les pluies acides partent des États-Unis, traversent l'Ontario et vont au Québec. Elles partent d'Allemagne et vont en Laponie, en Finlande, en Norvège. Des projets ou des objectifs internationaux pourraient devenir un élément très positif d'unification. Les gens pourront peut-être prendre conscience du fait qu'ils habitent une planète et qu'ils sont d'abord des Terriens avant d'être des Américains, des Français, des Canadiens, des hommes, des femmes. Des Terriens avec la responsabilité d'une planète, une planète fragile dans son ensemble.

Propos recueillis par Danielle Ouellet—*Forces*, Printemps 1988

PRÉ-LECTURE

1. Hubert Reeves est considéré à la fois comme un astrophysicien et un philosophe. Science et Philosophie sont-elles incompatibles?

2. Dans l'interview, Reeves passera en revue les différents problèmes auxquels l'humanité est confrontée : la détérioration de la planète, la surpopulation, l'écologie, l'énergie nucléaire, le Tiers-Monde, l'espace. Tout ceci nous ramène à la question de la place et du rôle de l'Homme dans l'univers. Quel est son rôle?

3. La science occupe-t-elle une trop grande place dans la société actuelle? Le développement à tout prix est-il vraiment nécessaire?

   Après avoir réfléchi à toutes ces interrogations, comparez vos opinions à celles d'Hubert Reeves.

COMPRÉHENSION

1. À quoi Hubert Reeves attribue-t-il la détérioration de la planète? Qu'est-ce qui menace l'avenir?

2. Que s'est-il passé lorsque les hommes sont devenus agriculteurs?

3. À quand remonte la prise de conscience de la fragilité de l'environnement? Quels exemples Reeves donne-t-il du changement qui s'est opéré?

4. En quoi l'espèce humaine diffère-t-elle des autres espèces animales?

5. Quel est l'effet de la surpopulation?

6. Quelle était l'attitude des Indiens envers l'environnement? Pourquoi Reeves leur donne-t-il raison d'avoir accusé le Blanc d'être un sauvage?

7. Quel est le déséquilibre que Reeves trouve le plus inquiétant? Quels sont les diverses manifestations de ce déséquilibre et quelles en sont les causes?

8. Pourquoi Reeves a-t-il démissionné du travail qu'il avait trouvé lorsqu'il était étudiant?

9. Que s'est-il passé après l'installation de la centrale?

10. À quoi Reeves attribue-t-il la négligence des gens?

11. Pense-t-il que l'industrie va cesser de prendre des risques?

12. Existe-t-il un espoir pour la planète? De quoi dépend sa survie?

13. Quel phénomène nouveau Reeves a-t-il constaté à la Conférence de Québec?

14. Quel est le problème fondamental qui se pose? Quelle situation ce problème va-t-il provoquer?

15. Pourquoi le problème et sa solution sont-ils d'ordre politique? Que se passe-t-il lorsqu'on se contente d'exploiter les pays pauvres?

16. Pourquoi Reeves dit-il que l'espace est devenu un dépotoir? Quels sont les dangers inhérents à cet état de choses? Donnez-en un exemple.

17. Quel facteur nouveau a augmenté les risques de collision?

18. Pourquoi Reeves ne croit-il pas à la solution d'aller vivre ailleurs que sur la Terre?

19. Quel objectif propose-t-il? Comment caractériseriez-vous sa philosophie?

20. Que peut-on faire sur le plan individuel? Qu'est-ce qu'on perd et qu'est-ce qu'on gagne de cette façon?

21. Pourquoi l'énergie solaire n'est-elle pas rentable pour l'instant?

22. Comment les problèmes écologiques dépassent-ils les frontières? Quel pourrait en être le résultat positif?

APPROFONDISSEMENT

1. Dégagez les jugements que Reeves émet sur a) l'humanité; b) la civilisation occidentale; c) le Tiers-Monde.

2. Caractérisez l'attitude globale de Reeves: est-il optimiste ou pessimiste, réaliste ou idéaliste, cynique ou lucide, engagé ou indifférent? Nuancez votre opinion et justifiez-la.

3. Quelles sont les valeurs fondamentales que Reeves propose?

EXERCICES

I. *Faites de courtes phrases pour illustrer deux sens nettement différents des mots suivants* :

le sol, sensible, répandu, sauter, surgir, dater

II. *Trouvez dans la liste suivante le mot ou l'expression qui correspond à la définition; employez ensuite ce mot ou cette expression dans une courte phrase.*

famine, nuisible, gaspillage, creuser, soupçonner, réservoir, barrage, arracher, rentable, minutieux

1. Il sert à la régularisation des voies navigables et à la production d'énergie électrique.
2. C'est l'action de dépenser ou de consommer inutilement.
3. Un endroit ou un récipient qui contient un liquide.
4. Manque total d'aliments dans une région pendant une certaine période.
5. On le dit de quelqu'un qui s'attache aux plus petits détails.
6. Faire un trou.
7. Enlever de force.
8. Se douter de quelque chose.
9. Qui est mauvais, qui cause du tort.
10. Qui rapporte des bénéfices.

III. *Remplacez le mot entre parenthèses par son contraire.*

fertile, déséquilibre, embaucher, négligent, reculer, absence, inutile, répandu, inquiétant, nocif

1. (harmonie) C'est l'homme qui a causé le _____ que l'on retrouve aujourd'hui dans la nature.
2. (présence) On dénote une _____ de vision à long terme dans le développement de nos industries.
3. (progresser) Sommes-nous allés trop loin dans notre développement et devons-nous envisager de _____ pour survivre?
4. (stérile) Les agriculteurs cultivent les terres _____.
5. (inoffensif) Tous les jours, nous découvrons de nouveaux produits _____ pour la santé.
6. (consciencieux) Avec la routine qui s'installe, les techniciens des centrales nucléaires deviennent plus _____ et font moins de vérifications.
7. (nécessaire) Il est _____ d'espérer que les gouvernements agissent dans le dossier de l'environnement sans la pression des citoyens.
8. (rare) Il s'agit d'une coutume très _____ dans les pays du Tiers-Monde.
9. (licencier) Comme on a besoin de main-d'œuvre supplémentaire, on va _____ une dizaine d'employés.
10. (rassurant) Penser au nombre d'êtres humains qui peupleront notre planète en l'an deux mille est plutôt _____.

1. Selon vous, de qui peut-on espérer des solutions aux problèmes de l'environnement planétaire : des gouvernements, des politiciens, des industries, des groupements d'écologistes, des individus eux-mêmes?

2. Pensez-vous qu'une transformation radicale du mode de vie dans les pays industrialisés soit nécessaire ou inévitable?

1. Commentez et discutez le point de vue qu'exprime Hubert Reeves sur l'avenir de la planète lorsqu'il dit : « Rien n'est encore perdu, mais les efforts qu'il faudra consentir pour contrer le désastre devront être énormes. »

2. « Même si nous ne savons pas très bien quel est le sens de la vie, il est important que cette vie se passe de la façon la plus plaisante possible pour le plus grand nombre de gens possible, voilà le but ultime. » Caracterérisez l'attitude philosophique que cette phrase vous semble refléter. Comment vous situez-vous par rapport à cette attitude?

Remerciements

Textes

ALIA, Josette. Docteur, ne nous mentez plus—un médecin témoigne, (interview avec Dr Frédérique Texier) *Le Nouvel Observateur*

BLOUIN, Jacqueline. « Femmes dans la Cité » (reproduit sous le titre « Les femmes cadres dans les entreprises » dans le présent ouvrage), *La Gazette des femmes*, vol. III, n° 4, oct. 1981.

BOMBARDIER, Denise. « Bruno Bettelheim : des enfants privés d'enfance » (reproduit sous le titre « Une interview avec Bruno Bettelheim » dans le présent ouvrage), *Le Point*, 5 juin 1988.

BONJEAN, Claude. « Vivre seul », *Le Point* n° 841, 6 nov. 1988.

CARRIER, Roch. « C'est pas comme à Paris, mais... », *Langue et Société*, n° 9, Printemps 1983.

CHAPUT-ROLAND, Solange. « Le français coast to coast », *Langue et Société*, n° 15, Hiver 1985.

CHARLES, Gilbert. « Nom : Cantirino—Profession : chasseur d'organes », *L'Express*, n° 1931, 15 juill. 1988.

de GUISE, Clode. « On peut développer son intelligence par la gymnastique du cerveau », *Santé*, n° 43, nov. 1988.

DEMERS, Dominique. « Le grand amour à une cenne la page », *L'Actualité*, mai 1980.

FERRIEUX, Emmanuelle. « Faut-il légaliser la drogue? », *Le Point*, n° 848, 25 déc. 1988.

GAUTHIER, Jean-Louis. « C'était en 1900—Marie avait 17 ans » (reproduit sous le titre « Interview d'une octogénaire » dans le présent ouvrage), *Châtelaine*, vol. XXI, n° 1, janv. 1980.

LAFLEUR, Claude. « La vie intelligente extraterrestre », *Québec Science*, vol. XXVI, n° 5, janv. 1988.

LAMONTAGNE, Yvan. « Les jeunes et l'énergie », *Forces*, n° 86, Été 1989.

LAMONTAGNE, Y. et GOURDE, S. « Une visite chez les cousins des bayous », *L'Actualité*, févr. 1989.

LEBLOND, Renaud. « Jalousie : êtes-vous féroce? », *L'Express*, 14 avr. 1989.

LÉTOURNEAU, Yves. « Manifeste contre les encabanés », *L'Actualité*, févr. 1984.

MICHEL, Bernard. « Médicaments : l'overdose française », *Le Nouvel Observateur*, juin-juill. 1989.

NICHOLS, Mark. « La planète en péril », *L'Actualité*, févr. 1989.

OUELLET, Danielle. « Afin que notre planète demeure habitable—Une entrevue avec Hubert Reeves » (reproduit sous le titre « Une interview avec Hubert Reeves » dans le présent ouvrage), *Forces*, n° 81, Printemps 1988.

PAGÉ, Lucie. « Au nom de la raison », *Québec Science*, vol. XXVI, n° 8 avr. 1988.

SAINT-PIERRE, Louise. « Notre ordinateur intérieur oriente nos stratégies d'amour », *Santé*, n° 41, sept. 1988.

SIMARD, Mireille. « J'me marie, j'me marie pas », *Châtelaine*, févr. 1988.

VAN EERSEL, P. et JOIGNOT, F. « James Lovelock : Gaïa nous survivra », *L'Actuel*, mai 1989.

VILLEDIEU, Yanick. « Mon travail quotidien : le sida », *L'Actualité*, mai 1989.

Illustrations

L'Éditeur remercie les personnes et organismes suivants qui lui ont accordé les droits de reproduction des photos utilisées dans ce livre.

Paul Hoeffler, p. x. Ministère de l'Environnement, p. 11. Harcourt Brace Jovanovich (US), p. 19. Jocelyne Pomet, p. 25. Éd. Droguet-Ardent (Limoges), pp. 30, 32, 36. Dave Peters/HBJ (CAN), p. 43. Éd. Droguet-Ardent (Limoges), pp. 50, 52, 60. David Cheung, p. 66. Carol Adamczyk autorisée par Tyrell Press, p. 69. Tim Chevrier/Credit Valley Hospital, p. 80. Gracieuseté de Bristol-Myers Squibb, p. 86. Tim Chevrier/CVH, p. 90. Helen Fox, p. 110. Barry Ancelet, p. 114. Paul Hoeffler, p. 119. Guy Badeaux, p. 127. Ministère de l'Environnement, p. 134. Marc Simard autorisé par Éd. Harlequin, p. 139. Georgette Paquette, p. 145. Glenn Mitsui, p. 150. Paul Hoeffler, p. 155. Anne-Marie Vierge/Éducation Hachette, p. 173. Paul Hoeffler, p. 178. Ministère de l'Environnement, p. 182. Plan de parrainage du Canada, p. 194. Ministère de l'Environnement, p. 203.

Au propriétaire de cet ouvrage :

Nous aimerions connaître votre appréciation de l'ouvrage suivant : *Seconds regards—Manuel de lecture et de conversation* par Michel Parmentier et Jacqueline d'Amboise. Vos commentaires nous sont précieux. Ils nous permettront d'améliorer notre manuel pour ses futures éditions. Veuillez avoir l'amabilité de remplir le questionnaire ci-dessous.

1. Pour quelle raison avez-vous utilisé ce manuel?

   Cours: à l'université _____   intérêt personnel _____
         au collège   _____   autre raison (précisez)
         à l'éducation   _____
         permanente _____   _____

2. Quel pourcentage du livre avez-vous utilisé?
   _____ 25%   _____ 50%   _____ 75%   _____ 100%

3. Quelle est, selon vous, la qualité principale de cet ouvrage?
   _____
   _____

4. Auriez-vous des améliorations à proposer?
   _____
   _____

5. Des points à rajouter ou à supprimer?
   _____
   _____

6. Autres commentaires ou suggestions :
   _____
   _____

(fold here and tape shut)

0116870399-M8Z4X6-BR01

Heather McWhinney
Publisher, College Division
HARCOURT BRACE & COMPANY, CANADA
55 HORNER AVENUE
TORONTO, ONTARIO
M8Z 9Z9